立金银行培训系列丛书

银行供应链融资与货权质押融资培训

（第二版）

立金银行培训中心　著

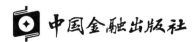
中国金融出版社

责任编辑：亓　霞
责任校对：潘　洁
责任印制：程　颖

图书在版编目（CIP）数据

银行供应链融资与货权质押融资培训（第二版）/立金银行培训中心
著．—北京：中国金融出版社，2019.4
（立金银行培训系列丛书）
ISBN 978 - 7 - 5049 - 9997 - 9

Ⅰ．银…　Ⅱ．立…　Ⅲ．商业银行—融资—中国—职业培训—教材
Ⅳ．F832.33

中国版本图书馆 CIP 数据核字（2019）第 034663 号

银行供应链融资与货权质押融资培训（第二版）
YINHANG GONGYINGLIAN RONGZI YU HUOQUAN ZHIYA RONGZI PEIXUN（DIERBAN）

出版
发行　**中国金融出版社**

社址　北京丰台区益泽路 2 号
市场开发部　（010)66024766，63805472，63439533（传真）
网 上 书 店　www. cfph. cn
　　　　　　（010)66024766，63372837（传真）
读者服务部　（010)66070833，62568380
邮编　100071
经销　新华书店
印刷　保利达印务有限公司
尺寸　169 毫米 × 239 毫米
印张　19.75
字数　360 千
版次　2019 年 4 月第 2 版
印次　2023 年 5 月第 2 次印刷
定价　48.00 元
ISBN 978 - 7 - 5049 - 9997 - 9
如出现印装错误本社负责调换　联系电话（010)63263947

供应链融资：最大限度地挖掘客户价值

（代序）

很多客户经理非常忙碌，但是收获却不大。我们在培训过程中发现，很多客户经理申报的授信方案，存在很多问题。为客户设计正确的授信方案如同解题，不同的解题方法带来的结果大相径庭。

我们用某银行为英格索兰机械设备集团设计金融服务方案的案例对此加以说明。

英格索兰机械设备集团是专业制造工程机械产品的大型企业，产品包括装载机、挖掘机、小型机、压路机、平地机、推土机、叉车等工程机械系列产品。公司采取经销商销售模式，有超过 200 多家供应商，产品销售全国，银行准备给该客户提供 60 亿元授信。银行该如何给英格索兰机械设备集团申报授信才能最大限度地挖掘客户价值呢？

以下是两种典型的授信方案，客户经理可以认真地比较一下。

方案一：直接为英格索兰机械设备集团提供 60 亿元流动资金贷款。

方案二：提供以供应链融资为核心的综合融资方案，授信总量仍是 60 亿元，具体见下表。

英格索兰机械设备集团授信方案

额度类型：公开授信；额度总量：60 亿元人民币

授信品种	币种	金额（亿元）
流动资金贷款	人民币	3
法人账户透支额度	人民币	5
国内公开型有追索权保理（商业承兑汇票贴现）	人民币	12
进口开证授信	人民币	3.4

续表

授信品种	币种	金额（亿元）
关税保付保函	人民币	0.6
经销商银票回购担保货押融资授信	人民币	36

　　方案一形式简单，单体授信，但由于英格索兰机械设备集团经营效益较好，基本不缺流动资金，很少启用授信额度，所以收益非常有限。

　　方案二虽然授信总量未变，但授信客户群体扩大，设计非常精巧。具体来说，60亿元的授信被分为三部分：

　　第一部分是英格索兰机械设备集团本体使用部分，包括流动资金贷款和法人账户透支额度，合计仅为8亿元。这部分主要解决企业本体的资金需要，总量不宜太大。

　　第二部分是为了营销英格索兰机械设备集团上游客户安排的授信，包括商票贴现、保理、进口开证、关税保付保函，合计16亿元，金额较大。

　　第三部分是为了营销下游客户安排的授信，主要为工程机械车回购提供担保融资，这也是客户最关心的销售问题。银行授信资源主要投放到这里，安排授信高达36亿元。

　　方案二中客户本体使用授信量较小，仅8亿元；而营销上下游客户安排的授信金额较大，高达52亿元。银行通过兼顾上下游的授信安排，以英格索兰机械设备集团为核心客户，全面营销其上游供应商及下游经销商，可使英格索兰机械设备集团经营现金流在银行体内循环。通过这种综合供应链的授信方式，银行获得的收益远远超过简单地对客户单体授信。

　　在方案二中，客户经理敏锐地认识到，简单评估英格索兰机械设备集团的承贷能力，单纯提供贷款，很难吸收多少存款；以供应链融资为核心的整体授信方案可以通过供应链融资的商务交易环节，控制企业的经营现金流，在放大授信额度的同时，有效地控制了银行的融资风险。

　　方案二的授信设计充分展现了客户经理的智慧及其对客户经营

状况的了解。该授信方案可以被复制到其他工程机械类、制造类企业。

这个世界上业绩最好的客户经理不是最勤奋的客户经理，而是最动脑筋的客户经理。勤奋加上正确的方法，你会成为客户经理中的佼佼者。只有了解银行产品，了解客户的赚钱模式，你才能设计出令客户满意的授信方案。一名合格的客户经理，应当时刻记住：通过银行技术含量较高的服务，为客户创造价值。要让客户认同我们的专业价值，尊敬我们，而不是一味地拉关系，拼命花费用。

建议所有的客户经理都认真学习供应链融资，学习本书的供应链融资模式，认真分析本行现有客户的价值，通过供应链融资深入挖掘客户的价值潜力。

目　录

第一部分　供应链融资篇

第二部分　货权质押融资篇

第一部分　供应链融资篇

第一节　供应链基本知识

一、供应链融资的相关概念

【供应链融资】

供应链融资是指以特大型核心客户商务履约为风险控制基点，银行通过对特大型核心客户的责任捆绑，以适当产品或产品组合将银行信用有效地注入产业链中的核心企业及其上下游配套企业，针对核心企业上下游长期合作的供应商、经销商提供封闭融资的一种授信模式。

【供应链】

供应链是围绕核心企业，从配套零件开始，到制成中间产品及最终产品，最后由销售网络把产品送到消费者手中的一个由供应商、制造商、分销商、零售商直到终端用户和服务商所连成的整体功能网状结构。

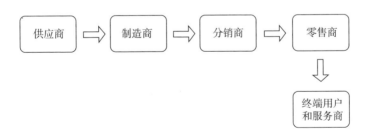

图 1-1　供应链流程

【点评】

我们可以把供应链描绘成一棵枝叶茂盛的大树：生产企业构成树根，是根本；渠道商则是树干；分销商是树枝和树梢；满树的绿叶红花是终端用户；在根与干、枝与干的一个个节点，蕴藏着一次次的流通。

【供应链管理的特点】

1. 供应链管理把所有节点企业看作一个整体。

供应链是由供应商、制造商、分销商、零售商、终端用户和服务商组成的网状结构。链中各个环节是一个有机的整体，环环相扣。供应链管理把物流、信息流、资金流、业务流和价值流的管理贯穿于供应链全过程，要求各节点企业之间，从原材料和零部件的采购与供应、产品制造、运输与仓储到销售的各种领域，实现信息共享、风险共担、利益共存。不同的企业集成起来可以增加整个供应链的效率，但要注重企业之间的合作，以达到全局最优。

2. 供应链管理以客户和最终消费者为中心，这也是供应链管理的经营导向。

无论构成供应链节点的企业数量有多少，也无论供应链节点企业的类型有多少，供应链的形成都是以客户和最终消费者的需求为导向的。正是由于有了客户和最终消费者的需求，才有了供应链的存在。

供应链是一种网状结构，其管理的运作过程要求各个企业成员对市场信息的收集与反馈要及时、准确，以做到快速反应，降低企业损失。要做到这些，供应链管理还要有先进的信息系统和强大的信息技术作为支撑。

二、供应链融资的业务流程

【供应链融资"四流"】

供应链一般包括物流、发票流、信息流、资金流四个流程。

1. 物流。

这个流程主要是物资（商品）的流通过程，这是一个发送货物的程序。该流程的方向是由供货商经由厂家、批发与物流、零售商等指向消费者，在这个流程中，要解决如何在物资流通过程中短时间内以低成本将货物送出去的问题。

2. 发票流。

这个流程主要是买卖的税款见证过程，以公开证明商业流程的合法性，保证所有交易在国家监控下并受到法律保护。

3. 信息流。

这个流程是商品及交易信息的流程。现代核心企业信息流主要包括通过系统进行电子化采购，并进行记账处理。

4. 资金流。

这个流程就是结算资金的运行，包括现款计算、电子银票结算、电子商票结算、国内信用证结算等。为了保障企业的正常运作，必须确保资金的及时回收，否则企业就无法建立完善的经营体系。详见图 1-2。

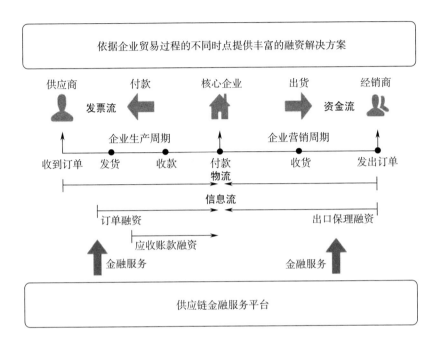

图 1-2　供应链融资"四流"流程

【银行看待供应链融资视角】

　　银行不单看某客户，而是要观察整个产业链，寻找整个产业链带给银行的融资机会。供应链融资是银行深入交叉销售的工具，是沿着客户产业链营销的王牌工具，每个客户经理都应该认真学习供应链融资业务。

　　银行应当沿着产业链营销核心客户的供应商、经销商。在采购环节，银行帮助核心客户降低采购支付成本，延缓现金流出；在销售环节，银行帮助核心客户促进产品销售，加快现金回流。一方面，银行可以通过综合金融服务，为特大型核心客户提供整体解决方案；另一方面，银行在服务特大型核心客户的同时，实现在低风险状态下营销其供应商、经销商。

　　特大型核心客户与其供应商、经销商交易频繁，资金流量较大，银行可以通过特大型核心客户与其供应商、经销商的商务交易活动，寻找银行融资产品的嵌入机会，通过核心客户控制产业链的融资风险。

> **一个通俗的理解**：我们直接营销奔驰、宝马是一项不大容易完成的任务。我们可以先搞定奔驰、宝马的零部件供应商、指定经销商，然后迂回营销奔驰、宝马，借助奔驰、宝马的良好商业信誉、强大的资金实力、强势的市场拓展能力，从两端挖掘收益。

【供应链融资对核心企业价值分析】

图1-3清晰地说明了供应链融资的真实含义。

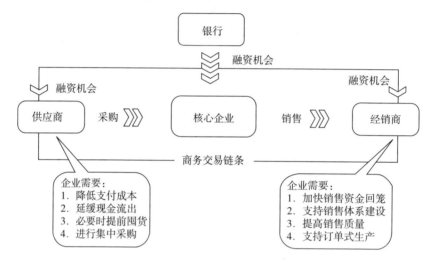

图1-3 供应链融资业务流程图

供应链融资属于交易型融资，每笔融资用于真实的商品交易，根据产业链的商务交易需要提供融资，促进交易的顺畅进行。

图1-3的左侧，为满足供应商的需要，可以提供以下产品：

采购支付类票据：银行承兑汇票、买方付息票据、代理贴现、商业承兑汇票保贴、全额保证金银票、准全额保证金银票。

采购支付类信用证：国内信用证（国内采购使用）、国内信用证买方押汇；进口信用证、进口信用证买方押汇、进口信用证打包贷款。

采购支付类融资：订单融资、定向买方信贷。

以上这些产品协助核心企业的采购行为，帮助客户以更低的成本进行采购。使用票据支付，而非从银行取得贷款支付。

图1-3的右侧，为满足经销商的需要，可以提供以下产品：

销售类组合融资：保兑仓、厂商银、未来货权质押融资。

工程大宗设备销售融信：投标保函、履约保函、预付款保函等。

以上产品协助核心企业的销售行为，帮助客户更快地销售产品，更早地收回货款。

三、供应链融资的业务本质

1. 供应链融资是银行通过对有实力的核心客户的责任捆绑，对产业链相关的资金流、物流的有效控制，针对链条上供应商、经销商及终端用户等不同客户的融资需求，提供的以货物销售回款自偿为风险控制基础的组合融资服务。通过提供链式融资，推动整个产业链商品交易的连续、有序进行。

在供应链融资模式下，处在供应链的企业一旦获得银行的支持，资金这一"外部血液"注入配套企业，也就等于进入核心企业供应链，可以激活整个"链条"运转；借助银行信用支持，为核心企业配套的中小企业赢得更多与大客户合作的商机。

供应链融资实际就是借助大客户良好的商业信誉、强大的履约能力给中小企业融资，促进核心企业供应链的高效运行。

2. 供应链融资为组合关联授信，着重分析产业链内各企业主体的履约能力，围绕原材料采购、加工、生产、销售的产业链，全过程寻找供应商、制造商、经销商、零售商、终端用户等不同主体的融资机会，全方位融资融信，深入挖掘产业链的价值潜力，并有效地控制银行信用风险。

看准一个产业链，找准所有的融资机会，只要有可能就尝试销售融资产品。

3. 供应链融资业务要求银行必须对客户所在行业的运营规律进行深入了解和透彻分析，把"以客户为中心"的营销理念贯穿于业务全过程，把营销工作做专、做深、做精、做细，与各企业主体（核心企业、供应商、经销商、保险公司、物流监管企业等）进行契约组合，提供量体裁衣式的一揽子综合金融服务方案。

只有与客户零距离接触，非常清楚所服务客户的经营特点、商务规律，成为所服务行业的局内人，才能做好中小企业供应链融资。客户经理必须花大力气认真研究客户所在行业的经营规律，真正弄懂客户是做什么的，靠什么赚钱，这样才能做好信贷业务。

4. 在核心客户责任捆绑项下，从核心客户入手分析整个产业链，着眼于合理运用银行产品，将银行信用有效地注入上下游配套企业，满足其融资需求，适度放大其经营能力，推动整个产业链商品交易的有序进行，以核心客户为依托，以核心客户真实履约为保障，控制产业链关联风险。

以强势客户强大的商业运作能力控制整个产业链的融资风险，配套企业商务违约成本远远高于违约获得的利益，甚至根本没有机会违约。

5. 供应链融资并非单一的融资产品，而更强调各类产品的组合销售，银行根据产业链各节点的资金需求特性嵌入相应的融资融信产品组合，包括票据及其衍生产品，贷款融资及其关联产品，结算、托管、现金管理等非融资产品，形成产品集群销售效应。

营销一定是交叉销售，通过一个核心产品，带动其他相关产品的混合销售。

6. 供应链融资重点关注贸易背景的真实性、交易的连续性、交易对手的履约能力、强调信贷资金使用封闭运作与贷款自偿。它将贷款风险控制前移至客户生产、存储及其交易环节，以产业链整体或局部风险控制强化单一企业的风险个案防范。

我们更习惯将供应链融资称为对重点行业的整体解决方案，着眼于整个产业链对银行的价值，力图从整个产业链寻找对银行的价值回报，而绝非每个客户的个体回报。供应链融资紧盯客户所依托的经营现金流，将银行的融资嵌入客户的经营现金流"血液"中。

【点评】

若不熟悉客户产业链，则根本做不好供应链融资。

四、供应链融资的风险控制

在风险控制方面，供应链融资从控制贸易活动现金流入手，在客户开发过程中，不孤立地对单个客户的财务特征进行评估和授信，而是认真分析交易链各节点财务特征，借助真实贸易活动的关联性，对交易链各企业主体进行评估和授信，以交叉风险控制替代单一客户的个别风险控制。例如，通过要求企业封闭使用银行贷款控制资金用途；通过指定回款账户，锁定还款来源。

通过对授信对象的资信状况进行审查，对交易链各节点企业实行授信覆盖，构造授信操作的封闭性和自偿性。

以客户营运能力分析和现金流分析取代传统的财务指标分析，不片面强调授信对象的财务特征和行业地位，也不简单地对授信对象进行孤立评价，而注重分析授信对象的现金流、违约成本以及在交易链条上的营运能力。

【点评】

给小客户融资不是因为小客户是谁，而是因为这些小客户背后的大型企业。我们并不给这些小客户提供流动资金贷款，而是提供单笔采购融资，这些中小客户与大客户逐笔签订商务合同，我们逐笔提供融资。小企业是谁根本不重要，小企业和谁做生意非常重要。

五、供应链融资的授信额度管理模式

供应链融资的授信额度管理模式分两类：单一额度和双额度，如表1-1所示。

表1-1　　　　供应链融资的授信额度管理模式对比说明表

管理模式	单一额度	双额度
概念说明	针对核心企业核定授信额度后，直接切分给供应商、经销商使用，对供应商、经销商不再按授信程序审批授信，直接占用核心企业授信额度。	同步对核心企业及其供应商和经销商核定授信额度，在两个额度同时具备后，对供应商、经销商办理具体授信业务。
供应商采取该类额度管理模式的条件	核心企业对其供应商在银行尚未清偿的贷款本息（含银行承兑汇票）和相关合理费用承担连带责任保证，或对供应商销售的货物提供确定的购买付款承诺。	供应商与核心企业签订买卖合同，核心企业不提供确定的购买付款承诺或连带责任保证。核心企业的承诺大多属于调剂销售货品、惩罚供应商或经销商等措施。
经销商采取该类额度管理模式的条件	核心企业对其经销商在银行尚未清偿的贷款本息（含银行承兑汇票）和相关合理费用承担连带责任保证，以及对经销商未售出库存货物进行全数回购或退款。回购价格按照原始发票价格，回购标准是仅提交货权凭证，无论库存货物实物是否实际移交。	核心企业虽然提供一般回购担保，但回购的前提条件包括货物完好等其他约定。在货物质押监管项下，核心企业对经销商未售出库存货物不承担回购义务，单纯以货物仓单提供质押。

【点评】

单一额度管理模式对银行授信审批体制提出了挑战，传统融资更关注企业的主体，供应链融资弱化了主体，在非常强势的核心企业提供确定风险控制安排情况下，可以不对配套企业单独核定授信额度，直接使用核心企业的授信额度即可。

各家银行开展供应链融资一定要习惯单一额度这个概念，过于强调双额度，很多核心企业的经销商或供应商的授信都不会被批准。例如，在核心企业提供明确回购担保模式下，对经销商可以不再报批授信，直接签订保兑仓协议即可。

六、供应链融资业务的价值

1. 帮助掌握大数据、掌握中小企业客户资源的大型互联网企业将数据资源变现。

滴滴、阿里巴巴、今日头条、优信汽车、百度、携程等国内知名互联网公司拥有极多非常有价值的数据资源，这些都属于供应链融资的核心要素。

【案例】

案例1 　　　　　　　　滴滴新型供应链金融 ABS 融资

核心企业	滴滴汽车
配套中小企业	滴滴平台上的合作伙伴租赁公司
融资背景	滴滴连接了超 2 100 万名司机和车主、4.5 亿名乘客，还有汽车租赁公司、汽车经销商等生态圈，每天完成超 2 500 万个订单
融资用途	将用于合作伙伴购置新车，进而扩大滴滴平台的运力
交易所	上海证券交易所
滴滴收费	滴滴在该项目筹备和推进、执行过程中，垫付了前期的中介费用，并投入人力等建设相关基础资产管理系统，项目发行后，作为资产服务机构，会向专项计划收取少量服务费，以覆盖前期成本
基础现金流	出租车司机经营活动现金流，由滴滴进行监控并负责资金封闭结算还款

案例2 　　　　　　蚂蚁金服新型供应链金融 ABS 融资

（德邦蚂蚁供应链金融第×期应收账款资产支持专项计划）

核心企业	阿里巴巴公司
配套中小企业	淘宝平台上的合作伙伴
融资背景	该项目的原始权益人为商融（上海）商业保理有限公司（下称商融保理），商融保理为蚂蚁金服旗下的全资子公司，项目的基础资产为商融保理受让的天猫商户上游供应商转让的对这些商户的应收账款

续表

核心企业	阿里巴巴公司
融资用途	用于合作伙伴流动资金周转，进而扩大淘宝平台的运力
交易所	上海证券交易所
蚂蚁模式	一是基础资产质量优良，商融保理依托蚂蚁金服的大数据风控体系，筛选出阿里的优质入驻商户，并将受让的这些优质商户上游供应商对其的应收账款作为入池资产，基础资产的还款来源较为稳定；二是总体来说入池资产的分散度较高，避免了传统供应链ABS产品对单一核心企业信用依赖度高的弊端
基础现金流	天猫商户经营活动现金流，由阿里巴巴进行监控并负责资金封闭结算还款

案例3　　　　　　携程新型供应链金融 ABS 融资

（华泰—携程金融"拿去花"第一期资产支持专项计划 1－10 号）

核心企业	携程旅游公司
配套中小企业	携程平台上的合作伙伴
融资背景	专项计划以消费者在携程旅行网及去哪儿网平台使用"拿去花"产品进行旅游消费分期时所形成的保理合同债权作为基础资产，首期发行规模5亿元，期限为2年（第1年为循环期，第2年为摊还期）。该产品不依赖于主体信用，凭借基础资产质量及结构化分层，使优先级资产支持证券获得了AAA评级
融资用途	用于合作伙伴流动资金周转，进而扩大淘宝平台的运力
交易所	上海证券交易所
携程模式	基础资产质量优良，上海携程金融信息服务有限公司依托携程金服的大数据风控体系，筛选出优质旅游用户
基础现金流	旅游人经营活动现金流，由携程进行监控并负责资金封闭结算还款

2. 帮助核心企业变得更加强大。

我们应当帮助客户把生意做得更顺、规模更大、更赚钱、更符合投资者要求。以商人思维与客户洽商合作，帮助客户去扩大生意，去赚更多的钱、让客户变得更强大，这是维护客户最好的方法。例如，帮助钢铁制造厂商销售更多的钢材、帮助工程机械车厂商销售更多的机车、帮助电子商务企业获得更多订单，让客户认同我们的商业价值。

3. 帮助客户优化自身的财务报表。

像贵州茅台、五粮液等中国一批优质企业，其财务报表的特点是存款量极大，应付账款、预收账款较大，预付账款较少。我们应向这类企业学习，通过向整个产业链的两端融资，努力帮助每个客户优化自身的财务报表。

七、供应链融资业务链条分析

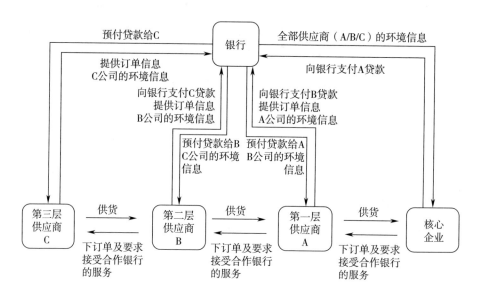

图 1-4　供应链融资业务链条示意图

【核心企业对供应商链条】

核心企业对供应商主要涉及以下几类账务：

——应付账款（对核心企业而言，越大越好、越长越好，可以美化自身报表）

——应付票据（对核心企业而言，商票越多越好、银票越少越好，可以美化自身报表）

——现款现货

——预付账款（对核心企业而言，越小越好、越短越好）

银行可以提供的建议：拉长应付账款。

方式一：将核心企业欠供应商的2个月应付账款变成5个月应付账款。核心企业通常非常乐意这么做，但是必须说服供应商。手段：核心企业必须配合银行完成供应商应收账款转让确认，即银行可以给供应商提供公开无追索权保理融资，供应商解决了融资问题，就会答应核心企业的要求。供应商仅是多承担了一些财务费用，但是可以提前收到货款。

方式二：将核心企业欠供应商的2个月应付账款变成5个月应付票据。核心企业通常也会乐意这么做，但是同样必须说服供应商。手段：核心企业必须愿意提供商业承兑汇票，即原来是2个月后支付货款全款，现在是立即支付一张5个月的商业承兑汇票。这样，银行可以立即给供应商提供商业承兑汇票贴现融资，供应商解决了融资问题，就会答应核心企业的要求。供应商仅是多承担3个月商业承兑汇票贴现财务费用，但是却可以提前收到货款。

核心企业作出适度让步，得到利益是应付账款被拉长一倍还多，有利于美化报表，延缓了现金的流出，保证自身持有更多的现金存量。在资金头寸紧张、融资利率高企的时候，对核心企业诱惑较大。

对银行的优势：可以批发营销核心企业的供应商，形成沿着产业链关联营销，而且银行可以交叉销售多种银行产品。

【案例】

安徽省新能源有限公司供应商融资

1. 企业基本情况。安徽省新能源有限公司注册资本为2亿元，总资产高达230亿元，年销售收入超过80亿元。该公司为本地的龙头企业，在各家银行闲置贷款额度极大。

该公司是由省政府出资设立的国有独资公司，是地方集资创办的专业投资机构，经省政府授权负责省内电力及其他能源建设资金的筹集和投资管理，代表省政府负责对电力等能源项目进行投资经营管理，对建设项目进行资本运营，主要涉足电力、煤炭、采掘、煤化工、煤层气、新能源、物流及天然气管道运输等产业。

2. 银行切入点分析。某股份制银行为本地的后来者，提供给安徽省新能源有限公司的授信额为1亿元，但安徽省新能源有限公司根本不启用。该银行决定设计提供供应链融资。安徽省新能源有限公司有超过30多家供应商，全部为煤炭供应商、电力设备供应商、电缆供应商、发电绝缘件供应商等，这些中小供应商普遍资金紧张，账期多在2个月左右。该银行劝说安徽省新能源有限公司将应付账款从2个月延长到5个月，但是必须签发商业承兑汇票给供应商。由银行劝说供应商答应更改这种融资方式的方案。

经过银行的仔细分析，供应商都答应接受商业承兑汇票付款的方案。

3. 银企合作情况。

（1）安徽省新能源有限公司挑选出10家供应商，每家应付货款金额为1 000万元。安徽省新能源有限公司1亿元贷款额度全部为商业承兑汇票贴现额度。

（2）安徽省新能源有限公司签发1亿元商业承兑汇票，并与供应商及银行签订商业承兑汇票代理贴现三方协议，银行承诺按照提供给安徽省新能源有限公司的优惠商业承兑汇票贴现利率提供给供应商，安徽省新能源有限公司可以收取0.1%的手续费。

（3）安徽省新能源有限公司签发1亿元的商业承兑汇票给供应商，并代理供应商完成贴现，银行提供商业承兑汇票贴现融资。

（4）银行将贴现后款项直接划付给10家供应商。

【核心企业对经销商链条】

核心企业对经销商主要涉及以下几类账务：

——应收账款（对核心企业而言，越小越好、越短越好，通常属于铺货时候采用，多属于食品、文具、服装等行业）

——应收票据（对核心企业而言，越小越好、越短越好，通常属于赊销时候采用，多属于电力设备等行业）

——现款现货

——预收账款（对核心企业而言，越大越好、越长越好，可以免费占用下游客户资金）

银行可以提供的建议：增加预收账款。尽可能多地收取预收账款，通过提供一定的信用增级服务，提高经销商的信用能力。

银行为经销商提供银行承兑汇票支持，定向用于向核心企业的商品采购预付款，核心企业可以提前收到预付款，提高销售的质量。

【案例】

广东省新格美电器有限公司经销商融资

1. 企业基本情况。广东省新格美电器有限公司注册资本为12亿元，为本地的龙头企业，总资产高达130亿元，年销售收入超过280亿元，在各家银行闲置贷款额度极大。

2. 银行切入点分析。广东省新格美电器有限公司属于本地强势企业，各家银行提供的授信额度较大，但是，广东省新格美电器有限公司都没有启用。某银行设计提供供应链融资。

广东省新格美电器有限公司采取经销商销售机制，有超过30多家经销商。可以借助经销商融资，通过提供给经销商一定的商务政策刺激，营销广东省新格美电器有限公司经销商在银行办理银行承兑汇票作为预付款。经过银行的劝说，经销商都答应接受银行承兑汇票预付款的方案。

3. 银企合作情况。

（1）广东省新格美电器有限公司挑选出 20 家经销商，每家预付货款金额为 500 万元，每家经销商签发 500 万元银行承兑汇票。

（2）广东省新格美电器有限公司与经销商及银行签订家电销售融资网络三方协议。

（3）经销商共签发 1 亿元的银行承兑汇票给广东省新格美电器有限公司作为预付款，广东省新格美电器有限公司提供 2% 的价格折扣。

（4）广东省新格美电器有限公司收到银行承兑汇票后，按照发货进度，在得到银行的指令后，分批发出货物。

八、供应链融资的思路

1. 最优先选择的融资渠道。核心企业最理想状态：向产业链两端寻找融资，延期付款给供应商，向供应商融货，间接向供应商融资，产生大量的应付账款；向经销商提前收取定金或预付款，向经销商融资，产生大量的预收账款，从产业链两端获得融资，形成资金洼地。

核心企业通常通过向供应商、经销商融资，就够自己的经营周转使用。核心企业从直接向银行融资转变为以供应商及经销商为融资渠道间接向银行融资，减少对银行融资的依赖，这是最高明的做法。

向产业链两端寻找融资属于软性负债，通常越大越好。详见图 1-5。

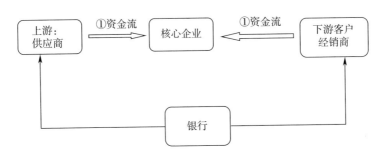

图 1-5　不同融资渠道示意图

2. 向银行融资。当从产业链两端获得的融资不够经营使用时，再配比银行融资，向银行融资属于刚性融资。提供流动资金应当首选法人账户透支业务，其次是流动资金贷款业务。银行对客户提供融资，通常融资金额要合理，过大容易失去对客户的控制，过小又会影响客户的正常经营（见图 1-6）。

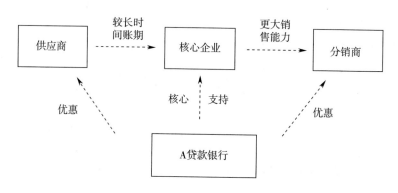

图1-6　供应链融资模式中银行与供应链成员的关系图

【点评】

　　中国的特大型企业，尤其是制造类集团客户是中国经济的脊梁，在各自的领域吸引了大量的配套企业，形成了庞大的产业链，而特大型企业在其中处于核心地位，牢牢掌控着整个产业链的运转。例如，电子商务行业中的阿里巴巴、百度、京东，以其为核心聚集了大量的中小商家；汽车行业中的中国一汽汽车，产业链中有大量的汽车零配件供应商、汽车经销商；钢铁行业中的宝钢集团，产业链有大量的铁矿石供应商、钢材经销商。任何一家银行都有一两个大型的核心企业，可以通过这些核心企业，营销两端的供应商、经销商。

　　供应链融资业务的核心目的在于依托特大型核心企业，关联营销为其配套的供应商、经销商，实现低风险状态下对中小企业融资的突破，银行精细化经营，最大限度地挖掘核心大型客户的价值潜力。银行融资业务真正嵌入企业产业链"血液"中，形成银企相互依赖的紧密型商业合作伙伴关系。

　　供应链融资是银行进行深度营销、改变客户拓展模式的重要手段。链式融资风险较低，银行可以较好地控制企业的资金使用，掌控企业经营行为，便利交叉销售全线银行产品，是银行投入产出比最高的一类产品。以传统单一贷款思路营销客户，银行与企业合作浮在表面，银行获得利润有限；而以链式融资服务客户，银行进入企业的"血液"，与企业形成共生关系，可以赚得盆满钵满。

　　切记：不可以无目标地随意拓展中小客户，拓展对象必须是核心企业的供应商或关联的经销商，依托于大客户而经营。

九、供应链融资主要适用行业

供应链融资重点选择市场需求稳定、行业容量广阔、交易金额巨大、交易方式规范、集群效应较好、属于资金技术密集型产业、有利于银行进行纵深拓展的行业。

【产业链技术优势突出、物流及资金流全封闭互联网公司】

阿里巴巴、京东、携程、优信等都实现了对物流及资金流的全封闭，属于最经典的适合操作供应链融资的企业，大型互联网平台公司非常适合提供供应链融资。

【资源优势突出的行业】

石油、煤炭、电力等能源类行业具有自然资源独占性优势，从事此类行业的企业通常都有相当雄厚的自有资金，行业风险不大。

1. 电力行业。重点围绕五大发电集团及其下属电厂及华润、国投、长江电力、国华、中核总、广核等国家级电力集团（含其控股的优势企业）及部分优势省级电力集团、两大电网公司及其下属电网企业，向其上游煤炭供应商、燃料油供应商和设备供应商提供供应链融资，尤其是依附着这些大型电力集团经营的中小民营企业。

各地银行选择客户的时候，重点围绕本地核心企业营销供应链即可，如围绕本地电厂营销其煤炭供应商、设备供应商等。核心企业申报授信时一定要避免直接提供单纯的贷款，而应当申报贷款捆绑票据组合授信，通过票据连接上下游企业的天然优势营销核心企业的关联企业。

电力供应链分析：

核心企业	发电企业
上游供应商	煤炭经销商、电力设备企业
融资工具	反向保理、商票贴现

2. 石油和化工行业。石油产业链：如中国石油化工集团、中国石油天然气集团、中国海洋石油集团、中国中化集团、陕西延长石油集团等国内知名石油企业，这些王牌石油企业在各地设立了众多的分（子）公司，这些分（子）公司往往规模极大，有的甚至围绕其形成一个城市，如大庆、东营、克拉玛依、辽河等。石油公司各省都有。

各地银行可以重点选择本地大型石油公司、石化公司，营销其关联企业。可针对这些大型石油客户的上下游客户——钻井设备供应商、钻井油管供应商、炼油企业的原油供应商及其他原材料供应商，以及与上述集团所属销售公司有关油料经销商等配套企业深度拓展进行链式融资。

石油行业属于典型的资金密集型行业，这些王牌企业的产业链，任何一段都有极其惊人的资金量，具备巨大的开发价值。尤其是一些大型的民营原油、成品油经销商，资金运作能力极强，有一定的抗风险能力，很值得银行深入开发（见图1-7）。

图1-7 石油供应链示意图

石油供应链分析：

核心企业	石油炼化企业
上游供应商	陶粒砂商、石油设备企业
融资工具	保理、商票贴现、银票贴现

3. 煤炭行业。煤炭是典型的资金密集型行业，上游煤炭采掘设备供应商、矿井车供应商、采煤支架供应商、材料供应商；下游行业为电力、钢铁等，除直供外，还通过煤炭经销商销售煤炭。煤炭行业产业链较为清晰，融资机会较多，很值得银行重点围绕大型煤矿企业集团深入拓展供应链融资。详见图1-8、图1-9。

例如，在煤炭资源集中的省份，如山西（大同、晋城）、河北（冀中、井陉)、黑龙江(鹤岗)、宁夏、贵州(毕节)、内蒙古(鄂尔多斯、东胜)、安徽(淮南、淮北);在物流较为发达的港口地区,如天津、宁波、上海、广州、秦皇岛,聚集了大量的煤炭经销商,这些煤炭经销商资金量较大,具备很大的开发价值。

煤炭经销商多为民营企业,对资金需求非常旺盛,融资产品基本上都是银行承兑汇票,各银行应当高度重视这个市场,积极拓展。

寻找煤炭经销商的主要渠道:《中国煤炭报》、中国煤炭网。

例如,中国神华集团、中国中煤集团、五大发电集团控制的煤业公司、陕西煤业集团、山西晋煤集团、山西省煤炭运销总公司、山东兖矿集团有限公司、山西大同煤矿集团有限责任公司、山西焦煤集团有限责任公司、山西晋城无烟煤矿业集团有限责任公司、山西潞安矿业(集团)有限责任公司、山东新汶矿业集团有限责任公司、山东枣庄矿业(集团)有限责任公司、安徽淮南矿业(集团)有限责任公司、安徽淮北矿业(集团)有限责任公司、江苏徐州矿务集团有限公司、国投新集能源股份有限公司及其下属子公司,都是较好的供应链融资核心企业,可以借助核心企业关联营销这些客户的两端企业。

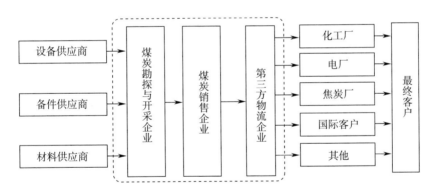

图 1-8　煤炭供应链链状结构模型图

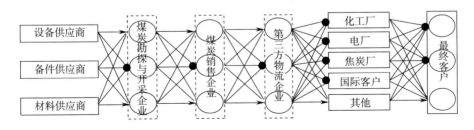

图 1-9　煤炭供应链网状结构模型图

煤炭供应链分析：

核心企业	大型煤炭企业
下游经销商	煤炭经销商、发电企业
融资工具	保理、商票贴现、银票三方协议

4. 有色金属行业。重点围绕有资源优势的大型企业，向其上游矿石供应商和下游产品经销商提供供应链融资服务。例如，中国铝业集团、江西铜业集团、紫金矿业集团、中国中金集团等国内大型资源型企业的两端，如铁矿石、金属矿供应商、金属制品经销商等，都是银行的营销目标。

有色供应链分析：

核心企业	有色金属冶炼企业
下游经销商	铜业经销商、铝业经销商电力设备企业
融资工具	保理、银票贴现

【资金技术壁垒较高、适度规模经营的行业】

汽车、钢铁、机械制造、建材类行业的资金技术壁垒较高，具有一定的经营规模，经过多年经营，建立了强大的产业链，辐射较多的供应商、经销商。

1. 交通及交通运输设备制造业。

重点围绕中国铁路总公司及所属18个铁路子公司等核心企业，为其设备、物资供应商提供供应链融资服务。铁路系统典型客户有中国铁路建设投资公司、中国中铁股份有限公司、中国铁建股份有限公司等。铁路行业投资金额极大，可以带动施工、建材、水泥、钢铁等行业，可以通过铁路公司关联营销施工企业、建材供应商、水泥供应商、钢铁供应商等。

重点围绕中国国航、南方航空、中国东航、上海航空、海南航空等大型航空运输集团和北京首都机场、广州白云机场、上海浦东机场等大型机场集团公司，为其航油供应商、航材设备提供商、地勤设备供应商提供供应链融资服务。

重点围绕中远集团、中海集团、中外运集团三大水运集团和上海港、天津港、宁波港、大连港、青岛港、广州港、南京港沿海大型港口，为其运输设备供应商提供供应链融资服务。

重点围绕各省交通厅、省交通集团、公路公司等客户，重点营销公路票据通产品——公路公司在银行签发银行承兑汇票，收款人为施工企业（中标公司）路段项目经理部，项目经理部持票到银行办理贴现。银行可以借助公路公司成功开拓其上游企业——施工单位、供应商，各建设施工企业项目经理部，在本行办理票据贴现业务，实现票据体内循环，在提升业务收益的同时，扩大了银行客户群体。

铁路供应链分析：

核心企业	中国铁路总公司及 18 个铁路局、中国中铁、中国铁建
上游供应商	钢材经销商、火车设备企业
融资工具	反向保理、商票贴现、三方协议

2. 钢铁行业。钢铁行业上游有焦炭、铁矿石；下游有钢铁经销商，资金交易量较大，交易规则清晰，很适合拓展供应链融资。

尤其是钢铁经销商，普遍资金量较大，而且在行业内已经初具规模，已经是各家银行拓展供应链融资的王牌客户群体，基本上在每个城市都聚集了一大批钢铁经销商，甚至有些地区成立了大型的钢铁集散市场。

重点围绕大型钢铁生产企业，向其上游铁矿石供应商、焦炭供应商和下游钢材经销商提供供应链融资服务。如宝武钢铁集团、河北钢铁集团、鞍本钢铁集团、北京首钢集团、包头钢铁集团、江苏沙钢集团、马鞍山钢铁集团、湖南华菱钢铁集团有限责任公司、广西柳州钢铁（集团）公司、福建三钢（集团）有限责任公司、酒泉钢铁（集团）有限责任公司。

比较大的钢铁经销商有五矿集团、北京京澳港集团等。

钢铁供应链分析：

核心企业	钢铁生产企业
上游供应商	焦炭经销商、煤炭供应商
下游经销商	钢铁经销商
融资工具	保理、商票贴现、三方保兑仓、四方动产质押融资

3. 工程机械行业。工程机械行业下游为基础设施行业，如公路、桥梁、房地产、铁路、机场、场馆等，各工程机械车厂商有着巨大的销售压力，非常愿意配合银行开展工程机械车按揭贷款融资。银行在工程机械领域开拓空间巨大。

重点围绕行业内受国家产业政策保护、市场竞争力强、技术水平高的行业龙头企业，向其上游零配件供应商和下游产品经销商提供供应链融资服务。

大型工程机械车厂商如厦门工程机械集团、柳州工程机械集团、中联中科有限公司、山河智能有限公司、小松中国有限公司、卡特比勒机械集团、徐工集团、山工集团、三一重工集团等。

经营工程机械的经销商多为民营企业，如北京恒日工程机械集团等（见

图1－10）。

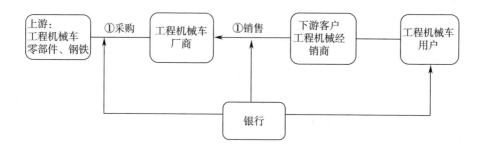

图1－10　工程机械行业供应链示意图

4. 电器行业。家电企业普遍重视建设销售网络，对经销商提供支持，很适合拓展供应链融资（除国美、苏宁等特大型家电连锁企业，京东等大型电商）。重点围绕市场占比高、本产品领域（空调、家电、冰箱、洗衣机等）的行业排头兵开展业务合作，如海尔、海信、格力、美的、志高、联想、西门子等。

其中，美的、格力均采取总代理的销售模式，非常适合开展供应链融资业务（见图1－11）。

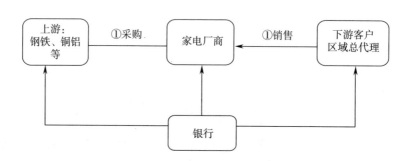

图1－11　电器行业供应链示意图

（1）这类家电厂商一般采用区域总代理的销售模式，企业在各省设立区域总代理商销售，厂商向区域总代理销售，然后区域总代理向本地的二级经销商销售（区域总代理甚至直接向本地的国美、苏宁销售）。厂商给区域总代理留出足够的价格利润空间。

（2）银行向该公司提供保兑仓链式融资，为经销商承兑其签发的银行承兑汇票，专项用于向家电厂商支付货款。经销商及时补充保证金，银行累计通知家电厂商发货的价款不超过保证金账户余额，如经销商在承兑汇票到期时未能足额承兑，家电厂商在银行承兑汇票到期日，无条件将银行承兑汇票与保证金间的差额款项退还给银行。

（3）提供工资代发业务，争取公司在银行办理工资代发业务。

（4）家电厂商将根据经销商的销售额及以往办理差额付款承诺的业务量为经销商核定额度，推荐给银行，银行再对经销商银行承兑授信进行报批。

（5）家电厂商是比较好的渠道类客户，多采取经销商模式，借助保兑仓这款产品，银行可以通过家电厂商关联营销其众多的经销商。

（6）家电厂商属于典型的票源大户，从下游收到了大量的银行承兑汇票，同时需要向上游客户支付大量银行承兑汇票，充分利用其对上下游均处于强势地位的特殊优势，将收到的短期票据置换为长期票据，在保证支付通畅的同时，给客户提供了较好的理财，管理票据，实现价值增值。

（7）家电行业的结算大量使用银行承兑汇票，票据使用占到整个行业结算的90%以上，营销家电厂商的核心工具就是票据。

5. 汽车行业。汽车产业链较长，交易规则清晰，核心厂商有销售汽车的动力，因而汽车产业链是拓展供应链融资的黄金行业。重点围绕国内知名品牌汽车企业和跨国公司在华企业，向其供应商和经销商提供供应链业务。

乘用车系列企业：上汽通用五菱、一汽大众、上海大众、上海通用、一汽丰田、奇瑞、东风日产、广州本田、北京现代和重庆长安等。

客车市场企业：郑州宇通、大小金龙、苏州金龙、安凯客车。

货车市场企业：济南重汽、一汽集团、东风汽车、陕西重汽、北汽福田、上汽依维柯红岩。

重点围绕船舶制造龙头企业、铁路机车车辆及动力机车制造龙头企业，向其上游零配件供应商和下游产品经销商提供供应链融资服务（见图1–12）。

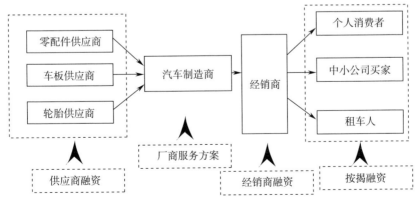

图1–12 汽车行业供应链示意图

汽车供应链分析：

核心企业	整车企业
上游供应商	汽车零部件商
下游经销商	汽车经销商
融资工具	1＋n保理、汽车合格证质押三方协议融资

6. 水泥行业。水泥行业是典型的经销商销售模式，应当重点围绕水泥制造商，关联营销众多的经销商，如海螺水泥经销商、金隅经销商、冀东水泥经销商。

图 1－13　水泥产业链示意图

水泥供应链分析

核心企业	水泥生产企业
上游供应商	煤炭经销商
下游经销商	水泥经销商
融资工具	反向保理、商票贴现、三方协议融资

7. 食品行业。可以选择一些优势品牌食品企业的经销商，这些经销商资金量较大，非常值得银行深度拓展。

白酒类：茅台经销商、五粮液经销商、泸州老窖经销商；啤酒类：青岛啤酒经销商、哈尔滨啤酒经销商、燕京啤酒经销商；红酒类：张裕经销商、长城经销商；乳品：蒙牛经销商、伊利经销商、三元经销商（见图1－14）。

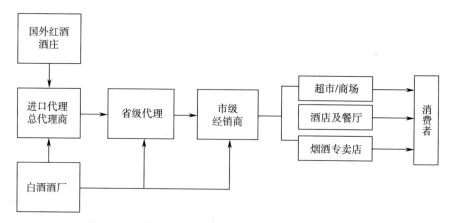

图 1－14　传统进口红酒及国内白酒零售供应链流程图

食品供应链分析

核心企业	食品制造企业
上游供应商	广告商、粮食商
下游经销商	经销商
融资工具	保理、银票贴现、动产质押

【具有稳定资金来源的国家机关】

包括各级国家行政机关、部队、大学、医院等。如北京协和医院、北京儿童医院、北京同仁医院、北京积水潭医院、北京天坛医院、河北第二人民医院等；清华大学、北京大学、中国人民大学、中山大学、武汉大学等；铁路局、社保中心等。

这些客户长期供应商可以作为链式融资业务的客户主体。各地银行可以选择本地的大型医院积极开展供应链融资的营销，医院行业非常适合银行拓展商业承兑汇票保贴业务、保理业务等融资产品。

以上核心厂商有着非常强的资金运作能力、强大的辐射效能，吸引了一大批原材料供应商和经销商，形成了一个相对安全、经营稳定、价值较高的商务链条。这些供应商和经销商数量众多、交易模式趋同，有利于银行进行批发营销。

政府事业单位供应链分析

核心企业	政府公共资源交易中心、各大医院采购平台
上游供应商	办公经销商、施工企业、药品贸易商
融资工具	反向保理、商票贴现、订单融资

【点评】

供应链融资是商业银行营销中小客户的重要手段，为各家银行尤其是股份制商业银行所推崇。供应链融资的核心目的在于低风险状态下实现对中小企业的融资，供应链融资的思路是银行的信贷资源直接切入企业的经营环节，直接用于企业的原材料（产成品）采购，银行密切监控企业的采购、生产、销售，以贸易项下的货物销售来偿还银行融资。银行实现精细化经营，最大限度地挖掘客户的价值潜力，银行融资业务真正嵌入企业的经营"血液"中。

十、供应链拓展存款要点

存款在哪里？很多客户经理最喜欢研究企业的资产负债表，喜欢看企业的银行存款一栏，存款多，就很高兴，一心准备去拉存款。其实，存款并不在资产负债表中，而在现金流量表中。资金就是企业做生意的本钱，资金就是资本，资金是喜欢动而不喜欢静的，客户要拿资金用于做生意周转，保证生意需要是第一位的。我们需要做的就是在保证客户商务经营正常资金使用需要的时候，尽可能地降低资金运动的速度，最好能实现客户做生意资金的周转在我们一家银行体内循环。

只有现金流量较大的客户才可能有大额的存款，必须找到资金运作量较大的客户，银行要想方设法将客户的存款沉淀下来。

客户经理应当认真研究企业的现金流量表，看看如何能够帮助企业扩大销售现金的回流，延缓采购支付的现金流出。

> **【点评】**
>
> 存款是设计出来的，不是拉来的。供应链融资就是帮助你营销客户现金流量表的存款。通过现金流量表看企业的存款，你能获得的存款将远远超过资产负债表中的银行存款。

十一、供应链融资使用的主流产品

序号	工具	应用场景	示范
1	银票	核心企业对供应商处于优势	河北钢铁集团向中国神华企业采购煤炭
2	商业承兑汇票	核心企业对供应商强势	万科向施工企业付款
3	国内证	核心企业与供应商初次接触	北京燃气采购燃气
4	保理	核心企业对供应商处于强势	协和医院向药品贸易商付款
5	保函	施工领域	北京建工集团承接北京政府道路项目
6	指定账户付款	核心企业对供应商极为强势	

供应链融资使用的核心产品是票据——银行承兑汇票和商业承兑汇票，以及由票据衍生出来的买方付息票据、协议付息票据、商业承兑汇票保贴业务等产品。

票据天然连接产业链上下游的特点与供应链融资的特点高度吻合，做供应链融资必须精通票据，票据号称短期融资工具之王，具备极其广泛的使用前景。

做供应链融资应该熟悉多产品的交叉销售，票据是牵头切入工具，票据完成攻坚，打开缺口后，其他产品必须源源不断地进入，以提高营销综合回报，巩固合作紧密度，如通过票据带动网上银行、代发工资、结算产品等产品的交叉销售。

供应链融资通常使用的其他融资产品包括国内信用证、流动资金贷款、法人账户透支、国内保理、银行保函等。

十二、供应链融资授信金额及期限确定要点

供应链融资授信期限：一般为从商务合同付款日起到合同执行完毕收回销售款的整个时间段。

供应链融资金额：单笔授信原则上不超过合同交易金额的80%；针对同一贸易背景和同一操作模式，供应链融资授信可核定最高授信额度，在最高额度内循环使用，期限不超过1年，单笔出账一般不超过6个月。

对借款主体授信限额的核定依据计算公式：$Q = C \times G \times S$。

其中，Q 为当期最高授信额度。C 为经营循环资金周转量（经营循环资金周转量 = 应收账款平均余额 + 存货平均余额 + 预付账款平均余额 + 应收票据平均余额 − 预收账款平均余额 − 应付账款平均余额 − 应付票据平均余额，其中，平均余额 = 期初余额/2 + 期末余额/2，货币资金应扣除保证金，应收账款应剔除一年以上及其他明显可能损失的应收账款，平均存货应当剔除一年以上的或明显滞销的存货）。G 为预期销售增长率（该系数反映客户销售增长预期，可参考宏观经济环境、行业景气程度和客户经营业绩综合确定，通常取值为 1.0~1.3，如取值超过其上限应充分说明理由）。S 为目标市场份额系数（该系数反映银行在全部金融机构对该客户信贷业务中的目标市场份额，可参考上年度末实际市场份额和本年度对该客户的市场营销策略确定）。

十三、供应链融资对授信对象的要求

【对供应商的要求】

1. 供应商与其下游品牌厂商履约情况正常，交易记录良好，业务关系稳定。

2. 基于真实合理交易需要而产生的资金需求，商务交易产生的现金流可以完整地覆盖银行的融资敞口。

3. 商务交易标的为大宗原材料，价值稳定，畅销对路或为特大型买方订购的产成品。

4. 供应商的交易对手应是业内有一定影响、实力雄厚的大型企业。

5. 供应商与交易对手原则上不得为同一集团内部企业，双方不存在产权关联关系。

【对经销商的要求】

1. 大型优质品牌厂商的经销商，如区域总代理、排名靠前的经销商。

2. 经销商属于本地的大型经销商，经营状况较好，有稳定的偿债资金来源。

3. 近三年没有违法和重大违规行为。

4. 近三年没有延迟支付银行本息的情形，在银行没有任何的不良信用记录。

5. 具有健全的内部资金管理体系和资金使用偿付管理制度。

6. 设立单独的账户，独立管理银行发放的信贷资金。

【点评】

供应链营销的中小客户必须定位在大型核心客户的上游供应商及下游经销商，由于依托核心客户这棵大树，这些中小客户普遍经营情况较好、现金流稳定，有较好的开发价值。大型核心客户选择供应商、经销商都有严格的标准，每年进行考评，核心企业对其有强大的控制力，因此，银行可以依托核心客户控制中小企业风险。借助核心客户的初步筛选，可以保证这类中端客户为行业中的佼佼者，管理规范。同时，对这类中小客户融资有真实商品交易作为基础，可以有效地避免银行信贷资金被挪用。

没有核心客户依托的中小企业通常有活就干，没活休息，"饥一顿、饱一顿"，经营状况很不稳定，银行与这样的客户合作风险较大。

对于中小企业，银行对其评价一般仅能从财务报表的质量及客户表面的经营情况进行分析，多流于表面，很难真正对其经营水平的高低、竞争力的强弱进行深入判断，银行对这些企业的控制力偏弱。因此，大多数银行开展中小企业融资一般要求提供抵押，以及中小企业负责人提供个人连带责任保证等。而供应链融资可以有效避免这一缺陷。

十四、供应链融资的作用

银行对企业融资最头疼的就是担心信贷资金被挪用、销售回款资金被调用。链式融资对银行最大的好处在于锁定资金的使用和还款，资金使用由银行监控，确保用于真实的货物采购，贸易项下的销售回款用于还款。

链式融资是进行深度营销、改变银行客户拓展模式的重要手段。供应链融资风险较低，银行可以较好地掌控企业的经营情况，便利交叉销售全线银行产品，是银行投入产出比最高的一类产品。

供应链融资的前提是借款人已经有了成功商业运作模式，只是公司一直受到资金规模偏小的限制，银行融资有效注入，适度放大其经营运作能力，推动产业链商品交易的有序进行，并以核心客户商务履约作为风险控制的依托（见表1-2）。

表1-2　　　　　　　　链式融资与传统授信的特点

授信方式	供应链融资	传统授信
基本特点	供应链融资的本质是贸易项下自偿性融资	主体授信主要考虑客户的行业地位、财务特征和担保方式
基本模式	小企业 供货 核心企业　贷款　银行 隐性兜底	小企业 关联企业　担保　贷款　银行
适用条件	需要了解核心企业与其上下游配套企业的信用记录、贸易背景、交易对手、客户违约成本等，强调贸易背景的真实性、贸易的连续性、核心厂商的信用及实力、信贷资金封闭运作。把握主体的同时控制资金流和物流。	需要小企业提供较为可靠的抵押物或担保物，操作水平要求较高，能够达标的中小企业较少。通常只能片面地依赖客户综合收入来还款，对客户没有全面把握和深度营销。

十五、供应链融资的风险控制

链式融资以为核心企业核定授信额度为前提（具体额度根据核心企业与配套企业的贸易特点具体切分），在核心企业核定授信额度内开展与其供应商、经销商供应链融资合作。

开展供应链融资要求银行在授信审批操作上进行创新。例如，对于特大型垄断企业，可以凭公开资料而非一定要企业提供标准、全套的授信资料就可以核定授信额度。如果一定要宝钢、中国移动、中国石油、国家电网等企业提供授信资料，才肯为它们核定授信，然后为这些客户的供应商提供授信，那么供应链融资业务就根本做不起来。

核心企业的授信采取实质授信和虚拟授信相结合的方式。实质授信指核心企业向银行提供授信需要的资料，银行与核心企业签订书面的担保等协议，核心企业针对供应商、经销商的授信提供连带责任保证、确定付款承诺、回购承诺、质押监管（盯市及跌价补偿）等单一或多种方式。虚拟授信指核心企业不向银行提供授信需要的资料，银行与核心企业不签订书面的担保等协议，核心企业仅是表示会配合银行约束供应商、经销商按时履约，如供应商、经销商违约，银行将协助处理货物，对其进行降低资质等处罚，有了这样的风险控制手段，银行就可以提供融资。对于一些特别强势的企业，要求其签订一些银行看来特别安全的协议，难度极大。

十六、供应链融资的拓展建议

1. 因地制宜、突出地利。

银行应当根据本地区域的具体经济特点，寻找适合做供应链融资业务的行业客户。例如，北京、上海、杭州应当将电子商务龙头企业作为重点（如阿里巴巴、携程、京东等大型客户）；山西、内蒙古应当将煤炭供应链融资作为重点（如中国神华集团、山西晋煤集团等特大型客户）；青岛则应当将电器供应链融资作为重点（如青岛海尔、海信集团等特大型白色家电企业）；大连、广州应当将成品油作为供应链融资重点行业（如大连西太平洋石化集团、中石化茂名石化集团等大型石油客户）；江西、云南应当将有色金属作为供应链融资重点行业（如江西铜业集团、云南铜业集团等大型客户）。按照核心客户与配套企业的贸易关系，进行针对性营销与服务。

2. 需要建立一套适应供应链融资的信贷操作体系。

建立高效运作，适合供应链融资特色，客户经理、产品经理、风险经理平行作业的垂直化管理的营销组织体系、专业化的授信审批体系及集中化的操作平台。

3. 举一反三。

供应链融资业务模式可在具有类似特征的其他行业复制使用，做到举一反三。例如，供应链融资业务在钢铁行业应用较广，在油品、铝材等行业也可借鉴使用。

【点评】

1. 商业银行应当前期介入供应商与核心客户商务结算谈判，商洽可以接受的合作模式，并主导操作规程及协议文本的拟订。通常客户都会愿意配合银行拟定相关的法律文本，但是需要银行主动，客户在制作协议文本方面不专业。

2. 在汽车、钢铁、油品等行业通常采取经销商制，大型制造商有着严格的筛选经销商标准，如客户最低资本金、经营管理经验、专业人员数量、历史经营记录等，这从侧面保证了银行融资的安全。核心企业对经销商有较强的控制力，通常为了获得畅销产品经销资格，经销商需要进行较大的投入，需要交存质量保证金、建立符合要求的门店、进行大量广告投入，而且畅销产品是经销商户源源不断的财源，这些经销商通常不会得罪制造厂商。如××汽车制造商在全国筛选合格的经销商，经销商必须有至少3年经营同类档次汽车的经验，投入资本金不得少于2 000万元，在较好的地理位置建立标准的4S店，经营者必须有较高的经营水平，这些严格的准入标准都保证了汽车经销商的质量，银行有制造厂商协助控制经销商，保证了银行融资的安全。

商业银行应当前期介入，与客户共同确定业务操作模式。应当选择制造厂商作为商洽的突破口。在竞争激烈的大型机械制造行业内，为了扩大销售，同时有效地锁定风险，通常厂商都会配合银行的授信安排。

十七、核心企业配套中小企业融资技术要点

1. 根据交易需要确定融资金额。

大企业融资看报表，小企业融资看交易，关注中小企业融资需求必须基于真实的贸易背景。从中小企业所参与的单笔交易需要角度判断该笔交易对资金需求的规模，从各交易主体的执行能力、交易对手的商务履约能力判断该笔交易的偿债能力。

融资必须是单笔交易融资，促成某笔交易的完成，商务合同执行完毕，融资获得清偿。单笔交易需要，单笔提供融资；交易完成，融资结清。可以根据交易需要，提供滚动融资。

> 对于中小企业融资而言，它是谁，根本不重要；它和谁做生意，非常重要，给中小企业融资更多的是基于中小企业背后的巨人。能否提供授信，应当脱离对中小企业个体的分析，将其放在整个商务交易链中去研究。对中小企业报表的研究，应更重视现金流量表，而非资产负债表。

2. 根据交易周期确定融资期限。

单笔融资的期限应依据商务交易的期限适当放长。准确匡算中小企业使用资金，从购进原材料到发货完毕、收回货款的整个周期的时间，银行融资期限可以完整或适度覆盖商务交易的周期，过长或过短都不宜。

3. 融资的资金封闭使用。

中小企业融资没有流动资金贷款，融资就是用于某个确定的用途。只要有符合银行要求的商务交易需要，银行就提供融资。针对与核心企业交易频繁的客户，银行可以提供 1 年期授信额度，单笔交易需要，单笔提供融资。一般要求中小企业提供该笔交易的收款人账户，授权银行直接将信贷资金划入收款人账户。中小企业融资最大的风险就是信贷资金被挪用，或者是还款资金被挪用。

中小企业融资最合适的工具是票据。中小企业在银行封闭签发银行承兑汇票，充分借助票据直接连接交易的天然优势，将银行承兑汇票和买方付息票据等工具捆绑使用，有效地封闭资金的用途。

4. 适度定价，强调综合收益。

中小企业融资不一定非得强调极高的贷款利率，如不一定强调要在贷款基准利率基准上上浮 80%。中小企业融资更强调综合业务的带动，能够形成银行产品的交叉销售，强调提高综合收益派生，银行通过融资可以带动银行卡、代发工资、结算资金、银行存款、现金管理、网上银行等综合业务，可以带动营销其关联企业，这种综合收益要远远优于单纯的贷款利息所得。

此外，通过综合业务的带动销售可以进一步控制中小企业的行为，监控中小企业的经营活动，如通过中小企业在本行的结算流水变化情况就可以准确地分析其经营状况。

第二节　供应商链式融资方案

一、连带责任保证供应商融资

【产品定义】

连带责任保证供应商融资是指以核心厂商为风险控制依托，以核心企业与其上游供应商签订真实原材料供应合同为基础，以已发货产生的应收账款或采购、生产、销售后将来产生的远期销售收入为第一还款来源，并辅之以核心企业强有力的连带责任保证，为其上游供应商提供的一种融资业务。

【适用客户】

供应商与核心企业关系非常密切，通常为核心企业参股或控股的独立子公司，为核心企业采购关键的零部件及原材料等。

典型客户：中国五大发电集团成立的煤业公司，专门负责五大发电集团的电煤采购；一些特大型的钢铁企业在部分重点市场成立的专门从事铁矿石、焦炭采购任务的子公司；一些特大型石油炼化集团成立的专门从事原油采购子公司。

【业务流程】

1. 银行与核心企业及供应商商议操作模式，确定相关协议，协议中必须约定：核心企业将针对供应商的货款汇入供应商在银行的指定账户（如果支付票据，将交付银行指定工作人员）；供应商授权银行可以扣划销售回款归还银行的融资。

2. 银行为核心企业核定连带责任保证额度。

3. 供应商与核心企业签订供应合同，并将供应合同文本提交银行。

4. 供应商与银行签订贷款合同或银行承兑汇票协议，银行与核心企业签订保证合同。

5. 银行发放贷款或者为供应商办理银行承兑汇票，供应商用于采购。

6. 供应商按照计划向核心企业提供商品或劳务服务，销售回款进入供应商在银行的指定账户。

7. 银行扣划货款归还贷款或者货款资金进入银行承兑汇票保证金账户。

【风险控制】

1. 供应商供货能力强。强化对贸易背景真实性的审查，了解供应商的供货能力。供应商必须是核心企业的常年供应商，双方合作关系稳定，供应商供货的质量稳定、品质较好。

2. 核心企业商业信誉良好，资金实力极强，在行业中处于龙头地位，有强大的履约担保能力，可以有效地缓释银行的融资风险。

【案例】

案例1　银行通过北京市北益电工有限公司成功营销供应链上核心企业

1. 企业基本情况。北京市北益电工有限公司注册资本为800万元，总资产约1 200万元，销售额为2 000万元。该企业的性质为中外合资企业，由北京北达开关设备有限公司（占70%）和香港丽源投资有限公司（占30%）共同投资，公司主要业务是为北京北达开关设备有限公司提供电源开关设备基座。

2. 银行切入点分析。某银行了解到，北京北达开关设备有限公司是优质的客户，单纯切入该公司非常困难。北京市北益电工有限公司刚成立不久，公司销售规模偏小，现金流较为紧张。北京北达开关设备有限公司希望北京市北益电工有限公司能够尽快扩大产能。银行可以尝试由北京北达开关设备有限公司提供连带责任保证，向北京市北益电工有限公司提供一定的流动资金贷款。

3. 银企合作情况。该银行为北京市北益电工有限公司提供 500 万元流动资金贷款，全部用于原材料的采购，通过该方式，某商业银行成功地切入北京北达开关设备有限公司，关联营销了银行卡、代发工资、办理贴现等，实现了较好的综合收益贡献。

案例 2　永高股份有限公司为经销商、供应商银行借款（授信）提供担保

永高股份有限公司产业涉及塑料管道、光伏太阳能、家用电器开关插座智能装备和贸易等多个领域。

永高股份有限公司关于为经销商、供应商银行借款（授信）提供担保的公告

一、担保情况概述

为进一步做大做强公司管道业务，解决产业链上下游部分经销商、供应商资金短缺问题，建立稳定的产品销售和原材料采购渠道，增强产品供应链稳定性，提升公司产品的市场占有率，永高股份有限公司同意在风险可控的前提下，为符合条件的经销商、供应商在指定银行的授信额度内提供连带责任担保，担保总额度为 1.5 亿元，其中，为符合条件的经销商在银行借款（授信）担保的总额度为 1 亿元，为符合条件的供应商在银行借款（授信）担保的总额度为 5 000 万元，具体以银行签订的担保合同为准，担保期限为一年。上述担保事项经董事会审议通过生效，无须提交股东大会审议。

二、为经销商银行贷款（授信）提供担保

为经销商银行贷款（授信）提供担保具体内容如下：

1. 担保对象：担保对象为永高股份及控股子公司在册的管道内贸专营本公司产品的独立经销商，不包括兼营其他管道品牌的经销商。如经销商违规违纪，公司可考虑取消担保或降低担保额度。担保对象与公司及控股子公司不存在关联关系，不构成关联担保。

2. 担保方式：连带责任保证。

3. 资金用途：担保账户的资金仅限于购买永高股份及其子公司生产的管道产品，不得改变用途、坐收坐支。担保账户实行一对一管理，专款专用。

4. 担保额度：公司为符合条件的经销商在银行借款（授信）担保的总额度为 1 亿元。一般情况下，为每户经销商担保金额上限为其上年销售额的 20%，且不超过 500 万元。有超期应收款的经销商，需抵减担保额度（上年销售额 20% − 超期应收款），具体根据尽职调查情况确认。

5. 反担保：经销商需提供永高股份对其担保额度等额的反担保，反担保

采用房产抵押、动产质押、家庭成员连带担保等双方协商认可的形式，需办理抵（质）押登记的资产，应按规定办理。

6. 担保期限：一般情况，每次担保期限为一年，在该期限内经销商用款随借随还。到期经销商归还剩余贷款后，再重新审批担保额度，具体担保期限范围以担保合同为准。

7. 外部审批流程：根据已审批的担保额度审批表，永高股份签批担保三方协议。经销商将担保三方协议及相关材料提交银行，由该银行完成授信程序。

8. 监督管理：授信银行负责对担保账户进行监督管理，根据永高股份的指令要求（担保调整通知），终止授信或调整授信额度。

案例3　　　　皇氏集团股份有限公司为认定的核心供应商和经销商向金融机构贷款提供担保

为帮助核心供应商和经销商拓宽融资渠道，及时获得发展所需要的资金及实现风险共担，皇氏集团通过以公司连带责任保证担保方式，由金融机构向其个人生产经营提供一年期专项贷款，进一步夯实公司原材料的供应保障与市场营销的稳定增长。经公司严格审查、筛选后，拟为认定的不超过15户的核心供应商向金融机构办理总额合计不超过人民币1 000万元的贷款提供一年期连带责任保证担保；为认定的不超过50户的核心经销商向金融机构办理总额合计不超过人民币1 500万元的贷款提供一年期连带责任保证担保。同时对该项担保，公司采取了受益对象的资质准入、以自有的资产提供反担保及专款专用、控制贷款额度比例等的风险防范措施。

案例4　　爱施德公司为全资子公司向供应商申请赊销额度提供担保

爱施德公司关于为全资子公司向供应商
申请赊销额度提供担保的公告

一、担保情况概述

公司拟为全资子公司深圳市酷动数码有限公司（以下简称酷动数码）向供应商苹果电脑贸易（上海）有限公司（以下简称苹果公司）申请赊销额度提供担保，担保总额不超过人民币贰亿元。

二、被担保人基本情况

被担保人名称：深圳市酷动数码有限公司，注册资本：16 000万元。

三、担保协议的主要内容

（一）担保方式：连带责任担保。

（二）担保金额：为酷动数码向供应商苹果公司申请赊销额度不超过人民币贰亿元提供担保。

（三）担保期限：酷动数码与苹果公司采购合同项下的最后付款到期日起三年。

案例5   恒大集团举办战略合作伙伴高层峰会

恒大战略合作高层峰会的出席嘉宾主要有来自设计、主体施工、装修、设备安装、材料、营销、零售等地产上下游的行业大佬。

恒大业绩大幅增长，实现了企业发展的奇迹，这离不开战略合作伙伴的大力支持。未来，恒大将打造更阳光透明的互利共赢发展平台，与战略合作伙伴一起实现更好发展。

每当恒大遇到困难的时候，其合作伙伴都会鼎力支持。在恒大的发展过程中，所有的合作伙伴和其一起克服各种艰难险阻。恒大的今天，是所有合作伙伴大力支持和帮助的结果。

恒大是国内最早与行业上下游企业建立战略合作的地产企业，与更多上下游龙头企业建立合作，合作单位数量发展到目前的7 300多家，年合作额从60多亿元发展到现在的3 300多亿元，实现了强有力的产业链整合，并推动恒大实现高速发展。

在恒大业绩不断攀升的同时，越来越多的战略合作伙伴在合作中受益，实现快速发展。据统计，包括广田集团、瑞和股份、宝鹰股份、全筑股份等20多家企业在与恒大合作期间成功上市。

案例6   国网甘肃省电力公司物资公司供应商签收电子银行承兑汇票

国网甘肃省电力公司物资公司是国家电网公司的全资子公司，承担着建设、运营、发展甘肃电网的任务，为甘肃地方经济社会发展提供安全、持续、可靠的电力保障。

公司本部设22个部门，下属14个市（州）供电公司（含92个县区公司）、8个业务支撑单位、1个电力交易机构和1个水电厂。截至2017年底，服务各类电力客户823万户，资产总额596.87亿元，员工4.8万人。

因电子银行承兑汇票（以下简称电票）较纸质票据相比具有安全系数高、管理成本低、流转速度快的特点，国网甘肃省电力公司物资公司开展电票业务。各供应商接收电票，请按以下要求完成相关事宜并提供相关信息：

（一）各供应商需开通网银功能。

（二）各供应商需向开户金融机构申请开通"人行电子商业汇票"功能，同时添加网银中"人行企业电子票据"功能模块。

（三）电票功能开通成功后，为便于物资款结算，供应商需向本单位提供以下资料，发送至物资公司财务资产部邮箱 wzgscwb@163.com，用于物资款结算：

1. 本单位营业执照和组织机构代码证的扫描件。

2. 供应商接收电票信息收集表（附件）电子版。

请各供应商按表中单位名称、电票结算账号财务及业务联系人、手机号等各项填列准确，以便接收票据信息提示，顺利完成电票结算业务。

附件：

供应商接收电票信息收集表

一、银行汇款账户信息

税号：

公司地址：

联系电话：

开户银行：

开户名称：

账　　号：

联 行 号：

二、电子汇票账户信息

开户银行：

开户名称：

账　　号：

联 行 号：

某某单位（盖单位公章）

【点评】

供应商通常是核心企业投资的企业，出于扶持供应商的目的，核心企业愿意提供一定的连带责任保证。这些企业愿意对自己占有控股地位的新设立重要零部件供应商提供融资担保，如汽车、电力设备、电信设备等制造企业的配套企业。

这类特大型核心企业很明白，自己支持了供应商和经销商，供应商和经销商强大了，自己的市场地位也会更加稳固。市场竞争从某种程度上说是供应链之间的竞争。格力、美的、伊利、小米无不是供应链竞争胜利的结果。

二、商票保贴（保押）封闭融资

【产品定义】

商票保贴（保押）封闭融资是指以核心企业为风险控制依托，以核心企业与其上游供应商签订真实原材料供应合同为基础，核心企业签发以其上游供应商为收款人的商业承兑汇票支付预付款，银行办理贴现并监控供应商按照约定用途使用资金的一种融资业务形式。

供应商对于核心企业非常重要，供应商多是 OEM① 企业，这些供应商规模偏小，流动资金紧张，但是却有熟练的劳动力、低廉的制造成本、成熟的制造经验等突出优势，大型核心企业在一时不能建厂扩大产能的情况下，往往依托这些供应商作为贴牌生产。这些供应商通过常规手段根本不可能从银行获得贷款，为了保证这些供应商能够及时获得流动资金，及时开工生产供货，核心企业会签发以供应商为收款人的商业承兑汇票，要求银行协助监管贴现资金的用途。

商业承兑汇票担当预付款的作用，供应商在银行的监控下使用预付款。

【适用客户】

很多品牌经营企业，仅做两头（品牌的经营和市场的推广销售），中间外包（不生产，生产部分外包给一些纯加工型企业）。这类客户在电子产品行业、体育行业、服装行业非常典型，典型的客户如苹果科技有限公司、小米集团公司、李宁体育用品有限公司、阿迪达斯体育用品有限公司、耐克用品有限公司等。这些公司经营模式非常高明，将其中利润最低、管理难度最大的制造环节外包（见图 1 - 15）。

---

① OEM 是 Original Equipment Manufacturer 的缩写，英文直译为原始设备制造商，但其基本含义为定牌加工，俗称贴牌。

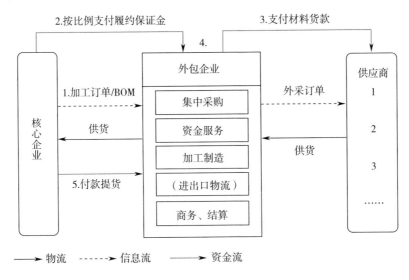

图 1-15 商票保贴（保押）封闭融资示意

银行针对这类客户的融资可以考虑提供商票保贴（保押）封闭融资方案。

【业务流程】

1. 银行与核心企业及供应商商议操作模式，确定三方合作协议，协议约定：核心企业对其供应商的采购交易结算采用商业承兑汇票，由供应商贴现后，供应商必须严格按照协议约定使用贴现资金，银行全程进行监管。

2. 银行为核心企业核定商业承兑汇票保贴额度。

3. 供应商与核心企业签订供应合同，核心企业签发以供应商为收款人的商业承兑汇票。

4. 核心企业直接将商业承兑汇票交付银行，银行通知供应商提交商务合同、办理汇票背书等，准备办理贴现。

5. 银行贴现后资金入账，进入供应商在银行的监管账户。

6. 供应商向银行提交用款计划清单，银行根据采购清单，审核是否符合三方合作协议约定，监控供应商逐笔使用贴现款项。

7. 供应商向核心企业供货，商业承兑汇票到期，核心企业解付商业承兑汇票。

【风险控制】

1. 必须选定特大型优质核心企业来核定商业承兑汇票贴现额度，这些特大型优质核心企业本身实力较强，有较强的抵御风险能力。

2. 要防止关联企业之间通过商业承兑汇票贴现套取银行的信贷资金，供应商与核心企业应当为非关联企业。

【案例】

深圳市奇峰电子有限公司供应商融资

1. 企业基本情况。深圳市奇峰电子有限公司注册资本为2 000万元，总资产1.5亿元，销售额达5亿元。该企业为民营企业，主要业务是为各大知名手机制造商提供贴牌产品。青岛市海马集团选定该公司作为贴牌供应商，并定下3万台手机，合同金额约为2.8亿元。青岛市海马集团为全国知名的家电厂商，公司销售额超过320亿元，为通信市场领先企业（见图1-16）。

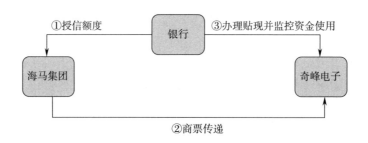

图1-16　深圳市奇峰电子有限公司供应商融资流程

2. 银行切入点分析。某银行了解到，青岛市海马集团是非常优质的客户，单纯切入该公司非常困难，而随着公司从白色家电制造向通信产业的渗透，公司在通信市场份额不断上升，但是在短时间内没有办法扩大产能，而兼并新企业较为复杂，因而公司在电子业较为发达的华南地区寻找贴牌供应商。深圳市奇峰电子有限公司有一定技术优势，但是规模偏小、自身融资能力较弱，受资金制约难以承接大额订单。某银行与青岛市海马集团商议，由海马集团出具商业承兑汇票，该银行贴现后，由海马集团与银行共同监控，由银行根据监管协议约定监控深圳市奇峰电子有限公司逐笔支出资金。

3. 银企合作情况。某商业银行为青岛市海马集团提供5 000万元综合授信，全部用于商业承兑汇票贴现，通过该方式，某商业银行成功切入青岛市海马集团，吸收存款超过1.5亿元。深圳市奇峰电子有限公司在该行的存款沉淀超过1 000万元。

【协议文本】

青岛市海马集团商票资金监管协议

甲方：青岛市海马集团

乙方：深圳市奇峰电子有限公司

丙方：××银行

鉴于甲方与乙方签订××移动电话生产合同（编号：_____），甲方拟以商业承兑汇票方式向乙方支付货款，合计_____万元。乙方将以上述商业承兑汇票向丙方申请办理贴现，贴现利息和费用由乙方承担；为确保上述票据贴现资金按照合同约定的用途使用，经甲乙双方协商一致并经协商丙方，丙方同意提供账户资金管理服务，并约定如下：

一、乙方在丙方开设结算账户，由甲乙双方共同对账户内资金进行管理，双方共同预留印鉴，甲方承兑的以乙方作为收款人的商业承兑汇票贴现资金必须存放在该账户内，且专项用于履行上述合同之用，该账户情况如下：

户名：

账号：

相关预留印鉴：

甲方印鉴：　　　　　　　　乙方印鉴：

二、丙方必须对乙方支付请求进行逐笔审核，并在上述印鉴完全齐备和一致的情况下，方能进行资金支付，无论支付方式是支票或其他任何方式，丙方不得在上述印鉴不全的情况下为乙方办理支付。未经甲方同意，乙方不得单方面向丙方要求更换上述预留印鉴。

三、如上述账户被司法机关查询，丙方有义务向其说明情况，并向其出示本协议。如司法机关冻结、扣划等（包括但不限于是判决书和调解书），丙方将执行司法机关的指令，并采取书面传真方式及时通知甲乙双方（包括情况说明及司法机关的法律文书）。

四、本协议的效力直至共管账户的资金使用完毕，但最长不超过____年____月____日，经甲乙双方同意解除本协议的除外。

五、本协议一式三份，甲、乙、丙三方各执一份，自三方签字之日起生效。

甲方：	乙方：	丙方：
代表：	代表：	代表：
联系人：	联系人：	联系人：
日期：	日期：	日期：

三、供应商委托贷款融资

【产品定义】

供应商委托贷款融资是指以核心企业与其上游供应商签订的真实原材料供应合同为基础，核心企业提供委托贷款，银行作为受托人贷款给供应商，供应商按照商务合同供货后，以核心企业支付给供应商的货款抵扣委托贷款的一种融资业务形式。

【产品优势】

1. 对客户的优势。

对核心企业：核心企业可以有弹性地提供信贷资金给供应商，既能够支持供应商发展，又能保证原材料及时供应。

对供应商：可以灵活地获得流动资金支持，不像银行贷款条件过于刚性，如贷款利率较高（通常对于中小企业的担保贷款，银行贷款利率较高，一般都是基准上浮一定比例；委托贷款由核心企业和供应商协议商定）、期限固定（贷款期限较为固定，到期必须归还；而委托贷款可以自由展期）、手续复杂（一般贷款需要见证法人代表签字，需要整理复杂的档案，时间较长）、附带成本较高（一般贷款需要公证，支付律师费等；而委托贷款很简单，基本不需要公证等）。

2. 对银行的优势。

（1）供应商根据采购进度使用委托贷款资金，通过办理该项业务，银行可以获得相当稳定的结算存款沉淀。

（2）该融资以委托贷款为工具，银行可以获得可观的中间业务手续费。

（3）银行可以通过产业链，关联营销供应商及核心厂商，实现资金的体内循环。

【适用客户】

供应商对于核心企业非常重要，供应商具有不可替代性，核心企业必须支持供应商。而供应商多经营困难、现金流出现困难、根本不符合银行贷款的基本条件。

供应商迫切需要铺底流动资金，而核心企业愿意支持供应商，供应商使用银行信贷资金用于确定采购、组织生产后，以货款抵扣银行融资。

委托贷款作为核心企业向供应商支付的合同预付款。

【风险控制】

1. 委托贷款资金必须为核心企业的自有资金，核心企业可以自由支配使用。

2. 核心企业明确限定供应商使用委托贷款资金必须用于指定原材料的采购，银行应当全程监控供应商按照商务合同使用委托贷款资金，准时组织生产供货等。银行应当及时向核心企业报告供应商使用资金的情况，做好严格的贷后管理。

银行必须深入了解客户生产经营状况，具有一定的协议文本制作、金融服务方案制作能力，能够根据客户的现实经营困难，合理组合银行的产品，为客户设计量体裁衣式的金融服务方案。供应商委托贷款模式经常应用于电子、体育用品、服装等行业。

3. 银行应当协助核心企业监督委托贷款资金与运用，确保用于核心企业订单的生产、采购。

【案例】

案例1　　　唐人神集团股份有限公司关于湖南大农担保有限公司
　　　　　　　　　　对外提供委托贷款的公告

唐人神集团股份有限公司同意公司全资子公司湖南大农担保有限公司（以下简称大农担保）在保证正常生产经营不受影响的前提下，利用自有资金委托商业银行为公司及各级子公司养殖户（猪、禽、水产类等）、生猪全产业链上的经销商、原料供应商提供不超过10 000万元的贷款。在上述额度内，大农担保在董事会审批的最高额度内可以进行滚动操作，具体情况如下：

一、委托贷款情况概述

（一）本次财务资助的主要内容

1. 委托贷款对象：公司及各级子公司养殖户（猪、禽、水产类等）、生猪全产业链上的经销商、原料供应商。

2. 委托贷款额度：进行委托贷款的最高额度为10 000万元，在该额度内，资金可循环使用。

3. 委托贷款期限：不得超过12个月。

4. 资金来源：自有资金。

5. 利率与利息：大农担保在银行同期贷款利率的基础上进行结算。

6. 本金偿还：一次性偿还借款。

7. 还款保证：委托贷款对象以其家庭住房、猪场栏舍、禽舍等养殖设施及土地使用权、存栏生猪、禽或水产品、生产设备等财产向大农担保提供担保。

8. 本次委托贷款款项的用途：用于公司及各级子公司养殖户（猪、禽、水产类等）、生猪全产业链上的经销商、原料供应商购买公司饲料、肉制品等产品。

9. 大农担保将根据委托贷款情况与商业银行及委托贷款对象签订具体的委托贷款协议。

二、被资助对象的基本情况

被资助对象为公司及各级子公司养殖户（猪、禽、水产类等）、生猪全产业链上的经销商、原料供应商。

三、风险控制及董事会意见

本次委托贷款对象以其家庭住房、猪场栏舍、禽舍等养殖设施及土地使用权、存栏生猪、禽或水产品、生产设备等财产向大农担保提供担保，可以降低违约风险，项目风险可控。

公司董事会认为：本次对外委托贷款是为了提高闲置自有资金使用效率和收益，用途清楚，本金安全，有较好的保证。该委托贷款行为符合相关法律法规的规定，不存在损害公司及全体股东的利益，决策程序合法、有效。

公司本次通过委托贷款形式向养殖户、经销商、供应商提供财务支持，有利于提升闲置资金的收益，并加深与养殖户、经销商、供应商的业务合作关系。公司为此类委托贷款业务制定了相关管理制度，委托贷款具有一定的质押担保措施，有利于降低回收风险，未发现损害公司及全体股东的利益的情形。

案例 2 西安陕鼓动力股份有限公司关于委托贷款的公告

西安陕鼓动力股份有限公司（以下简称陕鼓动力）属于陕西鼓风机（集团）有限公司的控股公司。陕鼓动力引进了联想控股、复星高科等 7 家战略投资人，股票代码 601369。

陕鼓动力是为石油、化工、冶金、空分、电力、城建、环保、制药和国防等国民经济支柱产业提供透平机械系统问题解决方案及系统服务的制造商、集成商和服务商，形成了能量转换设备制造、工业服务、能源基础设施运营三大业务板块。其中，能量转换设备制造板块包括各类透平压缩机、鼓风机、通风机、工业能量回收透平、汽轮机、自动化仪表等。

陕鼓动力：关于委托贷款的公告

委托贷款对象：常州市华立液压润滑设备有限公司

委托贷款金额：4 000 万元

委托贷款期限：1 年

贷款利率：6.6%（按人民银行 1 年期贷款基准利率上浮 10%）

一、委托贷款概述

本公司委托浙商银行股份有限公司西安分行贷款人民币 4 000 万元给常州市华立液压润滑设备有限公司（以下简称常州华立），用于常州华立日常流动资金周转。委托贷款期限为 1 年；贷款利率为 6.6%（按人民银行 1 年期贷款基准利率上浮 10%）；按月付息，于每月 20 日支付；按月等额还本，于每月 20 日支付。本次委托贷款的资金属于公司自有资金。

该委托贷款不构成关联交易。

二、委托贷款协议主体的基本情况

1. 名称：常州市华立液压润滑设备有限公司。

2. 注册资本：2 180 万元人民币整。

3. 经营范围：液压件、液压润滑设备、电器控制柜（屏）、机械零部件、制冷设备及制冷设备配件、压力容器制造；自营和代理各类商品及技术的进出口业务（国家限定企业经营和禁止进出口的商品和技术除外）；液压机制造（限分公司经营）。

4. 常州华立近三年来销售收入稳中有增，经营状况良好，有一定盈利能力。

5. 常州华立是公司长期合作的上游供应商，给本公司供货产品为：润滑油站；年供货量：约 10 000 万元。

6. 常州华立最近一年（经审计）、最近一期（未经审计）的财务状况：（略）。

三、委托贷款对公司的影响

1. 委托贷款的目的是帮助公司树立供应链管理中的市场诚信品牌形象，提升供应链管理的效益，稳定供应链资源，提高资金使用效率。

2. 本次委托贷款的资金属于公司自有资金，不会影响公司正常生产经营。

四、委托贷款存在的风险及解决措施

借款人信誉良好，并以应收本公司货款为质押为本次借款提供足额担保，应收账款大于委托贷款本息，覆盖了本息回收风险。同时，此笔委托贷款业务将记入人民银行信贷征信系统内进行监管，对借款人违约加大了约束性。

案例 3　　　　广州市天音有限公司供应商委托贷款融资业务

1. 企业基本情况。广州市天音有限公司注册资本为 50 万元，总资产约 300 万元，销售额为 270 万元。该企业现有员工 15 人，为广州市科华电器集团投资设立的子公司，负责为广州市科华电器集团采购关键零部件。由于广州市天音有限公司经营规模过小，非常缺乏流动资金，各家银行都不愿意支持。

广州市科华电器集团为广州本地龙头企业，经营效益较好，现金流充沛，广州市科华电器集团非常希望能够支持广州市天音有限公司的发展，但是又不希望广州市天音有限公司过于依赖集团公司，希望能给其一定的压力，采取市场化原则供应资金。

2. 银行切入点分析。某银行了解到，广州市科华电器集团是非常优质的客户，现金流较为充沛，有足够的资金实力。银行分析，由广州市科华电器集团提供委托贷款方式将资金提供给广州市天音有限公司，广州市天音有限公司物资采购完毕向广州市科华电器集团供货后，以广州市科华电器集团向广州市天音有限公司支付的货款归还委托贷款即可。

3. 银企合作情况。业务流程：

（1）广州市科华电器集团准备委托广州市天音有限公司采购一批原材料，合同金额为 50 万元。银行与广州市科华电器集团及广州市天音有限公司协商提供供应商委托贷款融资业务，融资金额为 50 万元，利率为基准下浮 10%。

（2）广州市科华电器集团将 50 万元资金存入该银行，该银行办理 50 万元委托贷款给广州市天音有限公司，期限为 6 个月。

（3）广州市天音有限公司使用 50 万元资金购买原材料，然后交货给广州市科华电器集团。

（4）广州市科华电器集团验收合格后，将准备支付广州市天音有限公司 50 万元货款直接抵扣委托贷款。

四、指定账户付款承诺项下供应商融资

【产品定义】

指定账户付款承诺项下供应商融资是指以核心厂商为风险控制依托，以核心厂商与其上游供应商签订真实原材料供应合同为基础，以已发货产生的应收账款或采购、生产、销售后将来产生的远期销售收入为第一还款来源，要求经销商向核心厂商指定银行账户接收合同款项，银行为其上游供应商提供的一种融资业务（见图 1－17）。

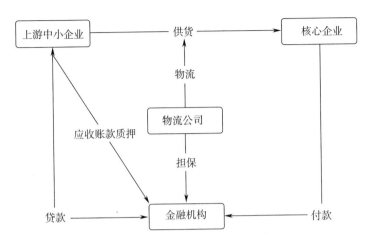

图 1 - 17 指定账户付款承诺项下供应商融资示意

【适用客户】

1. 适用极为紧缺的原材料供应商，通常供应商为一些拥有特殊渠道资源的客户，可以买到一些非常紧俏的物资。

2. 终端买家必须为实力极强的大型客户，重视自身的商业信誉，重视商务合同履约，有强大的付款能力。典型的如中央企业中国石化会从市场购买一些原油，部分原油经销商从中国石油或中国海洋石油公司购买原油销售给中国石化；五大发电集团旗下的火电企业从市场购买电煤，一些中小煤炭经销商从山西、内蒙古地区的中小煤矿购买电煤销售给五大发电企业；大型交通集团购买沥青、水泥，一些民营沥青、水泥经销商从市场购买沥青、水泥销售给交通集团。

【业务流程】

1. 银行与供应商及核心厂商商议操作模式，确定相关三方合作协议，协议中必须约定：供应商提供标准化的货品，核心企业将针对供应商的货款汇入供应商在银行的指定账户（如果支付票据，将交付银行指定工作人员）；供应商授权银行可以扣划销售回款归还银行的融资（本部分内容也可以采取核心厂商提供付款承诺函替代）。

2. 银行收集核心企业的资料，分析确定核心企业的支付能力。对于一些实力超群的核心企业，如三大电信集团、五大发电集团、两大电网公司、铁路局等，无须收集资料。

3. 供应商与核心企业签订供应合同，并将供应合同文本提交银行。

4. 银行为供应商核定授信额度，与供应商签订贷款合同或银行承兑汇票协议，核心企业应当签订确定购买付款承诺函等文件。

5. 银行发放封闭贷款（贷款资金直接划给指定的收款人）或者为供应

办理银行承兑汇票，供应商用于采购（银行承兑汇票应当直接办理代理贴现，贴现后资金划给收款人；或由银行直接将银行承兑汇票寄交给收款人）。

6. 供应商按照计划向核心企业提供商品或劳务服务，核心企业支付的销售回款进入供应商在银行的指定账户。

7. 银行扣划货款归还贷款或者货款资金进入银行承兑汇票保证金账户。

【风险控制】

1. 银行根据供应商与核心企业签订的供应合同以及供应商对外签订的采购合同来确定提供的授信额度。授信额度为供应合同的八成左右，其余部分由供应商使用自有资金支付。银行必须认真审核两个合同的真实性。

2. 调查核心企业的资信，详细了解以前核心企业对此类合同的付款情况，银行信贷资金安全须建立在核心企业正常履约付款的基础上。

3. 需要引入货权控制，通过监控物流，确保货物按照合同送达核心企业，基础交易得到完整履行。应当选择规模较大、管理规范的大型物流公司来协助银行控制管理货物。

【点评】

供应商多是中型规模企业，与大型核心企业有着长年合作关系，这些供应商具有规模适中、产品质量稳定、经营管理完善、供应效率较高等优势，大型核心企业一般愿意向银行提供确定购买的付款承诺支持供应商融资，以便其进一步提高供应质量、提高产能。这类供应商多存在于紧缺的物资供应、大宗原材料、能源产品的供应等行业，如成品油、煤炭、铁矿石、金属铜、天然气、钢材等行业。

银行提供指定账户付款承诺项下供应商融资就是要相信核心企业一定会遵守商务合同，一定会按照合同付款。很多审批人员要求，核心企业必须提供肯定付款的承诺，这有时不太现实。通常核心企业属于特大型客户，有较好的履约能力，重视自身信誉，能够支付货款。对于这些强势企业提出过高的要求，它们一般不会配合。

【协议文本】

供应商融资三方合作协议（指定账户付款承诺项下）

（编号：　　　　　　）

甲方：_____银行　　　　地址：

主要负责人：　　　　　　　　　　职务：

乙方：××公司（供应商）　　　　地址：
法定代表人：　　　　　　　　　　职务：

丙方：核心企业　　　　　　　　　地址：
法定代表人：　　　　　　　　　　职务：

为进一步扩大银企双方的业务往来，有效地协助乙方为丙方的配套生产提供融资，提升乙方的配套件生产能力和确保丙方的产品质量，同时为规范操作流程和加强风险控制，甲、乙、丙三方在平等互利、友好协商的基础上，就下列条款达成一致，特订立本协议。

第一条　甲方向乙方提供授信额度××万元人民币贷款（银行承兑汇票）额度，期限为一年。此授信额度只能用于乙方组织生产丙方所需要的配套产品。

第二条　乙方承诺：

1. 借款协议（包括银行承兑汇票）项下贷款专款专用。

2. 乙方所有销售款项必须回笼至乙方在甲方开立的结算账户，开户行为××××；账号为××××；在未得到甲方书面通知前，乙方不得更改。

3. 乙方向甲方出具资金扣划函，同意贷款到期时甲方可直接从乙方在甲方开立的账户上扣划资金归还贷款。

4. 乙方回笼的销售款项必须优先归还到期应归还的流动资金贷款，余下方可自由支配。

5. 乙方承诺收到丙方以银行承兑汇票形式支付的货款，必须背书给甲方，收到的银行承兑汇票到期日在甲方开具的银行承兑汇票到期日之前的，委托甲方进行托收；到期日在贷款之后的，在到期日前进行贴现，贴现资金用于归还甲方贷款。

6. 按季度给甲方提供财务报表和有关经营情况说明。

7. 重大事项应及时通知甲方和丙方，包括但不限于合并、分立、破产、歇业、解散、被停业整顿、被吊销营业执照、被撤销等。

第三条　丙方承诺：

1. 积极配合甲方了解乙方向丙方的供应情况和丙方向乙方支付货款的情况。

2. 乙方供应的货物为国标产品，收到产品后，丙方将按乙方与丙方签订的供应合同（乙方向丙方提供配套产品）的约定支付货款。

3. 丙方承诺支付给乙方的货款只能以现金和银行承兑汇票形式支付，不得以任何方式进行抵扣。

4. 丙方承诺支付给乙方的货款以现金方式的必须支付到甲方指定的账户，以银行承兑汇票支付的必须先通知甲方，并由甲方派员与乙方人员一同领取。

第四条 合同期间，本协议项下货物发生任何毁损、灭失均与甲方无关，甲方的债权不受其影响。

第五条 丙方的义务仅限于第三条规定的情形，因其他任何情形造成乙方不能向甲方偿还资金的责任均与丙方无关。

第六条 任何一方违反本协议的任何约定义务给守约方造成损失的，应赔偿守约方的损失。协议履行期间如发生不可抗力，除法律另有规定外，任何一方对不可抗力造成的损失不承担责任。

第七条 未经甲、乙、丙三方书面协商一致，任何一方不得擅自变更或终止执行本协议，经甲、乙、丙三方书面协商一致，才能修改本协议。甲、乙、丙三方为修改、补充、执行本协议而达成的书面补充协议，均作为本协议的组成部分，与本协议具有同等法律效力。

第八条 本协议自三方签字盖章之日起生效，至乙方还清甲方垫付款项之日。

第九条 在执行本协议过程中如发生纠纷，甲、乙、丙三方首先应友好协商解决；协商不成时，任何一方可向有管辖权的人民法院提起诉讼。

第十条 本协议一式三份，甲、乙、丙三方各执一份，各份具有同等法律效力。

甲方（公章）	乙方（公章）	丙方（公章）
有权签字人：	有权签字人：	有权签字人：
年 月 日	年 月 日	年 月 日

【案例】

大连市天石化工有限公司供应商融资

1. 企业基本情况。

大连市天石化工有限公司注册资本为 5 000 万元，总资产约 1.5 亿元，年销售额为 5 亿元。该企业为民营企业，现有员工 15 人，一直负责向辽宁中石船舶有限公司供应燃料油。辽宁中石船舶有限公司是特大型国有企业，注册资本达 12 亿元，年营业额高达 90 亿元，该公司与大连市天石化工有限公司长期合作，大连市天石化工有限公司占该公司供应燃料油金额的 10%。大连市天石化工有限公司主要从俄罗斯进口燃料，进口量达到

8.29 万吨。

2. 银行切入点分析。

某银行了解到,辽宁中石船舶有限公司是优质客户,公司与大连市天石化工有限公司有着长达近 5 年的合作关系,大连市天石化工有限公司一直履约记录良好。大连市天石化工有限公司一直希望在银行获得授信额度,以便扩大其进口能力,银行如果提供 5 000 万元进口信用证额度,放大其经营运作能力的 10%,放大的提货金额辽宁中石船舶有限公司可以全部吸纳。辽宁中石船舶有限公司年合同履约能力约为 5 亿元,为了控制风险,银行要求大连市天石化工有限公司进口的燃料油全部由大连大运储运公司监管,由大连大运储运公司监控发往辽宁中石船舶有限公司,并要求辽宁中石船舶有限公司承诺将货款直接汇往某银行指定账户。

3. 银企合作情况。

某商业银行为大连市天石化工有限公司提供进口信用证额度 5 000 万元,全部用于进口燃料油。通过信用证切入,该银行争取到大连市天石化工有限公司超过 1.5 亿元存款(见图 1−18)。

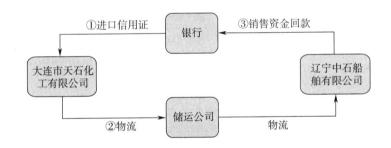

图 1−18 大连市天石化工有限公司供应商融资流程

五、代理采购融资

【产品定义】

代理采购融资是指在特大型集团客户成立专门的采购子公司或分公司情况下,以采购公司与其母公司的商务交易结算为依托,银行向采购公司提供融资,用于满足采购公司的采购支付需要,以销售回款作为第一还款来源的融资业务。

【背景】

特大型集团客户纷纷成立采购公司，负责系统内物资的集中采购，以期最大限度地降低采购成本，规范采购交易，集约使用资金。例如，在电器行业的龙头客户海尔集团成立海尔零部件采购有限公司；五大发电集团均成立燃料采购公司；中国联通集团成立专门的联通进出口有限公司；中石化、中石油均成立专门从海外采购原油的公司等。这些采购公司普遍注册资本很小，但承担采购金额极大，对银行信贷资金需要非常大。由于大部分银行都是主体授信，而这类客户不符合一般信贷审批规则，因此，银行对这类客户的融资很头疼。

表1-3 　　　　　　　　　　　部分民营企业集中采购平台

序号	企业名称	供应链授信逻辑
1	青岛海尔零部件采购有限公司	银行对青岛海尔股份有限公司授信，青岛海尔零部件采购有限公司切分使用授信额度
2	浙江吉利零部件采购有限公司	浙江吉利零部件采购有限公司签发商票，可以建议由浙江吉利有限公司承兑
3	苏宁云商集团股份有限公司苏宁采购中心	非独立法人，银行对苏宁云商集团股份有限公司授信，苏宁云商集团股份有限公司切分使用授信额度

表1-4 　　　　　　　　　　　部分央企集中采购平台

序号	平台名称及标识	说明
1	中国大唐集团公司 China Datang Corporation 采购及物资管控平台	中国大唐集团集中采购平台
2	中国电建 POWERCHINA 设备物资集中采购平台	中国电建集团集中采购平台
3	COSCO SHIPPING 中国远洋海运集团有限公司 CHINA COSCO SHIPPING CORPORATION LIMITED 集中采购系统 Procurement Management	中国远洋海运集团集中采购平台
4	EnergyAhead 能源一号网	中国石油天然气集团集中采购平台
5	国家电网公司 STATE GRID CORPORATION OF CHINA 电子商务平台	国家电网公司集中采购平台

续表

序号	平台名称及标识	说明
6	中国铁路95306网　铁路物资采购与招商平台	中国铁路总公司集中采购平台

表 1-5　　　　　　　　　　部分地产企业集中采购平台

序号	平台名称及标识	说明
1	华润置地　网上招投标系统　品质给城市更多改变	华润置地集中采购平台
2	保利地产　保利阳光招采平台	保利地产集中采购平台

【适用客户】

1. 依托雄厚实力的特大型集团客户的中小采购商。

2. 该类产业链必须具有稳定的偿债资金来源，大型核心集团客户资金实力雄厚，商业信誉较好。

3. 中小采购商资产流动性良好，经营周转能力较强，具有较强的到期偿债能力。

4. 中小采购商近三年没有违法和重大违规行为，经营较为规范。

5. 中小采购商具有健全的内部资金管理体系和偿付管理制度。

【利率】

采取贷款方式，融资利率一般要高于同期限的流动资金贷款；采取银行承兑汇票模式，收取 0.05% 的手续费。

【业务流程】

1. 银行与借款人商议操作模式，确定相关的协议。借款人向银行提交借款人与其母公司的代理采购合同。

2. 银行为借款人核定授信额度，并签订融资协议（如封闭贷款合同或银行承兑协议），借款人向核心集团签发付款账户通知书，声明本次供货收款账户为借款人开立在融资银行的指定账户。

3. 银行发放定向贷款或出具银行承兑汇票，一般银行承兑汇票或贷款需要定向使用。

4. 借款人向核心集团企业交付货物。

5. 核心集团企业收到货物后付款至银行指定账户，银行直接扣收偿还银行融资。

【风险控制】

1. 要制定严密的风险控制措施，包括严格审查借款人在集团内的地位、借款人以往的履约记录等。

2. 银行信贷资金仅能用于借款人向母公司供应货物对应的采购，一定要防止借款人挪用资金。

【案例】

案例1　　　　　　　　　　青岛新达电器集团供应链融资

1. 企业基本情况。

青岛新达集团成立了青岛新达零部件采购有限公司，注册资本为300万元，公司负责新达集团所有原材料的采购，年销售收入30亿元。青岛新达零部件采购有限公司最大的优势在于依托新达集团雄厚的实力。新达集团为国内领先的大型电器制造集团，新达品牌在行业内知名度非常高，集团总资产达120.9亿元，实现销售收入超过300亿元。

2. 银行切入点分析。

青岛新达零部件采购有限公司虽然规模偏小，但是公司有非常好的股东背景，经营运作能力非常突出。由于公司负责整个新达集团零部件采购，因而公司资金需求量较大，给公司提供融资最大的困难在于该公司没有合适的抵押担保（由于新达集团为本地特大型集团企业，因而本地已经有商业银行为青岛新达零部件采购有限公司提供了信用授信，某银行属于后来者，只能接受这样的融资条件）。经过认真研究，该银行决定定向融资，要求新达集团配合提供确定购买付款承诺，即货物采购到港后，新达集团肯定购买付款。

3. 银企合作情况。

实际操作流程：青岛新达零部件采购有限公司首先交存20%的保证金开立银行承兑汇票→卖方将货物直接发送给青岛新达集团→青岛新达集团收到货物后付款给银行指定账户→填满银行承兑汇票敞口。操作额度为5 800万元，授信期限为1年。目前，该公司在该银行的存款余额约为4 500万元。

【点评】

银行需要介入企业的经营环节，参与商务谈判，使得银行的服务与客户的经营能够对接。要认真分析新达集团对青岛新达零部件采购有限公司的支持态度，审批部门非常关心细节，必须详细地考虑所有的风险环节，尽可能地规避风险。

案例 2 　　　　　　　　　　　海信科龙集团供应链融资

鉴于公司及其附属公司的生产经营需要，海信科龙集团须从海外采购大量原材料、电器零部件及部分设备，同时预计香港的银行贷款利率未来一年仍低于内地，且公司关联企业香港海信资信状况良好，在香港具有较强的融资能力，故公司与香港海信签署了代理融资采购框架协议，拟委托香港海信为公司代理融资采购进口原材料、零部件及设备。在代理融资采购框架协议的有效期内，根据代理融资采购框架协议，在该协议有效期内，海信科龙集团将通过香港海信代理融资服务的采购额度年度上限为 1 亿美元。

六、"1＋N" 保理融资

【产品定义】

"1＋N" 保理融资是以大型核心企业为风险控制核心，在上游供应商将其对核心企业的应收账款整体转让给银行的前提下，由银行对供应商提供的集贸易融资、应收账款管理及账款收取等服务于一体的综合性金融服务。

【产品优势】

1. 通过现有核心企业可以批发营销一批高质量的中小企业，银行在低风险状态下实现对中小企业的融资，可以快速壮大银行的中小客户群体。

2. 保理融资为银行的贸易融资，银行可以实现可观的贸易融资收入。

3. 将核心企业与其配套中小企业的结算封闭在本行办理，形成交易资金的体内循环。

【利率】

融资利率一般要高于同期限的流动资金贷款，同时银行还可以收取可观的保理手续费。

【业务要点】

1. 核心企业与供应商已形成长期、连续、稳定的贸易关系，非单笔交易。

2. 核心企业同意放弃对应收账款的争议并与银行签署应收账款转让确认协议。

3. 供应商针对该核心企业的应收账款必须全部转让且对供应商的应收账款整体转让出具书面确认。

4. 对供应商的"1＋N"保理融资比例原则上不超过发票金额的80%。

5. 对供应商的"1＋N"保理融资期限不超过180天。

6. 融资到期后，核心企业须将款项直接付至银行保理专户或供应商开立的监管账户。

7. 对供应商总体"1＋N"保理融资额度不超过对核心企业的"1＋N"保理付款担保额度。

【业务流程】

1. 经办行申报"1＋N"保理业务操作方案，须提交下列文件："1＋N"保理业务需求及核心企业与供应商合作情况说明；核心企业出具的"1＋N"保理业务供应商名单；核心企业的基本情况介绍。

2. 核心企业"1＋N"保理付款担保额度的上报。经办行将核心企业授信申请资料及"1＋N"保理业务操作方案批复意见一同提交授信审批部门。

3. 核心企业"1＋N"保理付款担保额度核准后，经办行向授信审批部门申请供应商的"1＋N"保理融资额度必须提交下列文件："1＋N"保理业务供应商情况说明；核心企业的"1＋N"保理付款担保额度批复；核心企业与供应商的基础交易合同；供应商提供的企业应收账款说明。

4. "1＋N"保理业务协议的签署。经办行应与核心企业签署"1＋N"保理业务应收账款转让确认协议；经办行与供应商签署"1＋N"保理金融服务协议。

5. 供应商获得保理融资前，应当将下列文件及时提交经办行：基础交易合同；货物付运证明、提供服务证明或其他表明货物/服务确已发运/完成的文件；商业发票及核心企业对载有标准应收账款债权条款的商业发票的确认回执，其中应收账款债权转让条款中的应收账款受让方应为经办行，收款账户应为银行保理专户或供应商在银行开立的监管账户。回执应由银行业务人员以送达核心企业面签或由核心企业发送传真至银行的方式取得。

6. 核心企业付款。应收账款到期日核心企业将货款付至经办行保理专户或供应商在经办行开立的监管账户，并在付款中注明供应商名称及发票号，经办行收到款项后应于一个工作日内划转经办行保理专户。经办行在保理系统中办理相应的供应商融资还款手续，经办行在办理融资还款时应首先全额归还经办行融资，包括融资本金、利息及相关费用；融资无余额后，余款划入供应商账户。

【营销建议】

1. 围绕产业链延伸营销，拓宽与核心企业的合作领域，挖掘核心企业的客户资源，有效地介入其上游供应商客户群；建议各银行客户经理一定要认真研究本行现有大型客户的上下游产业链，寻找营销机会。与其满世界非常辛苦地寻找新客户，不如沿着现有客户的产业链，寻找关联客户。

2. 制造类客户是拓展"1＋N"供应链融资最理想的客户，制造类客户往往聚集了大量的上下游配套企业，典型的如汽车厂商、大型钢厂、大型石油公司、大型造船公司、大型航空制造公司、大型铁路机车公司等无不是营销该类产品的黄金客户。

【案例】

案例1　　　山西第一重型卡车有限公司供应商"1＋N"保理融资

1. 企业基本情况。

山西第一重型卡车有限公司注册资本为36亿元，年销售高达500亿元，总资产高达800亿元。该公司实力非常强，履约能力较好，是当地的黄金客户。该公司有超过80家的供应商，年采购金额超过50亿元。

2. 银行切入点分析。

山西第一重型卡车有限公司科技园内聚合了大量供应商，这些供应商多年向该公司供应配件，经营状况较好。针对供应商与山西第一重型卡车有限公司的稳定供销关系，银行设计将山西第一重型卡车有限公司的营销向其上游延伸，向供应商提供融资，支持它们进一步扩大产能，山西第一重型卡车有限公司承诺将支付给供应商的货款全部划入其在银行的指定账户，通过资金的封闭运作，可以最大限度地控制供应商融资风险。

3. 银企合作情况。

操作流程：

（1）山西第一重型卡车有限公司供应商向山西第一重型卡车有限公司供货，供货金额超过1亿元。

（2）山西第一重型卡车有限公司供应商将应收账款转让给银行，签订应收账款转让协议，山西第一重型卡车有限公司对转让的应收账款确认。

（3）银行提供给山西第一重型卡车有限公司供应商融资。

（4）山西第一重型卡车有限公司支付货款，银行直接扣收，归还银行保理融资。

案例 2 沃新玛特（中国）有限公司连锁超市供应商融资

1. 企业基本情况。

沃新玛特百货有限公司为世界上最大的连锁零售商之一。沃新玛特在全球开设了 6 600 多家商场，员工总数 180 多万人，分布在全球 15 个国家。沃新玛特全球销售额达到 3 124 亿美元，曾连续多年荣登《财富》杂志全球 500 强，并上了该杂志"最受尊敬企业"的排行榜。

沃新玛特百货有限公司在中国设立全资子公司——沃新玛特（中国）有限公司，沃新玛特（中国）有限公司注册资本为 2 亿元，已经在包括深圳、东莞等在内的 34 个城市开设了 66 家商场，包括沃新玛特购物广场、山姆会员商店、沃新玛特社区店三种业态，其中沃新玛特购物广场 61 家、山姆会员商店 3 家、社区店 2 家。沃新玛特（中国）有限公司已与中国近 2 万家供应商建立了合作关系。沃新玛特（中国）有限公司每年直接采购中国商品金额约为 90 亿美元。

某银行非常看重沃新玛特（中国）有限公司的渠道价值资源，一直希望通过沃新玛特营销众多的供应商。

2. 银行切入点分析。

某银行设计了"沃新玛特供应商融资解决方案"。沃新玛特（中国）有限公司每年在华采购额达 90 亿美元，上游供货商达上万家，其中大多为中小企业，由于这些中小企业很难从银行获得贷款，因而可以依托沃新玛特（中国）有限公司优良的信用，银行对其相关物流、现金流实行封闭式管理，为沃新玛特供应商提供从采购、生产到销售的全流程融资支持。考虑到这些供应商大都是中小民营企业，缺少符合银行要求的担保抵押，因此，提供融资必须是无须抵押担保。

沃新玛特（中国）有限公司供应商获得订单、回款和对账流程：

（1）沃新玛特（中国）有限公司统一由网上订单系统向供应商下订单。订单频率为每周一次，通常在每周一生成。每张订单有效期为 5 天，供应商必须在 5 天内将商品送到指定沃新玛特物流配送中心（深圳、天津），不能延期，不能缺交。

（2）收货后沃新玛特（中国）有限公司会在送货单上加盖收货章并提供一个收货编号，这是供应商结款的重要依据。

供应商提交：增值税发票原件、增值税发票对应订单和送货回单原件、结款清单（加盖供应商公章），其中发票必须统一送到深圳总部。

供应商在邮寄实物发票前，通过沃新玛特（中国）有限公司供应商电子数据交换平台，在线录入/批量导入发票金额等数据。

（3）沃新玛特（中国）有限公司财务收到发票材料，审核合格后，输入电脑系统。沃新玛特（中国）有限公司供应商电子数据交换平台根据供应商提交的发票数据、自动匹配流程，同沃新玛特（中国）有限公司系统中付款信息进行核对，并将匹配核对结果在线通知供应商。根据账期，每周安排 1 天统一支付到期账款。

经过深入了解，具备开发价值的客户达 2 000 多个，平均每个客户贷款 50 万元，就是 10 亿元贷款，如果可以借助沃新玛特（中国）有限公司这个平台批发营销其众多供应商，提供批发式中小企业贷款融资，效益前景将非常可观。为鼓励沃新玛特（中国）有限公司提供协助积极性，某银行设计，沃新玛特（中国）有限公司可以收取一定融资管理费。银行在基准贷款利率基础上上浮 15%，另外沃新玛特（中国）有限公司收取 0.2% 融资管理费。

某银行专门开发相关的业务管理系统与沃新玛特（中国）有限公司供应商电子数据交换平台进行对接，保证银行可以实时了解供应商的付款信息。沃新玛特（中国）有限公司供应商电子数据交换平台将供应商的订单、收货情况、应收账款等情况在系统里都有记录，通过该系统，银行可以确定供应商在沃新玛特（中国）有限公司供货和应收账款情况。只要沃新玛特（中国）有限公司认可供应商，均可以向银行申请融资。银行则将重点审查客户供货历史、过往合同履行能力、信用记录等直接影响货款回笼的因素，无须客户提供抵押担保，即可为客户办理融资业务。纳入采购体系中的供应商条件为有 2 ~ 3 年的合作关系、有长期订单。

3. 银企合作情况。

表 1 - 6　　**沃新玛特（中国）有限公司连锁超市供应商融资方案**

授信资源描述	授信工具：定向贷款；期限：1 年；金额：2 亿元
授信模式	"1 + N" 供应链融资
核心企业	沃新玛特（中国）有限公司
供应商	约 2 000 家规模较大供应商，每家金额月收款 200 万元左右
银行收益	贷款利息收入：平均贴现利率按照贷款利率，约为 8%，一年 2 亿元贷款，可以获得 1 600 万元左右的贷款利息收入 存款收益：2 亿元的资金供应，供应商在银行平均存款沉淀可以达到 30% 左右，如果降低贷款利率，存款比例还会上升，可以获得 6 000 万元左右存款沉淀 本行为沃新玛特（中国）有限公司提供代理收取销售货款业务，可以在银行沉淀 5 000 万元左右存款
风险描述	沃新玛特（中国）有限公司为世界领先的大型连锁超市经营集团，实力较强，履约风险较小
法律文本	沃新玛特（中国）有限公司供应商保理融资三方合作协议已经法律部门审定

业务流程：

（1）银行与沃新玛特（中国）有限公司及其供应商签订应收账款转让协议，约定将签订协议一年内所有应收账款全部转让给该银行，银行提供应收账款金额80%保理融资。某供应商接到沃新玛特门市订单后，向沃新玛特（中国）有限公司物流配送中心供货。

（2）3天后，沃新玛特（中国）有限公司物流配送中心验货合格后，提供收货编号。某供应商立即出具增值税发票，快递至沃新玛特（中国）有限公司，并将收货编号及增值税发票信息录入沃新玛特（中国）有限公司供应商电子数据交换平台，产生100万元应收账款，将该信息传递给银行。

（3）某供应商向银行提出保理融资申请，使用银行贷款准备用于组织生产和备货，以备向沃新玛特（中国）有限公司的再次供货。

供应商也可以暂时不申请保理融资，沃新玛特（中国）有限公司会自动累计应收账款，在应收账款到期后，分别支付；或者在需要的时候，集中向银行申请保理融资。

（4）银行查询该供应商在沃新玛特（中国）有限公司确有100万元应收账款，提供80万元的融资，约定利率为基准利率基础上浮15%。银行将已经提供融资信息传递给沃新玛特（中国）有限公司。

（5）应收账款到期，沃新玛特（中国）有限公司按约定支付货款资金到客户在银行开设的专项收款账户，银行收回保理融资。详见图1-19。

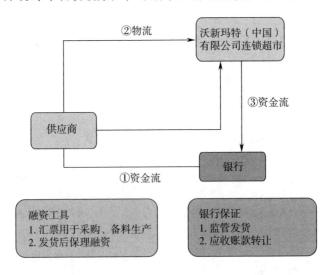

图1-19 沃新玛特（中国）有限公司连锁超市供应链融资流程

案例3   辽宁协仁大学附属新华医院供应商融资

1. 企业基本情况。

辽宁协仁大学附属新华医院是一所集教学、医疗、科研、康复为一体的三级甲等医院，是大连市医保定点医院、大连市工伤患者定点医院及医保工伤指定鉴定单位。该医院经辽宁省卫生厅批准为三级甲等医院，编制床位600张。近年来，辽宁协仁大学附属医院总体规模、医疗水平、综合效益迅速提升，实现了跨越式发展。辽宁协仁大学附属新华医院一直是各家银行的黄金客户，某银行设计金融服务方案寻求突破该医院。

2. 银行切入点分析。

辽宁协仁大学附属新华医院主要收入来源：医保收入占80%以上，医院现金收入约占20%。由于医保收入返还给医院和医院的对外支付存在时间差，因而医院希望银行能够提供一定的资金支持，医院在资金紧张时使用银行融资，资金充裕时归还。该医院每月平均支出约900万元，其中药品支出约700万元，银行设计为该医院提供2 000万元商业承兑汇票贴现额度，用于该医院药品和器械供应商资金周转，以该医院的业务收入作为还款来源。

（1）考虑辽宁协仁大学附属新华医院实力较强，银行议价能力偏弱，单纯给辽宁协仁大学附属新华医院提供贷款融资，吸收存款效果一般。某银行设计"辽宁协仁大学附属新华医院供应商融资解决方案"。辽宁协仁大学附属新华医院医疗设备采购额达5 000万元，上游供货商达200多家，其中大多为中小医疗贸易商，这些中小医疗贸易商很难从银行直接获得贷款。可以借助辽宁协仁大学附属新华医院优良的信用，以票据为支付工具，关联营销其上游供应商。

（2）辽宁协仁大学附属新华医院供应商获得订单、回款和对账流程。

① 辽宁协仁大学附属新华医院向供应商下订单，订单频率为每月一次。

② 收货后辽宁协仁大学附属新华医院供应商验收入库，提供2个月左右的账期。供应商提交增值税发票原件、增值税发票对应的订单和送货回单原件、结款清单（加盖供应商公章）。

③ 辽宁协仁大学附属新华医院财务科收到发票材料，审核合格后，输入电脑系统。根据账期，每月安排1天统一支付到期账款。

3. 银企合作情况。

表1–7   辽宁协仁大学附属新华医院供应商融资方案

授信资源描述	授信工具：商业承兑汇票；期限：1年；金额：2 000万元
授信模式	"1＋N"供应链融资

续表

核心企业	辽宁协仁大学附属新华医院
供应商	约20家规模较大供应商，每家贴现金额为100万元左右
银行收益	贴现利息收入：平均贴现利率按照贷款利率，约为6%，一年2 000万元商票贴现，可以获得120万元左右的贴现利息收入 存款收益：20家供应商，在银行的平均存款沉淀可以达到30%左右，如果降低贴现利率，存款比例还会上升，可以获得600万元左右的存款沉淀。其中针对在核心企业同一地的供应商，会建议办理供应商按照交存30%的保证金，部分票易票（商票变银票） 辽宁协仁大学附属新华医院本身可以在银行沉淀500万元左右存款
风险描述	辽宁协仁大学附属新华医院为本地最大的三级甲等医院，实力较强，履约风险较小
法律文本	辽宁协仁大学附属新华医院供应商采购融资三方合作协议已经法律部门审定，其余商业承兑汇票代理贴现协议等为标准化协议文本

业务流程：

（1）辽宁协仁大学附属新华医院与供应商及银行签订辽宁协仁大学附属新华医院供应商采购融资三方合作协议，约定辽宁协仁大学附属新华医院采用商业承兑汇票方式支付对供应商的货款，银行保证予以贴现。

（2）供应商接到辽宁协仁大学附属新华医院的订单后，向辽宁协仁大学附属新华医院供货，产生100万元应收账款，将该信息传递给银行，提供2个月左右账期。

（3）应收账款到期，辽宁协仁大学附属新华医院签发商业承兑汇票，金额为100万元，期限为6个月，收款人为某药品供货商。

（4）辽宁协仁大学附属新华医院代理某药品供货商办理商业承兑汇票贴现，贴现后款项直接划入某药品供应商在银行的账户。

（5）商业承兑汇票到期，辽宁协仁大学附属新华医院解付商业承兑汇票。

第三节 经销商链式融资方案

一、连带责任保证项下经销商融资

【产品定义】

连带责任保证项下经销商融资指以核心企业为风险控制主体，以下游经销商与核心企业签订真实贸易合同将产生的预付账款为基础，通过核心企业的连带责任保证，为下游经销商提供的定向用于向核心企业采购支付的一种融资业务形式。

【产品优势】

1. 核心企业优势：（1）有效扩大销售额，进行市场扩张；（2）快速回笼资金，降低自身有息负债。

2. 经销商优势：（1）核心企业提供担保资源，可以有效地支持经销商；（2）扩大自身经营能力，进行低成本采购。

3. 银行优势：（1）有核心企业的强力担保，银行可以相对安全地给经销商提供融资，操作手续简便，效率较高；（2）形成核心企业和经销商在银行结算现金流体内循环。

【适用客户】

该产品适用于两类客户。

1. 核心企业与其控股的销售公司之间。核心企业存在于竞争较为激烈的日常用品的销售行业，如钢铁、家电、计算机、手机等行业，这些经销商较多为核心企业自己投资的全资或控股子公司。部分核心企业为了控制销售市场，一般在自己产品销售的重要市场设立全资或控股子公司，核心企业一般对这些子公司在银行的融资提供全额担保。

2. 核心企业与非关联经销商之间。经销商多与大型核心企业有着长年的合作关系，这些经销商规模适中、经营管理完善、销售量较大，对于核心企业非常重要，且这些经销商能够向大型核心企业提供一定反担保，如房产抵押、设备抵押等。为了扶植这些强势的销售渠道，大型核心客户一般愿意向银行提供连带责任保证的供应商融资，当然，大型核心客户一般会采取派出人员实地监管货物等方式强化控制，以便其进一步提高本公司产品在当地的销售量，如工程机械车厂商、水泥制造企业等。

【风险控制】

1. 应当选择实力较强、管理规范、重视自身信誉的大型核心企业开展连带责任保证项下经销商链式融资。

2. 应当监控经销商的融资使用，融资定向用于向核心企业的购货，切实防止挪用。

【案例】

案例1　　　　　宁波奥斯有限责任公司连带保证项下经销商融资

1. 企业基本情况。宁波奥斯有限责任公司是中国目前生产规模较大、技术实力较雄厚的大型专业化电脑企业之一，年销售额超过 100 亿元，公司在全国有 30 余家经销商。公司销售模式：产品销售给区域经销商，然后通过经销商在各省进行终端销售。

2. 银行切入点分析。宁波奥斯有限责任公司区域经销商都经过严格的挑选，有着较高的经营管理水平，年销售额平均为 3 亿~10 亿元，有着较好的开发价值。宁波奥斯有限责任公司对本公司产品销售市场非常有信心，愿意向银行提供连带责任保证，即经销商使用银行承兑汇票付款后，如果销售不畅，经销商没有能力在银行承兑汇票到期前全额提货，该公司愿意提供银行融资敞口部分的连带责任保证。

3. 银企合作情况。某银行为宁波奥斯有限责任公司提供 2 亿元的担保额度，其石家庄大型经销商石家庄天宇销售有限公司在银行办理 7 000 万元银行承兑汇票。

案例 2　　成都云图控股股份有限公司与华夏银行开展融资合作
并为经销商提供担保

一、担保情况概述

成都云图控股股份有限公司（以下简称公司）为帮助经销商解决融资瓶颈，支持经销商做大做强，推动公司销售业绩增长，加快公司存货周转资金回笼，解决现阶段普遍存在的"赊销"问题，改善供应链的共生金融环境，加快整个产业链的资金流动，拟与华夏银行股份有限公司成都分行（以下简称华夏银行）开展融资合作，合作模式为：

公司筛选符合条件的复合肥经销商并向华夏银行推荐进行融资，华夏银行按照银行内部要求审查后提供贷款，贷款资金专用于支付公司（包含分子公司）复合肥货款，贷得款项直接支付至公司指定银行账户，贷款总额控制，随借随还。同时公司为复合肥经销商的银行贷款提供连带责任担保，担保总额度不超过 3 亿元，具体以银行签订的担保合同为准。为了防控风险，公司要求复合肥经销商提供一定形式的反担保。

二、被担保人基本情况

为保障上市公司利益，参与银行融资担保的复合肥经销商应满足如下条件：

（一）与公司合作 2 年以上，从事作物种植或复合肥销售 3 年以上的中小企业或个人，无不良信用记录，具有一定实力和发展潜力。

（二）复合肥年均销量不低于 1 000 吨，银行贷款金额不超过上年度公司产品销售额的 40%。

（三）被担保人与公司不存在关联关系，不构成关联担保。

三、担保协议的主要内容

（一）担保方式：连带保证责任。

（二）担保期限：根据每笔借款的实际发生日期，按照相关法律法规及双方约定确定。

（三）担保金额：担保总额度不超过3亿元，其中对单一经销商的担保额度本金不超过上年度公司对其产品销售额的40%，且最高不超过500万元。

（四）公司提供担保的风险控制措施：针对为复合肥经销商银行融资提供担保的事项，公司将制定相应的操作规范，明确风险控制措施，降低担保风险，主要包括以下内容：

1. 公司根据经销商的经营年限、合作年限、回款情况、年销售规模、个人征信情况、公司发展潜力等，筛选、审核经销商资质和银行融资额度，确保经销商信用良好，具有较高的还款能力。

2. 经销商银行融资专款专用，仅用于支付公司复合肥货款。

3. 公司要求经销商向公司提供反担保，包括但不限于以下几种方式：

（1）经销商实际控制的公司、合伙企业、个体工商户等经济组织的全部资产承担连带责任担保；

（2）经销商配偶、相关家庭成员承担个人无限连带责任担保；

（3）经销商年终销售奖励、返利款担保。

案例3　中顺洁柔纸业股份有限公司为公司经销商银行授信提供担保

一、担保概述

中顺洁柔纸业股份有限公司拟为公司下游经销商上海骏孟电子商务有限公司在中国银行的5 500万元的授信额度内提供连带责任担保，为公司下游经销商武汉洁柔电子商务有限公司在中国银行的4 500万元的授信额度内提供连带责任担保，经销商在该授信额度项下的融资用于向本公司支付采购货款，担保总额不超过人民币1亿元，具体以银行签订的担保合同为准，担保期限为6个月。

上海骏孟电子商务有限公司和武汉洁柔电子商务有限公司为公司下游经销商，本次担保不涉及关联交易，同时被担保方对公司实施反担保措施。

二、被担保人情况

1. 上海骏孟电子商务有限公司

注册资本：110万元

法人代表：蒋泞骏

公司类型：有限责任公司

2. 武汉洁柔电子商务有限公司

注册资本：1 000 万元

法人代表：张晓军

公司类型：有限责任公司

三、担保协议的主要内容

本次担保事项尚未与相关方签订担保协议。

目前公司确定的担保主要内容包括：

1. 担保方式：连带责任担保。

2. 担保期限：6 个月，股东大会审议通过后生效。

3. 担保金额：总担保额度不超过人民币 1 亿元，具体以银行签订的相关协议为准。

四、反担保协议主要内容

反担保采用包括但不限于房产抵押、动产质押、家庭成员连带担保等双方协商认可的方式办理。

五、对外担保的风险管控措施

针对为经销商银行融资提供担保的事项，公司将制定相应的操作规范，明确风险控制措施，降低担保风险，主要包括以下内容：

（1）公司负责对纳入担保范围的经销商的资质进行审核和推荐，确保加入进来的经销商信用良好，具有较好的偿还能力。

（2）指定银行及授信额度下的融资用途仅限于向本公司支付采购货款。

（3）公司要求经销商向公司提供反担保，反担保采用包括但不限于房产抵押、动产质押、家庭成员连带担保等双方协商认可的方式办理。公司将谨慎判断反担保的可执行性及反担保提供方实际担保能力。公司为经销商履行担保责任后，在承担保证范围内，依法享有追偿权。

二、见货回购担保项下经销商融资

【产品定义】

见货回购担保项下经销商融资指以核心企业为风险控制主体，以下游经销商与核心企业签订真实贸易合同将产生预付账款为基础，通过核心企业对货物实物进行回购担保，为下游经销商提供定向用于向核心企业采购支付的一种融资业务形式。一般需要引入物流仓储企业作为中介进行监管，同时需要对货品投足额保险。

【适用客户】

适用客户包括两类：第一类客户由商品特性决定，商品流转量较大，经销商必须保持较高的现货库存，典型的如钢铁；第二类客户由厂商销售政策决定，厂商希望尽可能清空库存，将货物压给经销商，典型的如家庭轿车、工程机械车等，厂商为了控制风险，通常要求见货才回购，为了控制风险，银行通常需要经销商购买保险，防止货物丢失。

【融资产品】

融资方式一般采取封闭贷款，融资利率一般采用同期限的流动资金贷款利率；银行承兑汇票一般采取电子银行承兑汇票由银行直接传递给核心企业。

【业务流程】

1. 银行与经销商、厂商仓储企业商议操作模式，确定相关的协议。

2. 银行为核心企业核定授信额度（退款承诺担保额度），并为经销商核定银行承兑汇票额度（经销商本身的资信弱化，充分考虑经销商执行单笔交易的真实资金需求即可）。

3. 银行为经销商出具银行承兑汇票，并直接交付核心企业。

4. 银行通知核心企业发送与银行承兑汇票等额的货物至仓储企业仓库。

5. 经销商交存保证金，银行通知仓储企业释放货物，直至银行承兑汇票敞口部分填满。

6. 银行承兑汇票到期前，如经销商没能全额提货，银行通知核心企业，回购退还经销商未能提走的货物（银行承兑汇票与保证金的敞口部分），从仓储企业提走货物。

【风险控制】

1. 需要调查经销商与核心企业经销协议，保证交易背景的真实性。需要认真调查经销商的市场销售能力、进货量与经销商的市场销售能力匹配，防止经销商盲目囤货，需要定期核实经销商库存，全程监控货物的流向，包括采购、运输、销售相关货物的跟踪与管理。

2. 核心企业通常提供的承诺回购担保：通常以银行承兑汇票为结算工具，在企业已经发货的方式下，若经销商在银行没有按时偿付债务，则核心企业回购货物，分为见货物凭证回购和见实物货回购两种方式。该类融资对于货品的管理要求较高，银行一般引入第三方物流公司协助监管货物，或引入保险公司监管货品合格证等凭证。

【协议文本】

回购担保项下经销商链式融资三方合作协议

（协议号：_____）

甲 方：核心企业

乙 方：银行

丙 方：经销商

为了促进甲方产品销售，支持经销商发展，根据有关法律、法规的有关规定，甲、乙、丙三方当事人达成协议。

1. 丙方应当在乙方开立基本账户或一般结算账户，用于日常资金往来结算；丙方应当在乙方开立保证金账户，用于存入开立银行承兑汇票时所需的保证金及销售回款。

2. 乙方对丙方提供银行承兑汇票支持，丙方将所购货物物权凭证质押给乙方。乙方年初确定丙方所需银行承兑汇票最高限额，对出票实行风险敞口最高限额控制，此授信额度可在授信有效期内循环使用。

丙方在乙方交存不低于_____保证金后，为丙方在核定额度内开具以甲方为收款人的银行承兑汇票。

3. 甲方收到并确认银行承兑汇票后，确认丙方的提货申请，在乙方签发的银行承兑汇票额度内发货，同时将发货清单书面通知乙方、丙方。

货物到达指定地点后，由丙方在货物运输交接单上签收，作为主办单位已向销售货物交付的凭据；货物权利凭证乙方保管。乙方视丙方在本行保证金账户中销售回款情况，分批次向丙方提供货权凭证。

4. 在丙方将由乙方签发的银行承兑汇票所对应的货权凭证提交给乙方之前，丙方对乙方承兑的银行承兑汇票承担付款责任，即承担该银行承兑汇票项下的垫款及相应利息，该付款责任自乙方签收货权凭证后解除。若上述银行承兑汇票承兑到期，乙方仍未收到对应的货权凭证，丙方将上述银行承兑汇票退回，不再提示付款。

当丙方到期无法足额交存任何一笔已到期的银行承兑汇票票款时，乙方立即停止开具新的银行承兑汇票，并有权直接从丙方保证金账户或其他账户中扣收。

5. 甲方收到银行承兑汇票逾期通知书后进行查实，自银行承兑汇票到期日起 5 个工作日内必须无条件回购，乙方将货权凭证退还甲方。回购价格为丙方未售出货物原始发票金额，款项划入丙方在乙方的保证金账户。

6. 丙方应对以银行承兑汇票购买的货物投保，乙方为保单第一受益人，丙方须向乙方提供相应保单的复印件。

乙方应会同甲方对丙方的货物库存每个月核查一次，对超过两个月未销售的货物进行统计。乙方将丙方货物库存信息向甲方反馈，由甲方对货物进行调剂销售。

7. 本协议的未尽事宜和协议在执行过程中发生的争议，协议各方应本着互利、互谅、互让的原则，按有关法律、法规规定，友好协商解决。

8. 本协议经三方代表签字并加盖三方公章或合同专用章后生效，协议生效后各方应认真执行。未经各方一致同意，任何一方不得擅自变更、撤销或终止协议。

本协议的有效期自签订之日起至_____年_____月_____日。本协议一式三份，经三方签字盖章生效后具有同等效力，三方各执一份，以资证明。

甲方（签字、盖章）　　　乙方（签字、盖章）　　　丙方（签字、盖章）
日期：　　　　　　　　　日期：　　　　　　　　　日期：

【案例】

广州恒大钢铁有限责任公司回购担保项下经销商融资

1. 企业基本情况。广州恒大钢铁有限责任公司是广州地区生产规模较大、实力较雄厚的大型钢铁经销企业之一，年销售额超过 80 亿元，公司在全国有 20 余家二级经销商。公司销售模式：产品从武钢、宝钢等大型钢厂提货，然后批发销售给二级经销商。山东新源钢铁公司为其在山东地区的主要经销商，销售额超过 5 亿元。

2. 银行切入点分析。某银行经过深入分析后认为，钢材属于大宗原材料，资金交易量较大、交易链条清晰、客户关联性稳定、变现性较好，适于银行深度拓展。广州恒大钢铁有限责任公司的二级经销商都经过了一定的挑选，有着稳定的销售渠道，平均销售额为 5 亿元，有着一定的开发价值。广州恒大钢铁有限责任公司为了促进本公司产品的销售，愿意向其二级经销商提供见货回购担保，即二级经销商使用银行承兑汇票付款后，如果销售不畅，没有能力在银行承兑汇票到期前全额解付汇票，则该公司愿意见货后退款。

3. 银企合作情况。某银行为广州恒大钢铁有限责任公司提供1亿元见货回购担保额度，其7家大型经销商在银行办理票据融资，金额总计2亿元（包括50%的保证金）。通过该链式融资，吸收钢铁经销商大量的银行资金沉淀，其中山东新源钢铁公司在银行办理2 000万元的银行承兑汇票（见图1－20）。

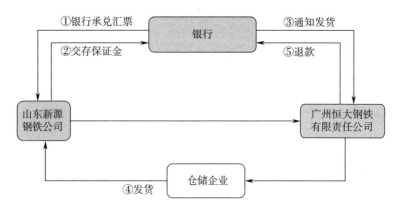

图1－20　广州恒大钢铁有限责任公司见货回购担保经销商链式融资流程

三、集中采购融信业务方案

【产品定义】

集中采购融信业务是指多个中小贸易商通过银行合并交易采购资金，与核心客户签订物资供应合同，集中进行采购，银行居间保证资金的安全交付，以帮助多个中小贸易商最大限度地获得商业折扣的一种银行增值服务。

集中采购融信业务是非常受欢迎的一项业务，可以有效地集合中小客户的资金，形成较大的提货能力，获得较高的价格折扣。银行居间提供采购的资金定向使用担保，可保证各个中小客户的采购资金安全。

【适用客户】

适用于具有一定资金实力的中小贸易商，这些企业一般都属于经营某个特大型核心客户产品的二级经销商，可以采用该产品的行业包括汽车、钢铁、石油、家电等行业。

【业务流程】

1. 银行与各采购主体商议操作模式，确定相关的协议。银行出面与核心客户商洽集中采购事宜。签订委托集中采购资金管理协议，约定资金交由银行进行管理，定向用于向核心大企业的集中采购，并承诺集中采购项下的所有提货单全部交由银行，根据采购商各自的出资份额，向银行索取提货单。

2. 银行选定一个牵头企业作为采购合同的签订主体，并签订集中采购协议（协议约定：卖方将所有提货单交给银行管理）。

3. 在确定日期，各采购主体将全部采购资金划入银行指定账户，银行出具全额保证金银行承兑汇票或将全部销售款项划给核心客户。

4. 核心客户在收到货款或银行承兑汇票后，根据集中采购协议，将所有提货单移交银行。

5. 银行收到提货单后，根据委托集中采购资金管理协议以及各采购主体出资份额，将仓单提供给各采购主体。

银行居间协调非常重要，银行与各中小企业进行协商，并提供资金安全的保证，通常中小企业都愿意接受。在钢铁行业，众多的小型钢铁经销企业普遍资金实力不强，这类客户群体数量众多，集合资金的能力极强，但是由于提货金额较小，达不到核心厂商要求的一级经销商标准。通过银行的保证，集合所有资金，与特大型核心客户签订集中采购合同，可以获得较高的价格折扣。应当由银行出面与核心客户洽商，并负责起草所有的协议文本。

【案例】

包头钢铁经销商集中采购融信业务

1. 企业基本情况。包头新达钢铁贸易公司为包头本地规模偏小的钢材经销商，年销售额约 2 亿元，属于包头立远钢铁集团的二级经销商。特大型钢铁企业包头立远钢铁集团在当地有超过 20 家一级经销商，200 多家二级经销商。二级钢铁经销商年销售额高达 300 亿元，但只能从一级经销商手中拿货。

2. 银行切入点分析。某股份制银行包头分行经过分析认为，钢铁经销商普遍具有一定的资金运作规模，货物流转较快，有较大开发价值。尤其是二级经销商，平均每家年销售额为 2 亿~3 亿元，月资金周转量在 3 000 万元左右，这类客户数量众多。该行与包头新达钢铁贸易公司商洽后，包头新达钢铁贸易公司愿意撮合 5 家二级钢铁经销商共同向包头立远钢铁集团进行集中采购。某银行设计了所有操作文本，并与包头立远钢铁集团就进行集中采购进行商务谈判。

3. 银企合作情况。基本流程：5 家经销商共计出资 2.5 亿元，并签订了委托集中采购资金管理协议、资金质押协议→某银行为包头新达钢铁贸易公司开立 2.5 亿元全额保证金银行承兑汇票→包头新达钢铁贸易公司与银行共同将 2.5 亿元银行承兑汇票交付包头立远钢铁集团销售处→包头立远钢铁集团销售处收票后，按照银行要求出具 5 份提货单并移交银行→银行将 5 份提货单交给

5家经销商。通过该业务，银行吸收2.5亿元的存款。

四、退款承诺项下经销商融资（三方保兑仓融资）

【产品定义】

退款承诺项下经销商融资是指银行为经销商承兑其签发电子银行承兑汇票，专项用于向核心企业支付货款。经销商及时补充保证金，银行累计通知核心企业发货的价款不超过保证金账户余额，如经销商在承兑汇票到期时未能足额承兑，核心企业在银行承兑汇票到期日无条件将银行承兑汇票敞口款项退还给银行的一种供应链融资业务。

【有关主体】包括厂商、经销商、融资银行。

通常对银行提供的保证措施为厂商的退款承诺，即电子银行承兑汇票到期前，如果经销商没有存入足额的保证金（经销商没有从核心厂商提走全部货物），核心厂商负责退还银行承兑汇票票面金额与经销商提取的全部货物金额之间的差额款项，又称直客式保兑仓（见图1-21）。

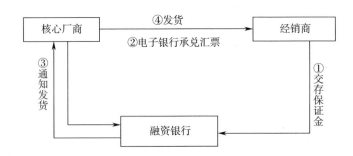

图1-21 三方保兑仓流程

保兑仓最符合当前核心厂商的想法，对经销商既愿意提供一定的帮助，促使其获得银行融资，促进自身产品销售，也希望能够最大限度地控制货物，不希望经销商无节制地赊销，使厂商产生大量的应收账款风险。

【产品优势】

1. 对买方（经销商）的益处。

（1）依托真实商品交易结算，买方借助厂商资信获得银行的定向融资支持，减轻了自身的资金压力。

（2）买方可以从厂商处获得批发购买优惠，使其享受到大宗订货优惠政策，降低了购货成本。

（3）可以缓解经销商自有流动资金的不足，能够保证买方商品供应通畅，避免了销售旺季商品的断档。

（4）巩固了与厂商的合作关系。不受季节影响，以足够资金实力赢得厂商紧俏商品的经销或总经销权。

2. 对卖方（厂商）的益处。

（1）可以有效地扶持经销商，巩固、培育自身的销售渠道，建立自身可以控制的强大销售网络，迅速扩大销售规模。

（2）卖方既促进了产品销售，同时也牢牢控制货权，防止了在赊账方式下买方可能的迟付、拒付风险。

（3）卖方将应收账款转化为应收票据或现金，应收账款大幅减少，改善了公司资产质量，促进了销售，加快了资金回收。

（4）卖方提前获得订单，锁定市场销售，便利安排生产计划。

（5）卖方支付了极低的成本（自身信用），借助买方间接获得了低成本的融资（票据融资）。

3. 对银行的益处。

（1）可以实现链式营销。该产品针对整个产业链条，满足客户产、供、需各个环节的需求，银行可针对厂商及经销商进行链式营销，有利于银行进行深度拓展。

（2）风险控制优势。业务双向结算封闭在银行，销售回款覆盖融资本息，可以较好地保证银行信贷资金安全。银行有实力强大的卖方的最终保证，可以在一定程度上降低授信风险。

（3）借助在产业链中处于强势地位的核心厂商，"顺藤摸瓜"关联营销其众多的经销商，形成"以点带面"的营销效果。

> 【点评】
> 　　对卖方而言，提供了一定类似担保的信用，帮助经销商获得银行承兑汇票融资，经销商向厂商采购支付，厂商拿到票据后，通过贴现后置换自己在银行的贷款，可以有效地降低财务费用。同时，借助保兑仓可以牢牢地控制经销商专心经销厂商的产品。

保兑仓业务面临最大的风险，就是核心厂商的退款责任。核心厂商若要避免这个责任，唯一办法就是要解决好经销商与核心厂商的合同履行问题。

第一，核心厂商必须选择具有广阔的经销渠道和营销能力的经销商。

第二，核心厂商要有充裕的产品供给能力。经销商一旦向银行申请到贷款额度，供应商就必须提供足以满足经销商要求的商品。没有满足市场需求的产品，一旦产需脱节，其后果必然是经销商不能提供足额货款支付银行，银行必然向核心厂商行使债权权利。

第三，核心厂商要有足够的调剂能力，即在一定地域内调剂销售产品的能力。当经销商不能够在期限内完成相当于授信额度的销售收入时，在当地经销商群体中调剂销售。

这种融资方式适用于核心企业面临激烈的市场竞争，核心企业愿意为经销商提供融资支持，融资定向用于支持核心企业自身货物的销售，多存在于家电、汽车、卡车、钢铁、制药、食品、化肥等行业。较为典型的客户包括首钢股份、格力电器、三精制药、蒙牛集团等企业。

【点评】

退款承诺项下经销商链式融资实质上对核心厂商非常有利，核心厂商根据银行的指令发货，而银行发出发货指令是依据经销商交存的保证金，因此，厂商没有风险，一旦经销商不能提货，厂商有货在手，将经销商未能交存的保证金（合同对应的经销商未能提货的金额）退还给银行即可。

【产品特点】

1. 保兑仓适用产品必须具备以下特点：产品质量稳定（不易发生化学变化）、属于大宗货物、易变现、产值相对较高、流通性强。在销售上采取经销商制销售体系，如家电、石油、汽车、电脑、轮胎、纸张、手机、化肥等。

2. 卖方经营管理规范、销售规模较大，回购担保能力较强，属于行业的排头兵企业。

3. 买卖双方在过去两年里合同履约记录良好，没有因为产品质量或交货期限等问题产生贸易纠纷。

【业务流程】

1. 银行为卖方和买方核定一定金额的授信额度，明确买方首次保证金比例，可以使用的授信品种（通常为银行承兑汇票，现在也有使用保贴商业承兑汇票），明确卖方的退款授信额度。

2. 卖方和买方签订商品购销协议，约定结算方式为买方提供一定的预付款，卖方分批发货，银行和卖方、买方签订保兑仓三方合作协议。

3. 根据商品购销协议，买方签发以卖方为收款人的银行承兑汇票，银行办理承兑。

4. 根据保兑仓三方合作协议规定，买方在银行存入一定保证金，并向银行提出提取货物的申请。

5. 银行向卖方签发发货通知书，通知卖方将等额货物发至买方。

6. 根据保兑仓三方合作协议规定，在银行承兑汇票到期前，若买方提货金额不足银行承兑汇票金额，银行向卖方发出退款通知书。

7. 卖方收到退款通知书后，核对台账，办理退款，卖方将退款汇入银行指定账户。

8. 银行扣收退款兑付银行承兑汇票。详见图1-22。

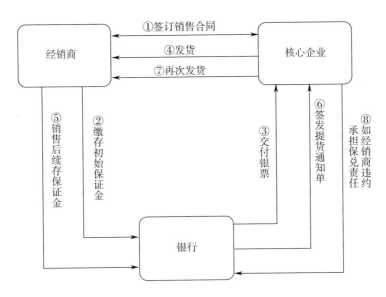

图1-22 经销商网络融资模式（保税仓）

【风险控制】

1. 信用风险。信用风险主要体现在银行、生产商（卖方）和经销商（买方）三个方面。

（1）生产商（卖方）风险主要体现在经销商（买方）的失信和销售不力。在银行承兑汇票到期后，如果买方交付的保证金余额低于银行承兑汇票金额，即买方不能完全实现销售，则卖方就必须将承兑汇票与保证金的差额部分以现款支付给银行，必须甄别生产商是否具有真正的代偿能力。

（2）信用方面的审查包括对保兑仓业务涉及的买方、卖方两方面信用主体、交易背景真实性和产品标的严格审查，从而降低银行的信用风险。

2. 银行对有关主体选择。

（1）应重点考察买方的资信状况、资金实力、商品销售能力和回款速度等，应关注：

①符合银行关于法人客户授信的基本规定，企业法人营业执照、贷款卡、组织机构代码证书经最新年检，注册资金已经全额到位，依法从事经营活动，并在银行开立结算账户。

②至少有一年以上经销同类商品的经验，是本地区域总代理或一级代理商；与卖方有真实、正常和稳定的商品购销关系，并得到卖方的推荐或认可。

③银行承兑汇票用途为购买前述商品。

④考察其信誉是否优良，以往付款记录是否良好。

（2）卖方应重点审查其从事行业的前景、商品的市场竞争能力、企业经营状况以及企业的资金实力、以往交易履约状况等，同时还应注意以下几点：

①符合银行对借款企业基本条件的要求。

②信用等级评定为 A 级（含）以上，年销售收入一般应不低于 5 亿元，对于委托银行建立全国性"保兑仓"金融服务网络的，企业信用等级需评定为 AA 级（含）以上，年销售收入一般应不低于 20 亿元。

③企业在过去两年的销售合同履约记录良好，无因产品质量或交货期限等问题与买方产生贸易纠纷。

（3）交易背景真实性。

①具有真实的基础交易背景，且交易行为合法。

②买卖双方已形成长期稳定的供应关系，交易行为能形成稳定连续现金流。

③买卖双方以往及近期交易关系正常，无债权纠纷。

（4）产品标的审查：考察产品标的是否适合叙做保兑仓。一般情况下，保兑仓涉及的交易标的须具有如下特点：

①产品生产商须为国内知名企业，产品质量稳定，退货率及返修率低，原料供应和生产能力充足，年销售额较大，销售的商品必须是适销对路且为卖方的主营产品。

②产品投产时间五年以上，产品生命周期较长，在可以预见的未来时期被替代或淘汰的可能性较小；产品不会发生物理、化学变化，如家电、金属材料、化工原料等。

③产品不存在权利限制，未设定抵、质押等担保，产品价格相对稳定。

退款承诺项下经销商链式融资风险控制在于核心企业的履约能力，必须密切关注核心企业的经营变化。开办此项业务，应注意防止经销商套取银行信用，在办理承兑前与核心企业核实，防止经销商一份购销合同多头取得信用。同时必须规范操作，商品金额证实书、银行承兑汇票、提货通知单等文件必须指定专人交接，并按规定加盖印鉴，银行承兑汇票由银行直接传递给核心企业，不得交给经销商。

【所需资料】

1. 厂商所有的常规授信资料。

2. 经销商所有的常规授信资料。

3. 交易合同资料、货物物权凭证等。

【营销建议】

1. 在保兑仓模式下，卖方获益较多，对经销商提供更多的价格折扣是保证经销商有动力参与保兑仓的关键，否则经销商更倾向于有多少钱提多少货。

2. 本产品适用对象特点：厂商实力较强，而经销商实力一般，厂商有能力牢牢控制商品的销售渠道，在经销商之间进行商品调剂销售能力非常强。

3. 可以考虑对特大型的核心厂商提供一个授信额度，如宝钢集团、武钢集团、攀钢集团，利用这些公司的公开资料进行授信核定，便利经营机构拓展这些钢厂的经销商；而不必像传统授信，一定要这些客户提出申请，拿到全套的授信资料才进行授信核定。

切记：保兑仓项下的买方一定是流通企业，而不是制造类企业或终端使用者，流通型企业掌握着大量现金流和票据流，对银行具有十分重要的商机。

这些流通企业具有几个鲜明的特点：一是现金流量大，流速周转快；二是票据量大，以银行承兑汇票采购为主；三是缺乏抵押担保手段，单独授信困难。这些企业最大的需求是能以货物作抵押开立银行承兑汇票，急需稳定货物的储备和供应，建议各家银行高度关注经销商这个群体，尤其是煤炭、化肥、钢铁等领域的经销商，其现金流量极大，是银行拓展存款的黄金客户群体。而现金流量巨大则是银行拓展这些企业最好的回报。

【点评】

1. 保兑仓的发展非常迅速，从最早的钢铁行业目前拓展到了电商、电子、汽车、家电、化肥等多个行业。从理论上讲，只要核心厂商愿意提供回购或退款保证，任何行业都可以操作保兑仓业务。

2. 保兑仓的操作方法也呈现多样性，经销商既可以采用现金方式提货，补足银行承兑汇票保证金敞口，也可以采用合格的银行承兑汇票（符合本行贴现要求的银行承兑汇票）质押提货。但是，以第二种方式提货，必须考虑：经销商提供的合格银行承兑汇票到期日早于本行承兑的银行承兑汇票，即在本行承兑的银行承兑汇票到期前，客户提交的合格银行承兑汇票能够托收回现金保证支付，则可以考虑 100% 全额质押提货；经销商提供的合格银行承兑汇票到期日晚于本行承兑的银行承兑汇票，即在本行承兑的银行承兑汇票到期前，客户提交的合格银行承兑汇票还没有到期，则应当考虑扣除贴现利息的合理质押率，并要求客户提供所有贴现手续，防止万一客户不能到期交存保证金置换票据的风险。

3. 可以操作保兑仓行业共同特点：

（1）行业本身竞争非常激烈，厂商有巨大的开拓市场的压力。而像电力、烟草等行业很少出现保兑仓，就是因为行业由少数寡头垄断，卖方根本不需要采取这种方式来刺激销售渠道。

（2）产品属于大宗商品，产品市场需求广阔。

（3）产品销售周期较短，很容易市场变现。

4. 保兑仓项下，厂商提供商业商务交易项下退款承诺，而非对银行债务提供连带责任保证，因此，很多银行要求厂商签订保证合同，并在信贷系统中录入担保信息是不妥当的。

【案例】

案例1　　　　　广州青力电器有限责任公司退款承诺项下经销商融资

1. 企业基本情况。广州青力电器有限责任公司是中国目前生产规模较大、技术实力较雄厚的大型专业化空调企业之一，年销售额超过 200 亿元，公司在全国有 30 余家区域总代理商。公司销售模式：产品销售给区域总代理商，然后通过总代理商在各省进行批发销售。

2. 银行切入点分析。很多银行认为电器行业风险较大，但某银行经过深入分析后认为，电器行业是中国最具竞争力的行业，目前行业排名靠前的家电企业大多经过市场淘汰，留存下来的都是经营管理水平较高、产品质量过硬、经得起市场检验的强势厂商。广州青力电器有限责任公司的区域总代理商都经过了严格挑选，有着较高的经营管理水平，销售额平均在 3 亿元左右，有着较大的开发价值。广州青力电器有限责任公司对本公司产品销售市场非常有信心，愿意向银行提供退款保证，即经销商提供银行承兑汇票付款后，如果销售不畅，经销商没有能力在银行承兑汇票到期前全额提货，该公司提供银行融资敞口部分的退款。

3. 银企合作情况。某银行为广州青力电器有限责任公司提供 2 亿元退款承诺担保额度，其两家大型经销商在银行办理票据融资，其中，广西大石电器销售有限公司 7 000 万元，湖北镇原电器销售有限公司 6 000 万元。

（1）银行、广州青力电器有限责任公司、经销商签订电器供应链业务三方合作协议，明确业务合作模式。

（2）经销商根据经销协议在额度内签发银行承兑汇票，银行直接交付给广州青力电器有限责任公司，银行持票与广州青力电器有限责任公司交换商品金额证实书。

（3）经销商将销售货款转入在银行开立的银行承兑保证金账户，并签发提货申请书，银行在商品金额证实书所记载的货物金额内，签发与进账货款等额的提货通知书，银行同时在商品金额证实书所载货物总金额内核减相等款项和货物数量，广州青力电器有限责任公司凭银行签发的提货通知书向经销商发货，经销商在收到货物后应向银行出具货物收妥告知函，珠海格力应将银行签发同意经销商提货的提货通知书专夹保管作为对账依据。

广州青力电器有限责任公司未凭银行签发的提货通知书向经销商供货，不计入广州青力电器有限责任公司提供给银行控制的商品金额证实书所记载的货物金额之内。

（4）经销商还清银行在银行承兑协议项下汇票款项后，银行收执的商品金额证实书退还珠海格力。

通过链式融资，该银行与广州青力电器有限责任公司建立了较密切的合作关系，目前广州青力电器有限责任公司及其关联企业在该银行的各项存款沉淀达到2亿元，中间业务收入达到62万元，年结算量达到近7亿元（见图1-23）。

【点评】

　　1. 通过链式融资业务，银行为广州青力电器有限责任公司组建了全国经销商金融服务网，有效地提高了广州青力电器有限责任公司的产品销售运作能力；同时广州青力电器有限责任公司可以提前锁定生产订单，保证了产销的紧密衔接；实现了融资与产品销售的时间组合，有效地深化了银行与广州青力电器有限责任公司的银企合作关系，提高了客户忠诚度。

　　2. 这种具有创新性的电器链式融资解决方案具有简便、灵活和适用的优点。该业务采用票据方式操作，融资成本较低，相对于一般的流动资金贷款，经销商能有效地降低财务成本，同时与企业原有的销售模式完美契合，是厂商银三方共赢的合作模式。

　　本案例有较好的复制可能，一般在各地市场都有本地的大型家电经销商（除国美、苏宁以外），可以向这些客户营销保兑仓业务。例如，海信电器提供保兑仓的经销商名单：北京日升昌盛制冷设备有限公司、广州市盈顺贸易有限公司、福建科龙空调销售有限公司（选自海信科龙公开披露的信息）。

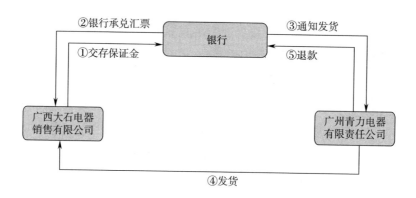

图1-23 广州青力电器有限责任公司经销商融资示意

案例2　　　　　甘肃盘新股份有限公司保兑仓融资——钢铁保兑仓

1. 企业基本情况。甘肃盘新股份有限公司的主要产品是各种线材以及各类特殊用途钢，年生产线材能力320万吨，是国内最大的线材生产基地，注册资本为90亿元，年销售额超过360亿元，净利润达17.9亿元，产量为铁425.6万吨，钢515.7万吨，线材381.6万吨。公司财务状况、资信状况良好，负债合理。公司为了争夺内蒙古市场，准备对经销商进行融资支持。董事会形成决议：授权总经理在季度末担保金额不超3亿元的前提下，根据公司营销活动及市场情况，对13家经销商提供担保融资支持。甘肃盘新股份有限公司的选择：为经销商创造更好的融资环境，促进本公司产品的销售，以期获得更大的市场份额。

包头物产金属材料有限公司是甘肃盘新股份有限公司在内蒙古地区最大的经销商，公司注册资本为1 500万元，总资产达3.1亿元，年销售额近20亿元。该公司是内蒙古地区金属材料流通行业的龙头企业，是盘新、邯钢、承钢、石钢等大型钢厂在内蒙古地区的一级代理商。

2. 银行切入点分析。只考虑包头物产金属材料有限公司自身情况，银行不可能提供授信。而甘肃盘新股份有限公司经营状况较好，属于银行争夺的优质大户，银行可以借助甘肃盘新股份有限公司的担保对包头物产金属材料有限公司提供一定的授信。在了解到甘肃盘新股份有限公司可以提供保兑仓回购担保后，某银行为包头物产金属材料有限公司核定授信额度。

通过银行在保兑仓项下授信额度核定，银行为包头物产金属材料有限公司核定银行承兑汇票额度，用于向甘肃盘新股份有限公司采购钢铁。甘肃盘新股份有限公司提前收到货款，便于安排生产，并将收到的货款用于归还贷款等。

3. 银企合作情况。业务流程：

（1）包头物产金属材料有限公司与甘肃盘新股份有限公司签订钢材采购合同，约定采取保兑仓的方式进行交易。

（2）包头物产金属材料有限公司向银行递交授信申请，并联系甘肃盘新股份有限公司配合银行调查两家公司的财务资料，银行为甘肃盘新股份有限公司核定担保额度，为包头物产金属材料有限公司核定银行承兑汇票额度。银行为包头物产金属材料有限公司核定 1 000 万元的授信额度，明确首次保证金比例为 30%。甘肃盘新股份有限公司、包头物产金属材料有限公司、银行签订三方合作协议。根据单笔交易合同，包头物产金属材料有限公司签发以甘肃盘新股份有限公司为收款人的银行承兑汇票，银行办理承兑。

（3）包头物产金属材料有限公司交存保证金，银行将保证金存为 3 个月定期存款，为客户获得一定理财收益。

（4）银行向甘肃盘新股份有限公司发出发货通知书，通知向包头物产金属材料有限公司发放等额货物。

（5）根据三方合作协议规定，在银行承兑汇票到期前，包头物产金属材料有限公司提货金额不足银行承兑汇票金额，甘肃盘新股份有限公司回购货物，将回购款汇入银行指定账户（见图 1 – 24）。

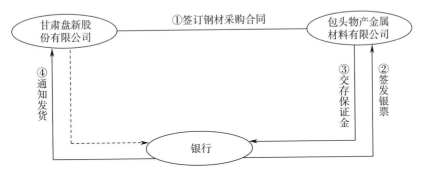

图 1 – 24　甘肃盘新股份有限公司保兑仓融资流程

【点评】

甘肃盘新股份有限公司为什么会选择保兑仓？

1. 竞争的需要。内蒙古本地有大型钢厂包钢，外省有首钢、酒钢、八一钢铁环伺左右，甘肃盘新股份有限公司作为本地钢铁公司，竞争压力非常大，面临市场被不断蚕食的威胁，尽快扩大销售、稳定销售渠道成为必然的选择。

2. 融资的选择。以往公司都是直接从银行大量贷款，通过保兑仓，甘肃盘新股份有限公司既可以锁定市场销售，便利安排生产计划，又可以间接地获得经销商的资金融通。

【协议文本】

文本一　退款承诺项下经销商链式融资三方合作协议
（适用于家电、乳品行业）

（协议号：＿＿＿＿＿＿＿）

甲方：核心企业

乙方：银行

丙方：经销商

为了促进甲方产品销售，支持经销商，根据有关法律、法规的有关规定，甲、乙、丙三方当事人达成协议。

1. 丙方应当在乙方开立基本账户或一般结算账户，用于日常资金往来结算；丙方应当在乙方开立保证金账户，用于存入开立银行承兑汇票时所需保证金及销售回款。

2. 乙方对丙方提供银行承兑汇票支持，丙方将所购货物物权凭证质押给乙方。乙方年初确定丙方所需银行承兑汇票最高限额，对出票实行风险敞口最高限额控制，此授信额度可在授信有效期内循环使用。

3. 丙方在乙方交存不低于＿＿＿＿＿＿保证金后，乙方为丙方在核定额度内开具以甲方为收款人的银行承兑汇票。

甲方收到并确认银行承兑汇票后，确认丙方的提货申请，在乙方签发的银行承兑汇票额度内发货，同时将发货清单书面通知乙方、丙方。

4. 货物到达指定地点后，由丙方在货物运输交接单上签收，作为主办单位已将销售货物交付的凭据；货物权利凭证由乙方保管。乙方视丙方在本行保证金账户中销售回款情况，分批次向丙方提供货权凭证。

5. 在丙方将由乙方签发的银行承兑汇票所对应的货权凭证提交给乙方之前，丙方对乙方承兑的银行承兑汇票承担付款责任，即承担该银行承兑汇票项下的垫款及相应利息，该付款责任自乙方签收货权凭证后解除。若上述银行承兑汇票承兑到期，乙方仍未收到对应的货权凭证，丙方将上述银行承兑汇票退回，不再提示付款。

当丙方到期无法足额交存任何一笔已到期的银行承兑汇票票款时，乙方应立即停止开具新的银行承兑汇票，并有权直接从丙方保证金账户或其他账户中扣收。

6. 甲方收到银行承兑汇票逾期通知书后进行查实，自银行承兑汇票到期日起 5 个工作日内必须无条件退款。乙方将货权凭证退还甲方。退款价格为丙方未售出货物原始发票金额，款项划入丙方在乙方的保证金账户。

7. 丙方应对以银行承兑汇票购买的货物投保，乙方为保单第一受益人，丙方须向乙方提供相应保单的复印件。

乙方应会同甲方对丙方的货物库存每一个月核查一次，对超过两个月未销售的货物进行统计。乙方将丙方货物信息向甲方反馈，由甲方对货物进行调剂销售。

8. 本协议的未尽事宜和协议在执行过程中发生的争议，协议各方应本着互利、互谅、互让的原则，按有关法律、法规规定，友好协商解决。协商不成的，任何一方可向甲方所在地有管辖权的人民法院起诉。

9. 本协议经三方代表签字并加盖三方公章或合同专用章后生效，协议生效后各方应认真执行。未经各方一致同意，任何一方不得擅自变更、撤销或终止协议。

本协议的有效期自签订之日起至_____年_____月_____日。

10. 本协议一式三份，经三方签字盖章生效后具有同等效力，三方各执一份，以资证明。

甲方（签字、盖章）　　乙方（签字、盖章）　　丙方（签字、盖章）
日期：　　　　　　　　日期：　　　　　　　　日期：

文本二　保兑仓业务三方合作协议（适用于钢铁、化工品）

甲方：××银行　　　　　　　地址：
主要负责人：　　　　　　　　职务：

乙方：　　　　　　　　　　　地址：
法定代表人：　　　　　　　　职务：

丙方： 地址：

法定代表人： 职务：

为进一步扩大银企双方的业务往来，促进丙方产品的销售，甲、乙、丙三方在平等互利、友好协商的基础上，就下列条款达成一致，特订立本协议。

第一条 甲方同意承兑乙方签发的金额为人民币＿＿＿＿的银行承兑汇票，甲、乙双方签订了编号为＿＿＿＿的银行承兑协议（以下简称承兑协议），期限为自＿＿＿＿年＿＿＿＿月＿＿＿＿日起至＿＿＿＿年＿＿＿＿月＿＿＿＿日。承兑协议项下承兑汇票用于支付乙方购买丙方货物应向丙方支付的货款。甲方仅对乙方开出的以丙方为收款人的银行承兑汇票给予承兑。

第二条 乙方应于甲方承兑协议项下汇票前将丙方签发的、以乙方为收货单位的、货物编号为＿＿＿＿的商品调拨单（以下简称商品调拨单）交甲方收执（甲方的授权人应为商品调拨单上的有权提货人），作为甲方承兑乙方签发的银行承兑汇票的前提。同时甲方将乙方签发并经甲方承兑的、票面金额与商品调拨单载明货物金额相当的汇票交与丙方。

乙方应将其销售货款转入其在甲方开立的银行承兑保证金账户，甲方据此在商品调拨单所记载的货物金额内审签与乙方进账货款等额的、同意乙方向丙方提货的提货通知书（以下简称提货通知书），同时在商品调拨单所载货物总金额内核减相等款项和货物数量，丙方凭甲方审签的提货通知书向乙方发货，丙方应将甲方审签后同意乙方提货的提货通知书专夹保管作为对账依据。丙方未凭甲方审签的提货通知书向乙方供货，不计入丙方提供给甲方控制的商品调拨单所记载的货物金额之内。甲方审签方式为：在同意乙方提供的提货通知书上由其指定专人签字并加盖印章，签字式样及预留印鉴附后。

丙方保证其签发的商品调拨单为在丙方仓库提取该调拨单所列货物的唯一有效凭证；甲方持有商品调拨单期间也是该调拨单载明货物的当然提货人，但乙方提货仍须按本条前两款规定进行。

丙方保证在甲方收执商品调拨单期间，除甲方外，丙方不接受任何其他单位和个人对该调拨单的挂失、更换或补发申请。

乙方还清甲方在承兑协议项下垫付汇票款项后，甲方收执的商品调拨单退还丙方。

第三条 乙方承诺，承兑协议项下承兑汇票款项专款专用，专项用于支付丙方的货款。乙方同时保证因执行本协议而产生的所有销售款项必须回笼至乙方在甲方开立的承兑保证金账户。

第四条 合同期间，承兑协议项下货物发生任何毁损、丢失均与甲方无关，甲方的债权不受其影响。

第五条 甲方有权与丙方核对乙方使用承兑协议项下银行承兑汇票从丙方提货的情况（以丙方签发的商品调拨单及甲方审签的提货通知书为依据）。若汇票到期前五个工作日内，乙方未按承兑协议要求将其应付票款足额交存上述保证金账户，甲方即可与丙方核对由丙方签发并由甲方持有的商品调拨单与由甲方审签、乙方已交给丙方的提货通知书之间货物金额的差额情况。丙方承诺在甲、丙方办理该项货物金额核对手续后，在银行承兑汇票到期日无条件将商品调拨单与提货通知书之间货物金额的差额所对应的承兑协议项下甲方已承兑汇票中乙方应付未付票款退还给甲方，并转入甲方指定的账户内；甲方同时向丙方退还商品调拨单。甲方保证在汇票到期日当日予以兑付。

第六条 如丙方未履行本协议第五条约定的义务导致甲方因履行本协议及承兑协议垫付票款，丙方承担甲方所有的垫款及相关损失。任何一方违反本协议的任何约定义务给守约方造成损失的，应赔偿守约方的损失。

第七条 未经甲、乙、丙三方书面协商一致，任何一方不得擅自变更或终止执行本协议，经甲、乙、丙三方书面协商一致，才能修改本协议。甲、乙、丙三方为修改、补充、执行本协议而达成的书面补充协议，均作为本协议的组成部分，与本协议具有同等法律效力。

第八条 本协议自三方签字盖章之日起生效，至乙方或丙方还清承兑协议项下甲方垫付汇票款项之日。

第九条 在执行本协议过程中如发生纠纷，甲、乙、丙三方首先应友好协商解决；协商不成时，任何一方可向有管辖权的人民法院提起诉讼。

第十条 本协议一式三份，甲、乙、丙三方各执一份，各份具有同等法律效力。

甲方（公章）　　　　　乙方（公章）　　　　　丙方（公章）

有权签字人：　　　　　有权签字人：　　　　　有权签字人：

年　月　日　　　　　　年　月　日　　　　　　年　月　日

五、退款承诺项下经销商融资（四方保兑仓融资）

【产品定义】

四方保兑仓业务是指在卖方与买方真实的商品贸易交易中，以银行信用为载体，买方以银行承兑汇票为结算支付工具，由银行控制货权，仓储方受托保管货物，卖方对承兑汇票保证金以外敞口金额部分提供退款承诺作为担保措施，买方随交保证金、随提货的一种特定融资服务模式。

四方保兑仓能满足大型制造类厂商的需求，厂商提供自身的信誉支持，帮助经销商在银行获得定向采购融资，在支持其发展的同时，促进厂商自身产品的销售。同时，厂商可以有效地控制货物，避免产生大量的应收账款风险（见图1－25）。

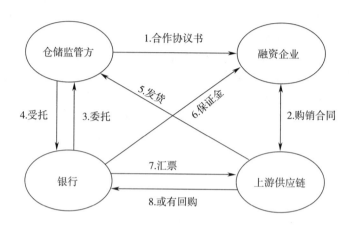

图1－25　四方保兑仓融资流程

四方保兑仓包括核心企业、经销商、融资银行及仓储公司，通常对银行提供的保证措施为企业的回购担保。核心企业一般提供回购承诺，即银行承兑汇票到期前，如果经销商没有存入足额的保证金（经销商没有从仓储公司提走全部货物），核心企业负责退还银行承兑汇票票面金额与经销商提取的全部货物金额之间的差额款项，核心企业自行从仓储公司提货销售。

1. 对买方（经销商）的益处。

（1）依托真实商品交易结算，买方借助厂商资信获得银行的定向融资支持。

（2）买方可以从厂商处获得批发购买优惠，使其享受到大宗订货优惠政策，降低了购货成本。

（3）巩固了与厂商的合作关系，能够保证买方商品供应通畅，避免了销售旺季商品的断档。

2. 对卖方（厂商）的益处。

（1）可以有效地扶持经销商，巩固、培育自身的销售渠道，建立自身可以控制的强大销售网络。

（2）卖方既促进了产品销售，同时牢牢控制货权，防止了在赊账方式下买方可能的迟付、拒付风险。

（3）卖方将应收账款转化为应收票据或现金，应收账款大幅减少，改善了公司资产质量。

（4）卖方提前获得订单，锁定了市场销售，便利安排生产计划。

（5）卖方支付了极低的成本（自身信用），借助买方间接获得了低成本的融资（票据融资）。

3. 对银行的益处。

（1）可以实现链式营销。该产品针对整个产业链条，满足客户产、供、需各个环节的需求，银行可针对厂商及经销商进行链式营销，有利于银行进行深度拓展。

（2）风险控制优势。业务双向结算封闭在银行，销售回款覆盖融资本息，可以较好地保证银行信贷资金安全。银行有实力强大的卖方的最终保证，可以在一定程度上降低授信风险。

（3）借助在产业链中处于强势地位的核心企业，"顺藤摸瓜"关联营销其众多的经销商，形成"以点带面"的营销效果。

（4）较好的综合收益。银行可以获得银行承兑汇票手续费、存款等直接收入，还可以参与对仓储公司的仓储监管费分成。

【产品特点】

1. 四方保兑仓多适用在产品质量稳定（不易发生化学变化）、属于大宗货物、易变现、产值相对较高、流通性强的商品上。在销售上采取经销商制销售体系，具体行业包括粮食、橡胶等，适用范围较三方保兑仓明显偏窄。

2. 卖方经营管理规范、销售规模较大，回购担保能力较强，属于行业的排头兵企业。

3. 买卖双方在过去两年里合同履约记录良好，没有因为产品质量或交货期限等问题产生贸易纠纷。

【业务流程】

1. 银行为卖方和买方核定一定金额的授信额度，明确买方首次保证金比例、可以使用的授信品种（通常为银行承兑汇票，现在也有使用保贴商业承兑汇票的），明确卖方的退款授信额度。

2. 卖方和买方签订商品购销协议，约定结算方式为买方提供一定的预付款，卖方分批发货，银行和卖方、买方、仓储公司签订保兑仓四方合作协议。

3. 根据商品购销协议，买方签发以卖方为收款人的银行承兑汇票，银行办理承兑。卖方应在规定时间内，将货物发送至银行指定的仓储公司。

4. 根据保兑仓四方合作协议规定的条款，买方在银行存入一定保证金，并向银行提出提取货物的申请。

5. 银行向仓储公司签发发货通知书，通知仓储公司将等额货物发至买方或允许买方提取等额货物。

6. 根据保兑仓四方合作协议规定，在银行承兑汇票到期前，买方提货金额不足银行承兑汇票金额，银行向卖方发出退款通知书。

7. 卖方收到退款通知书后，核对台账，办理退款，卖方将退款汇入银行指定账户；银行通知仓储公司，货物全部转让给卖方，由卖方进行处置（通常为卖方通知其他经销商，调剂销售货物）。

【所需资料】

1. 厂商的授信资料。

（1）对于实力一般的核心企业，可以索取常规授信资料。营业执照、公司章程、公司连续三年报表、公司财务状况的说明等。

（2）对于实力非常强大的厂商，应当高度简化，省去较多的常规资料，甚至采取银行内部简化方式提供授信，即收集核心企业公开资料就可以提供授信，专项用于保兑仓。如中国宝武钢铁集团、辽宁鞍山钢铁集团、长春第一汽车集团、上海大众汽车集团闻名天下，实力超群，银行完全可以采取内部授信方式，收集网上公开资料就可以对这些客户提供授信，如果一定要公司章程、营业执照等，甚至还要公司董事会决议，这几乎是一件不可能完成的任务。

2. 经销商所有的常规授信资料，包括营业执照、公司章程、公司连续三年报表、公司财务状况的说明、法人代表的资料、公司销售记录等。

对于经销商的资料，可以索要详细些。但是，对经销商的选择更多应从其经营是否规范、是否有不良银行信贷记录角度来判断，兼顾其财务状况即可，不可过于强调财务指标优异，否则大部分经销商都不符合银行的规定。

3. 交易合同资料，即与保兑仓三方协议相对应的商品购销合同等资料。

【点评】

四方保兑仓的适用范围相比三方保兑仓而言要求较多，寻找仓储市场必须是管理规范、经营规模较大的企业，建议各家银行认真研究三方保兑仓和四方保兑仓的营销要点，有选择地营销。

【案例】

湖南凉水钢铁股份有限公司四方保兑仓融资

1. 企业基本情况。湖南凉水钢铁股份有限公司，注册资本为36亿元，公司年度主营业务收入实现312亿元，净利润达17.9亿元，全年主要产品产量铁475.6万吨，钢535.7万吨，线材481.6万吨。公司财务状况、资信状况良好，负债合理。主要产品是各种线材以及各类特殊用途钢，年生产线材能力

520 万吨，是国内规模较大的线材生产基地。公司经营范围为：钢铁冶炼，钢压延加工；铜冶炼及压延加工、销售；烧结矿、焦炭、化工产品制造、销售；高炉余压发电及煤气生产、销售；工业生产废弃物加工、销售；冶金技术开发、技术咨询、技术转让、技术服务、技术培训；销售金属材料、焦炭、化工产品、机械电器设备、建筑材料；设备租赁（汽车除外）；仓储服务。

湖南凉水钢铁股份有限公司二级经销商衡阳达立金属材料有限公司注册资本为 2 500 万元，总资产达 6.1 亿元，年销售额近 30 亿元，该公司是衡阳地区金属材料流通行业的龙头企业，是湖南凉水钢铁股份有限公司等大型钢厂的一级代理商。

2. 银行切入点分析。只考虑衡阳达立金属材料有限公司自身的情况，银行不可能提供授信。而湖南凉水钢铁股份有限公司经营状况较好，属于银行争夺的优质大户，银行可以借助湖南凉水钢铁股份有限公司担保对衡阳达立金属材料有限公司提供一定的授信。湖南凉水钢铁股份有限公司在衡阳投资建立了一个大型钢铁物流市场，市场管理方为湖南西凉钢铁市场管理有限公司，在市场内聚集了超过 20 家的湖南凉水钢铁股份有限公司的经销商。

银行考虑可以为衡阳达立金属材料有限公司提供银行承兑汇票额度，湖南凉水钢铁股份有限公司提供回购担保。为了保证湖南凉水钢铁股份有限公司对货物的控制，可以由其将钢材发运到湖南西凉钢铁市场管理有限公司，如果衡阳达立金属材料有限公司不能在银行承兑汇票到期前交存足额保证金，湖南凉水钢铁股份有限公司可以调剂销售钢材，帮助衡阳达立金属材料有限公司填满银行承兑汇票敞口。

3. 银企合作情况。业务流程：

（1）衡阳达立金属材料有限公司与湖南凉水钢铁股份有限公司签订钢材采购合同，合同总价款 1 000 万元，约定采取四方保兑仓方式交易。

（2）衡阳达立金属材料有限公司向银行递交授信申请，并联系湖南凉水钢铁股份有限公司配合银行调查两家公司的财务资料，银行为湖南凉水钢铁股份有限公司核定担保额度，为衡阳达立金属材料有限公司核定银行承兑汇票额度。湖南凉水钢铁股份有限公司、衡阳达立金属材料有限公司、湖南西凉钢铁市场管理有限公司和银行签订保兑仓业务四方合作协议。根据单笔交易合同，衡阳达立金属材料有限公司签发以湖南凉水钢铁股份有限公司为收款人的银行承兑汇票，银行办理承兑。

（3）银行为衡阳达立金属材料有限公司核定 1 000 万元的授信额度，专项用于开立银行承兑汇票，衡阳达立金属材料有限公司交存 30% 的保证金，银行办理 1 000 万元银行承兑汇票。

（4）湖南凉水钢铁股份有限公司将钢材发运到指定钢材市场——湖南西凉钢铁市场管理有限公司。

（5）衡阳达立金属材料有限公司交存保证金用于提货，银行为其办理3个月定期存款。

（6）湖南西凉钢铁市场管理有限公司根据银行出具的发货通知书向衡阳达立金属材料有限公司发放等额货物。

（7）根据四方合作协议的规定，在银行承兑汇票到期前，衡阳达立金属材料有限公司提货金额不足银行承兑汇票金额，湖南凉水钢铁股份有限公司回购货物，将回购款汇入银行指定账户（见图1-26）。

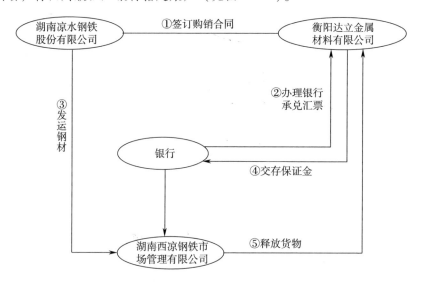

图1-26　湖南凉水钢铁股份有限公司四方保兑仓融资业务流程

【协议文本】

<h2 style="text-align:center">保兑仓业务四方协议（示范）</h2>

编号：_____

甲方：　　　　　　　　　　（卖方）

地址：

法定代表人：

开户行：

账号：　　　　　　　　　　电话：

乙方：　　　　　　　　　　　（买方）

地址：

法定代表人：

开户行：

账号：　　　　　　　　　　电话：

丙方：

地址：

负责人：　　　　　　　　　电话：

丁方：　　　　　　　　　　　（仓储方）

地址：

负责人：　　　　　　　　　电话：

甲、乙、丙、丁四方一致同意合作开展保兑仓业务，为明确各方在保兑仓业务中的权利和义务，经各方自愿平等协商一致订立本合同，以共同遵守。

第一条　本合同中所用术语含义如下

（一）保兑仓业务是指丙方应甲乙双方的申请，根据甲乙双方签订的购销合同，开出付款人为乙方、收款人为甲方的银行承兑汇票，专项用于该购销合同项下乙方向甲方支付货款，收到货款后甲方将货物发运至丁方保管。乙方每次申请提货必须先向丙方交存保证金，丙方按乙方交存的保证金金额向丁方签发发货通知书，丁方按照发货通知书的要求向乙方发货。如此循环操作，直至保证金账户余额达到银行承兑汇票金额。在承兑汇票到期时由乙方承担付款，如丁方发货累计金额没有达到银行承兑汇票票面金额，则甲方承担未发货部分的退款责任。

（二）购销合同：指甲乙双方于_____年_____月_____日签订的编号为_____（以下简称购销合同），总价为_____元。

（三）银行承兑汇票：指丙方应乙方申请，并根据甲乙双方签订的购销合同承兑的付款人为乙方、收款人为甲方的商业汇票。

（四）保证金：指在对应的银行承兑汇票项下，乙方向丙方交存的承兑备付金，丙方据此确定通知丁方向乙方发货的金额。

（五）发货通知书：指在乙方申请下，丙方根据乙方交存保证金的数额向丁方开具的凭以发货的凭据。

第二条　申请保兑仓业务

（一）甲乙双方根据购销合同填写保兑仓业务申请书，并向丙方提供甲方、乙方及业务贸易背景等资料。

（二）乙方申请的金额、期限等条件应与购销合同的内容相应。

第三条　保兑仓业务项下银行承兑汇票

（一）承兑申请人为乙方、收款人为甲方。甲方收到后，应向丙方出具银行承兑汇票收到确认函。

（二）银行承兑汇票有关信息如下：

汇票号码_____签发日期_____到期日期_____票面金额_____首次保证金金额_____。

（三）银行承兑汇票手续费按票面金额的万分之五计算，由乙方在丙方签发银行承兑汇票时一次支付给丙方。

（四）首次交存保证金比例为_____％，金额为_____，由乙方在丙方签发银行承兑汇票前交存至乙方在丙方开立的保证金账户。

（五）保证金只进不出，只能用于兑付到期银行承兑汇票。

第四条　货物保管及提货

（一）甲方收到乙方签发的银行承兑汇票后，将承兑汇票项下货物发运至丁方仓库，甲方承担货物在运输至丁方仓库过程中受到任何损失的赔偿责任。

（二）货物的描述

1. 货物名称：

2. 品种规格：

3. 数量：

4. 质量：

5. 货物包装：

丁方将严格按照规定的包装外观、货物品种规格、数量和质量，对入库货物进行验收，如果发现入库货物与以上规定不符，应及时通知协议其他三方。货物在储存期间，由于保管不善而发生货物灭失、短少、变质、污染、损坏的，丁方负责赔偿损失。

（三）乙方每次提取合同项下的货物时，须提前一个工作日向丙方提出申请，并填写提货申请书。同时向乙方在丙方开立的保证金账户中存入相当于该次提货金额的保证金，首次保证金可以用于第一次提货申请。

（四）丙方核对乙方交存的保证金数额与提货申请书中的提货金额相符后，根据交存保证金的数额在一个工作日内向丁方发出发货通知书。丙方累计通知发货的金额不能超过乙方在丙方开立的保证金账户中保证金的余额。

（五）丁方收到丙方加盖印鉴的发货通知书后，向丙方发出发货通知书收到确认函，同时按照通知金额向乙方发货。丙方出具的发货通知书是丁方向乙方发货的唯一凭证。丁方保证其向乙方发货只凭丙方开具的发货通知书，并严格按照发货通知书的内容发货，其累计实际发货金额不能超过丙方累计通知发货金额。

（六）乙方收到丁方的发货后，应向丙方出具货物收到告知函。

（七）为了确保提货环节的准确无误，甲、乙、丙、丁各方约定：

1. 指定专人负责联系和操作本合同项下的业务。如有变动，应当立即书面通知对方，在对方收到书面通知之前，原经办人员所办理的业务仍然有效。

2. 各方在业务发生前预留印鉴和签字样本，业务办理过程中，收到银行承兑汇票收到确认函、提货申请书、发货通知书、发货通知书收到确认函、货物收到告知函等文件后，应认真核对印鉴和签字是否与预留样本相符，并对核对结果负责。

3. 发货通知书、发货通知书收到确认函、货物收到告知函等重要文件应派专人直接送达。不能派专人直接送达的，应采用快递或挂号信等稳妥方式传递，同时应电话通知对方。

（八）甲、乙、丙、丁各方应视提货发生频率定期对账（但每月不能少于一次），任何一方都应无条件给予配合。各方如出现核对不一致的情况时，应立即停止办理发货手续，查明原因并解决后，由丙方书面确认后方可重新开始办理发货手续。

第五条 银行承兑汇票到期

（一）银行承兑汇票到期前，如果银行承兑汇票对应的保证金金额达到100%，即丙方累计出具的发货通知书货款总金额达到银行承兑汇票总金额时，则银行承兑汇票到期承兑后，该笔银行保兑仓业务正常结束。

（二）银行承兑汇票到期前10天，如果银行承兑汇票对应的保证金金额不足100%，即丙方累计出具的发货通知书货款总金额小于银行承兑汇票总金额时，丙方向甲方发出退款通知书。甲方收到退款通知书10个工作日内，必须无条件按退款通知书的要求将差额款项以现金形式汇入丙方指定的银行账户，甲方从丁方收回货物。

如果甲方没有按时退款，乙方作为银行承兑汇票申请人应无条件向丙方补足保证金。乙方补足保证金后，仍有权向甲方追索其应该退还的差额款项。

银行承兑汇票到期兑付时，若甲方未将差额款项退还丙方且乙方未补足保证金致使丙方垫款，则甲方应按日利率_____向丙方支付垫款罚息。

第六条 声明和保证

（一）甲乙双方保证其双方不存在资本控制和参与关系，在购销合同签订之前无任何未决争议或债权债务纠纷。

（二）甲方向丙方退还差额款项的责任是独立的，甲方和乙方之间、甲方和丙方之间的任何合同或者争议或任何条款的无效都不影响甲方的退款责任。

（三）甲方声明并保证其向丙方退回差额款项是无条件的，无须丙方先向乙方索偿或丙方先对乙方采取任何法律行动；产品质量、商品价格、交货期限、购销合同等变动不影响甲方无条件退回差额款项的义务。

第七条 违约责任

本合同任何一方违反本合同的任何条款（包括声明和保证条款）均构成本合同项下的违约行为，对于其违约行为给守约方造成损失，应负责赔偿，赔偿损失的范围包括但不限于本金、利息、罚息、可以预见的可得利益及实现债权的所有费用。

第八条 其他约定

第九条 争议解决

本合同项下和本合同有关的一切争议、纠纷均由各方协商解决，协商不成的，应向所在地的人民法院提起诉讼。

第十条 合同生效

本合同经各方授权代表签字并加盖公章后，于乙方签发本合同项下银行承兑汇票之日起生效。

第十一条 合同文本及附件

本合同涉及的附件是合同不可分割的组成部分。

本合同一式_____份，每方各执一份，每份具有同等法律效力。

甲方（公章）：   乙方（公章）：

法定代表人（授权代表）：   法定代表人（授权代表）：

年　月　日   年　月　日

丙方（公章）：   丁方（公章）：

法定代表人（授权代表）：   法定代表人（授权代表）：

年　月　日   年　月　日

【点评】

由于不同类型商品、经销商、生产厂家具有不同的特点和要求，保兑仓业务需要根据标准协议文本进行相应的改造。在实际操作中，应针对不同类型商品、生产商的销售模式、销售网络的结构及厂家与经销商的强弱关系进行设计，采取不同的授信方案和文本，并由律师对文本条款严格审查，出具法律意见书。协议须包括但不限于以下内容：（1）当事人的权利和义务，其中必须明确生产厂家的回购责任；（2）授信金额、期限、利率和担保方式；（3）协议各方的违约责任。各家银行客户经理应当认真学习保兑仓的营销要点，学好保兑仓一定会成为优秀的客户经理。

六、法人账户透支保兑仓

【产品定义】

法人账户透支是指在企业获得银行授信额度后，银行为企业在约定的账户、约定的限额内以透支的形式提供的短期融资和结算便利的业务。当企业有临时资金需求而存款账户余额不足以对外支付时，法人账户透支为企业提供主动融资便利。

法人账户透支保兑仓是指银行应核心企业、经销商双方的申请，为经销商提供法人账户透支融资，专项用于经销商向核心企业支付货款。经销商每次申请提货必须先向银行归还相应金额的法人账户透支借款，银行按经销商还款金额向核心企业签发发货通知书，核心企业按照发货通知书要求向经销商发货的一种供应链融资业务。

如此循环操作，直至法人账户透支借款本金及利息全额归还。法人账户透支融资到期时由经销商归还法人账户透支未还款部分，如核心厂商发货累计金额没有达到经销商已支付对应法人账户透支借款金额，则核心厂商承担未发货部分的退款责任，并承担由此产生的利息及罚息。

【产品优势】

在透支额度有效期内，经销商使用更为灵活，可循环使用透支额度，将法人账户透支额度的效用扩大至最大限度，客户可以随时根据需要办理透支。

传统的银行承兑汇票保兑仓模式下，存款可能上升较快，但是，启用额度效率不高。

【业务流程】

1. 经销商每次提取本协议项下的货物时，需向银行提出申请，并填写提货申请书。同时向经销商在银行开立的法人透支账户中存入相当于该次提货金额的款项用于归还法人账户透支额度的款项。

2. 银行核对经销商交存的款项数额与提货申请书中的提货金额相符后，根据交存的款项数额在一个工作日内向经销商发出发货通知书。

3. 核心企业收到银行出具的发货通知书后，向银行发出发货通知书收到确认函，同时按照银行的通知金额向经销商发货。

4. 银行出具的发货通知书是核心企业向经销商发货的唯一凭证。核心企业保证其向经销商发货只凭银行开具的发货通知书，并严格按照发货通知书发货，其累计实际发货金额不能超过银行累计通知发货金额。

若核心企业未按银行出具的发货通知书所规定的金额发货，核心企业和经销商之间由此产生的纠纷与银行无关，银行对双方的损失不承担任何责任。

5. 经销商收到核心企业的发货后，应向银行出具货物收到告知函。

6. 法人透支账户持续透支有效期届满前5个工作日，如经销商借款没有全部归还，银行向核心企业发出退款通知书。甲方收到退款通知书3个工作日内，必须无条件按退款通知书的要求将上述借款以现金形式汇入银行指定的银行账户。

如果核心企业没有按时退款，经销商作为法人账户透支融资借款人，应无条件地向银行归还法人透支借款本金及利息。经销商还款后，仍有权向核心企业追索其应该退还的差额款项、相应利息及罚息（见图1-27）。

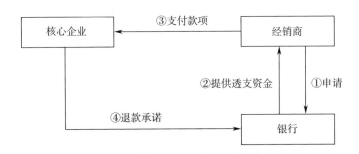

图1-27　法人透支供应链流程

【风险控制】

1. 在法人账户透支项下，经销商交存一定比例的保证金，保证金可以用于提货，但提货金额不能超过透支额度的一定比例。如经销商在法人透支账户持续透支有效期届满时不能按时归还法人透支融资，本保证金将被扣划用于归还银行融资。保证金担保的范围包括：应向银行偿还或支付的债务本金、利息（包括法定利息、约定利息及罚息）、复利、手续费、违约金、损害赔偿金、实现债权的费用（包括但不限于诉讼费用、律师费用、执行费用等）和所有其他应付的费用。

一般要求融资申请人在银行交存一定比例的保证金，该笔保证金应采取定期存单质押的方式，质押出一定金额的法人账户透支额度。例如银行为企业核定 5 000 万元法人账户透支额度，要求申请人交存 20% 的保证金，申请人采取提供 1 000 万元定期存单质押方式交存保证金。申请人可以自由使用 5 000 万元的法人账户透支额度，其实际可用金额为 4 000 万元的授信额度。

开立限制型结算账户：在网上银行支付功能中，取消输入选项；仅保留自动转入选项，选项的收款人唯一，即核心企业。

2. 法人透支账户项下提取透支款仅可用于向核心企业支付货款，直接划付至核心企业账户。经销商经网上银行向银行提交法人账户透支申请，银行审核无误后将款项划至核心企业账户；如审核未通过，银行将付款申请退回经销商，按要求修改后重新提交。

3. 核心企业声明并保证其向银行退回差额款项是无条件的，无须银行先向经销商索偿或银行先对经销商采取任何法律行动；产品质量、商品价格、交货期限、购销合同等变动不影响核心企业无条件退回差额款项的义务。

【营销建议】

1. 法人账户透支保兑仓适用于银行拓展与自己身处异地的经销商，如果使用银行承兑汇票，客户每笔银行承兑汇票都要加盖印鉴，操作较为复杂，成本较高。通过法人账户透支业务，可以便利异地经销商高效率使用银行的授信额度。

2. 对于一些极为畅销车型（如奔驰、宝马、奥迪）的经销商，可以重点营销法人账户透支保兑仓。汽车厂商往往规定，谁先打款，先给谁发货。

【案例】

河北新唐薄板有限公司法人账户透支保兑仓融资

1. 企业基本情况。河北新唐薄板有限公司是国内钢铁行业龙头企业之一，注册资本为 56 亿元，总资产达 274 亿元，综合实力优势明显，信誉良好，各项盈利能力指标远远高于行业平均值，公司有较大的盈利能力。

该公司在全国建立了超过 130 家经销商，且普遍资金量较大，具备较好的开发价值。

2. 银行切入点分析。河北新唐薄板有限公司在全国有超过 130 家的经销商，某银行唐山分行希望拓展省外经销商，但是考虑路途遥远，开户做业务成本较高，传统签发银行承兑汇票方式受到限制。某银行考虑可以通过法人账户透支业务，为在湖南的经销商开通网银，通过网银办理透支结算。

3. 银企合作情况。湖南湘港贸易有限公司是河北新唐薄板有限公司在湖南地区最大的经销商，公司年经销热轧卷板 16 万吨。公司注册资本为 1 500 万元，年销售收入 37 亿元。某银行为其核定 5 000 万元的法人账户透支额度，要求配比 1 000 万元存款质押，通过办理法人账户透支业务，成功地开拓了该公司的结算业务。

七、品牌信誉保证金链式融资

【产品定义】

品牌信誉保证金链式融资是指部分强势品牌制造企业按年度订货协议收取经销商一定的信誉保证金，强势品牌制造企业在品牌信誉保证金额度内为经销商在银行融资提供定向退款承诺，银行向经销商提供融资的一种链式融资产品。

品牌保证金是公司为了维护核心企业品牌形象，向各个加盟商收取一定的押金，根据加盟合同内容，在合同期内，加盟商在没有有损公司的品牌形象和其他违规操作的情况下，合同期满后，公司将全额退返。

【适用客户】

该产品适用于强势品牌制造企业集团的产业链。强势品牌制造企业集团一般对于非常热销的品种都向经销商收取一定的信誉保证金，银行可以针对已经交存信誉保证金、管理规范的优质中小贸易商营销信誉保证金融资业务。

信誉保证金是指根据经销商签订的 1 年期购货合同的金额，大型品牌制造企业向经销商收取的合同金额一定比例的定金，也称信誉保证金，如果经销商未能按照合同约定足额提货或违反厂商制定的价格政策，厂商可以扣划信誉保证金。

一般融资工具都是定向贷款，融资利率一般要高于同期限的流动资金贷款。

【业务流程】

1. 银行制定信誉保证金链式融资业务方案，并与核心企业及经销商协商。

2. 银行为核心企业及经销商申报授信额度。

3. 经销商向核心企业交存信誉保证金。

4. 银行与经销商及核心企业签订三方合作协议，约定信誉保证金由核心企业使用，核心企业承诺信誉保证金退还时，划入经销商在银行的账户。

5. 银行对经销商发放封闭贷款，定向用于向核心企业的采购。

6. 贷款到期，经销商归还银行融资，或由核心企业退还信誉保证金，归还银行融资。

【风险控制】

1. 核心企业可以正常使用经销商交存的信誉保证金，且信誉保证金不能用于经销商的提货。

2. 信誉保证金融资业务项下，授信额度实行双额度管理。银行对单一核心企业经销商授信不超过核心企业向其收取的信誉保证金，并等额占用核心企业的担保额度，全部经销商授信总额不超过核心企业的总担保额度。

3. 核心企业和经销商向银行承诺：核心企业可以正常使用保证金，保证金不用于提货。

4. 要求核心企业承诺：退还保证金必须划入经销商在银行的保证金账户，在信誉保证金没有按时退还到位情况下，核心企业对银行向经销商提供的融资提供有条件退款承诺。

5. 要求经销商提供承诺：银行可以扣划核心企业退还的信誉保证金用于偿还融资本息等费用。

6. 银行对经销商提供的融资到期日应当晚于信誉保证金的退还日，在没有银行书面同意情况下，不得办理保证金退还的延期。

【案例】

江苏新沙集团信誉保证金融资

1. 企业基本情况。江苏新沙集团作为国内钢铁行业的龙头企业之一，注册资本为 56 亿元，总资产达 274 亿元，综合实力优势明显，信誉良好。该企业是目前国内电炉钢和优特钢材生产基地、江苏省重点企业集团、国家特大型工业企业，各项盈利能力指标远远高于行业平均值，公司有较高的盈利能力。

江苏新沙集团主要工艺装备均达国际先进水平，公司跻身世界最有竞争力的 23 家钢铁企业的行列。年炼铁 789 万吨，炼钢 1 046 万吨，轧材 772 万吨，实现销售收入 405.4 亿元，实现利税 25 亿元，其中出口创汇 7.22 亿美元，进口 12 亿美元。共出口钢材（坯）152 万吨，出口数量和出口金额均列全国钢铁行业第三位，出口数量占总产量的比例达到了 14.53%。

银行已为其核定 13.5 亿元的授信额度。

2. 银行切入点分析。江苏新沙集团热轧卷、中厚板较为畅销，凭借其强势的市场地位，要求经销热轧卷、中厚板的经销商必须交存信誉保证金，以便提高经销商的准入门槛，强化对经销商的控制。同时，江苏新沙集团可以使用信誉保证金，以实现借助经销商间接融资，最大限度地降低融资成本。经销商在交纳信誉保证金后，流动资金普遍紧张，江苏新沙集团希望银行能够对经销商提供融资支持，以便进一步扩大销售规模，江苏新沙集团愿意配合银行提供一定的风险控制安排。

江苏新沙集团在全国有超过 30 家的经销商，经销商普遍销售额为 3 亿～10 亿元，经销商普遍规模较大，资金运作能力较强，有较好的开发价值，多分布在浙江、江苏、上海等地。

3. 银企合作情况。江苏新沙集团经销商：张家港丰物贸易有限公司，公司是江苏新沙集团在张家港地区指定的热轧卷板特约经销商，公司年经销沙钢热轧卷板 6 万吨。公司注册资本为 2 500 万元，公司销售各类煤炭、铁矿粉、钢坯达到 160 万吨，实现销售收入 7 亿元，利润近 2 000 万元。

该公司在江苏新沙集团存放的保证金达到 2 670 万元，江苏新沙集团同意与银行签订三方合作协议，承诺如果张家港丰物贸易有限公司在银行融资到期后没有归还，江苏新沙集团将退还保证金，银行可以直接扣划归还银行融资。

经过审批中心批复，同意给予授信额度 2 670 万元，期限为 1 年。

【点评】

1. 链式融资需要精确了解核心企业与其上下游客户之间的商务模式、结算方式及货物流转特点，实现对客户全面把握和深度营销，才能设计合理的融资方案。信誉保证金链式融资方案成功的关键在于对于核心企业业务模式的准确了解，银行的方案可以真正满足企业的经营需要。

2. 中小客户需要批发营销，关联控制风险。链式融资业务以核心企业为切入点，实现批发营销核心客户的关联企业。通过资金的封闭循环，以及对核心客户的责任捆绑，可有效地把握核心客户与其上下游企业之间的贸易行为，控制经销商的履约风险，从而有利于防范银行信贷风险。

3. 钢厂对经销商行为影响较大，对银行而言，可以通过钢厂"顺藤摸瓜"，关联营销其众多的经销商。信誉保证金链式融资充分考虑了钢厂及其经销商的资金需求特点，通过资金的有效注入，满足了各主体的不同需求。

我们只有了解客户的经营规律，客户产业链的盈利模式、运作特点，才能设计出科学、合理的授信方案，只有与客户保持"零"距离接触，才能真正了解客户。

八、股权定向增发经销商融资

【产品定义】

股权定向增发经销商融资是指大型制造类企业向其经销商定向增发股票，经销商以未来获得的股权作为质押，银行向经销商提供流动资金贷款，满足经销商流动资金需求的一种融资方式。

中国的大型制造类企业通常较重视经销商，希望可以形成更紧密的合作关系。与经销商之间的关系是否牢固是生产企业获得竞争优势的关键因素之一，大型生产企业通过定向增发，与经销商建立战略同盟，使公司与经销商从单纯的厂商买卖关系转变成更紧密的资本纽带关系，利益保持一致，经销商会更为关心、爱护公司的品牌。此外，与经销商建立起资本纽带还可以加强对经销商的管理和控制，这对大型制造厂商的质量管理和品牌树立是非常有利的。

由于定向增发认购价格相对于市价都有一定的折让，因此经销商一般都会积极参与定向增发。

对经销商实施过定向增发的大型企业有宜宾五粮液、格力电器、泸州老窖等。

【适用客户】

1. 特大型制造类企业的经销商，核心制造企业准备对经销商实施增发。

2. 具有稳定的偿债资金来源，最近一个会计年度盈利。

3. 流动性良好，具有较强的到期偿债能力。

4. 增发使用资金为企业自有资金，银行融资用于企业生产经营。

5. 近三年没有违法和重大违规行为。

6. 具有健全的内部管理体系和贷款资金的使用偿付管理制度。

【产品益处】

可以借助大型制造类企业关联营销其经销商，并有效地控制经销商的融资风险。

【利率】

融资利率一般由银行根据借款企业的资信确定，考虑借款人都是中小经销商，融资利率一般高于基准利率。

【业务流程】

1. 银行与大型制造类企业接触，了解其经销商情况以及股权定向增发的具体情况，并收集资料，制造类企业推荐经销商名单。

2. 经销商按规定向银行提供贷款授信材料，并承诺可以办理股权质押。

3. 银行进行审查，批准授信额度后，经销商与银行办理股权质押手续。

4. 银行发放贷款融资，监控企业使用资金。

5. 银行与大型制造类企业沟通，了解经销商的经营情况。一旦经销商经营出现风险，银行迅速与大型制造类企业协商，采取对经销商施加压力，乃至处理股权等措施，保证银行融资安全。

【发展趋势】

定向增发是未来采取经销商销售体制的大型制造类企业的融资趋势，越来越多的特大型制造类企业会加大向主要经销商的定向增发发行力度，经销商将因此获益，银行应当非常重视大型企业定向增发带来的市场机会，进行重点营销。

【营销建议】

客户经理的营销目标可以定位在优质特大型制造类企业及其经销商，尤其是短期现金流非常充沛、有明确主业的大型企业。

【案例】

中国新力电器制造有限公司定向融资

1. 企业基本情况。中国新力电器制造有限公司为国内空调行业领先企业，在全国有超过 10 家大型的经销商。公司年销售额超过 200 亿元，利润超过 5 亿元。为了加强和经销商的关系，巩固供应链，该公司决定向经销商进行定向增发，扩充股本。由于定向增发价格是市价的七成左右（市价是 20 元，经销商可以以每股 14 元的价格认购），因而受到经销商的追捧。

2. 银行切入点分析。某银行接触该公司后，认为该公司经营现金流状况非常好，本身主业突出，不缺流动资金。而其经销商普遍资金紧张，有着扩大规模的冲动，本次增发，经销商虽然认购踊跃，但是普遍感到资金非常紧张。该银行认为，可以为其经销商提供融资，间接进入该公司。经过与中国新力电器制造有限公司接触，该公司同意介绍经销商向该银行办理融资。

3. 银企合作情况。经过该银行认真准备资料，重点对经销商进行了拓展，经销商同意将定向增发获得的股权全部质押给银行，银行提供融资用于向中国新力电器制造有限公司的定向采购。该银行最终成功营销 8 家经销商，总计授信 2 亿元。

【点评】

中国新力电器制造有限公司本身产品的优质畅销是银行安全融资的前提，商业银行在选择股权定向增发融资客户的时候，一定要选择优质特大型制造类企业，其经销商经营稳定，有较强的现金流。经销商有着阶段性的资金潮汐现象，参与核心企业股权定向增发后，临时大额资金可能被抽走，资金非常紧张，但是只要其主业经营连续，银行适当提供融资，就可以帮助企业恢复正常连续经营，使企业资金再次正常流动起来。

九、做市商融资

【产品定义】

做市商融资是指银行为大型交易市场方提供担保授信额度，市场方推荐商户向银行申请授信，由市场方提供连带责任保证的一种融资业务形式。

做市商融资是一种伞式担保融资业务形式，市场的商户借助市场的担保获得资金融通。

【产品优势】

可以通过市场方批发营销商户，为银行带来较好的综合收入。

【适用客户】

1. 资信良好，无不良信用记录，在其他银行无不良信用余额的市场方。

2. 在市场内交易多年，信用记录良好，与市场方合作关系稳定的商户。

3. 市场方、商户承诺以融资银行为主要结算行，销售回款指定银行为唯一收款行。

4. 商户自身经营活动的现金流必须连续、稳定，有不断补充的现金流可以用来偿还贷款。

【利率】

流动资金贷款融资利率一般根据借款企业的资信由银行确定。

银行承兑汇票手续费执行中国人民银行的规定。

【基本规定】

1. 通常要求经销商存入不低于30%的保证金。

2. 钢材仓单质押，质押率通常不超过70%。

3. 市场方第三方回购担保。

【业务流程】

1. 确定商户及其授信额度。银行为市场方核定回购担保额度，市场方向银行推荐商户并提供回购担保。

2. 调整商户及其授信额度。在授信有效期内，如需调整商户银行承兑汇票限额和敞口，由市场方出具推荐函给银行，银行根据回购担保额度的占用情况，在总额度控制的前提下审核后出示书面意见。

3. 审批授信额度。对商户的授信实行单一额度管理，前提条件是市场方对商户未售出库存货物进行全数回购，回购标准是仅提交仓单凭证。银行根据授信审批规定上报审批回购额度，根据市场方推荐函和商户与指定厂商签订的供销协议核定商户的授信额度报分行审批。

4. 协议签署。授信额度审批通过后，银行与市场方、商户签订三方合作协议（以下简称三方协议）；主办行与商户签订综合授信协议；在综合授信协议项下，主办行与商户、市场方签订仓储监管合作协议。

5. 业务办理。办理业务时，商户填写银行承兑汇票申请书，并附购销合同复印件（加盖公章）、增值税发票复印件等，向银行申请开立银行承兑汇票，存入不低于40%的现金作为保证金。

6. 质押物出质。银行受理仓单质押，与商户签订质押合同，办理质押物出质。依据仓储监管合作协议，经过银行指定人员就质押合同项下所附质物清单进行实地核查，核实货物的购销合同、进货发票、质检单、合格证、质量保证书等材料，核查无误后，与市场方共同监督商品入库，市场方承担监管责任。

7. 质押物置换。授信存续期间，如商户拟对所质押货物进行部分或全部置换，须提出书面申请。经银行审核同意后，出具质押货物置换通知书。该通知书视为双方就质押合同变更达成的补充协议。银行将该质押货物置换通知书交给市场方，市场方根据质押货物置换通知书对经销商交付新的仓储物入库验收，对置换出的货物放行，在该通知书签字加盖预留印鉴予以确认。

8. 质押物销售和出库。授信存续期间，如商户销售质押货物，必须向银行出具格式版本的出库通知单，并按照质押合同所确定的相关货物所担保的主债权金额，将相应款项打入其在银行保证金账户，银行审核其金额与出库通知单所载明的拟提取货物金额、预留印鉴是否一致，审核无误后在出库通知单上加盖公章，将制作好的出库通知单传真至市场方，同时商户凭该出库通知单向市场方提取该出库通知单项下的仓储物，市场方在核实印鉴并电话确认无误后，凭出库通知单发货。

9. 质押物的监管。银行定期到市场方进行监管，对货物进入、发出和结存登记货物台账。

【风险控制】

1. 授信对象的控制：银行对商户的授信仅限于由市场方推荐并提供回购担保责任的优质商户，仓单质押的货物必须是银行指定品种。

2. 授信额度的控制：授信实际使用额由银行、市场方根据商户的资产实力、经营能力和商业信誉及下游终端客户实力通过三方合作协议中签署的实际额度确定银行承兑汇票的额度，对敞口部分采取"仓单质押＋见仓单回购"的模式提供保证。

3. 仓单的控制：实现仓单质押担保，由银行与商户、市场方签订仓储监管协议，规定专属存放区，约定备案票样（发货单）形式。在对仓单质押的管理和控制上，银行重点做好以下几方面：

（1）仓单必须经过银行指定人员就质押合同项下所附质物清单进行实地核查，核对货物品种、规格、数量等。

（2）仓单必须专人保管，双人经办，并按规定办理入库、出库。

（3）处置货物前，银行人员应将发货单（备案票样）送至仓库，避免仿冒、假冒银行签章提货。

【营销建议】

客户经理的营销目标可以定位在优质的特大型物流企业,这类企业本身管理规范,商户众多,调剂销售能力极强,非常适合银行合作。

【案例】

<h3 style="text-align:center">苏州安商金属股份有限公司做市商融资</h3>

1. 企业基本情况。苏州安商金属股份有限公司是江苏省流通行业内规模较大、专业性较强、实力较雄厚的综合性股份制流通企业,注册资本为8 500万元,由江苏省徽商集团有限公司、宝钢、武钢和唐钢等国家特大型钢铁生产企业共同组建。公司年经销各种金属材料超过140万吨,销售收入突破70亿元,年进出口总额近2亿美元,经营规模居全国同行业前列,稳居全省商业流通企业龙头地位。现货交易市场现有营业大厅3 000平方米,交易摊位200个,并设有银行、商务中心、综合服务部,提供工商、税务、法律咨询等"一条龙"服务。

2. 银行切入点分析。某银行接触该公司后,认为苏州安商金属股份有限公司经营现金流状况正常,本身主业突出,产品竞争力较强。市场内有超过30家钢铁流通企业,钢材本身属于大宗商品,流转较快。可以通过苏州安商金属股份有限公司关联营销众多的钢铁经销商。

3. 银企合作情况。经过该银行认真准备资料,重点对苏州安商金属股份有限公司进行了拓展,为苏州安商金属股份有限公司核定2亿元回购担保额度,苏州安商金属股份有限公司推荐经销商,银行为经销商核定单笔银行承兑汇票额度,武钢股份有限公司将钢材直接发运至苏州安商金属股份有限公司仓库,仓单制作完毕后提供给银行作为质押。

十、信用证 + 保兑仓业务

【产品定义】

信用证 + 保兑仓业务是指代理出口商取得进口商开具的信用证后,在信用证的额度内申请签发银行承兑汇票作为预付款支付给国内供应商,国内供应商发货,在代理出口商组织货物全部出口取得发运单据后解付的一种供应链融资业务。

根据贸易类客户产业链条设计的一项综合金融服务方案,保证内贸与外贸的顺畅连接,实现银行信贷资金流与物流的逆向流动,以多项融资工具注入保证物流的畅通,步步捆绑,一气呵成。

银行提供三项融资：

1. 保兑仓项下银行承兑汇票：用于货物的采购。

2. 保兑仓项下出口打包贷款：用于保兑仓项下的提货，解付银行承兑汇票。

3. 保兑仓项下出口押汇：用于偿付打包贷款。

最后，出口押汇随着融资银行从进口方银行支付的交易款而获得偿还。

【适用客户】

具有短期融资需求的国内供应商或代理出口商。

【业务要点】

1. 促进进出口企业资金周转，降低融资成本，节约财务支出。

2. 操作手续简便，满足交易各方的融资需求。

【业务流程】

1. 代理出口商与国外进口商签订出口合同，代理出口商与国内的供货方签订国内采购合同，代理出口商收到进口方开来的进口信用证。

2. 代理出口商指定自己的开户行为议付行，并核实信用证相关信息。

3. 代理出口商向开户行申请以进口信用证作为担保，根据与国内的供货方签订的国内采购合同、保兑仓三方合作协议，开立以国内供应商作为收款人的银行承兑汇票。

4. 代理出口商将银行承兑汇票交付给国内供应商。

5. 融资银行为代理出口商办理打包贷款，代理出口商交存保证金，融资银行通知国内供应商发货。

6. 代理出口商收到货物后，根据出口合同组织货物出口，获得出口单据后办理押汇。

7. 信用证到期后，融资银行从进口方银行获得支付的信用证项下款项，偿还出口押汇。

【所需资料】

1. 代理出口商的企业法人营业执照原件及复印件。

2. 代理出口商的授信申请书。

3. 代理出口商的公司章程。

4. 信用证（保函）及副本复印件。

5. 出口代理协议与该协议项下的交易合同。

6. 说明资料：说明代理出口商与国内供应商之间的结算关系，签发银行承兑汇票的交易背景情况。

【营销建议】

1. 以组织货物出口的出口代理商作为营销起点，由于信用证打包贷款、出口押汇、银行承兑汇票出具全部在一家银行办理，因而可以综合报价，提供一定的优惠。整个金融服务方案是建立在信用证保证交易安全基础上的，因此整体风险相对可控。

2. 出口代理商可以定位在专业贸易公司，专业贸易公司在国内向供应商进行批量采购付款，然后通过自己在国外的销售渠道进行境外销售，多发生在如钢铁、汽车、油品等行业。

【案例】

案例1 厦门华银钢铁贸易公司信用证＋保兑仓业务

1. 企业基本情况。厦门华银钢铁贸易公司主营业务为钢铁产品的出口，公司从江西大地钢铁制造有限公司采购钢材，然后组织出口，公司自身注册资本仅为5 000万元，但是年出口额却超过8亿元，公司属于当地税务部门认定的优质出口企业。

2. 银行切入点分析。银行经过分析后认为，该公司长期从事外贸出口，在业界有较好的声誉，境外销售渠道稳定，由于自身资本过小，信用授信不能通过。鉴于该公司有着稳定的出口订单，可以尝试全过程锁定资金流和物流，以贸易项下收到的现金来偿还银行融资。

3. 银企合作情况。厦门华银钢铁贸易公司与新加坡澳立有限公司签订供货协议，金额为3 000万美元。公司在收到新加坡澳立有限公司开来的信用证后，以信用证作为担保，在某国有商业银行厦门分行开立银行承兑汇票2亿元，向江西大地钢铁制造有限公司支付采购款项。根据保兑仓三方合作协议，厦门华银钢铁贸易公司提供资金补充银行承兑汇票敞口后，银行通知江西大地钢铁制造有限公司放货，厦门华银钢铁贸易公司组织货物出口后，银行办理出口押汇，解付信用证。

【点评】

以上案例说明客户经理必须熟悉所有主流的银行产品，包括票据、信用证等，并能够根据企业的采购、销售需要，组合银行产品、设计金融服务方案，尤其是对实力偏弱的中小型客户，更需要依托贸易融资型产品具备自偿性的特点，锁定银行的授信风险。

案例2 天津开发区天易经贸发展有限公司——煤炭货押融资服务方案

1. 企业基本情况。天津开发区天易经贸发展有限公司注册资本为1 900万元，主营煤炭、焦炭等产品。经过多年发展，经营规模不断扩大，公司年销售收入达2.5亿元，公司在秦皇岛开发区货物流中心备有一个4万平方米可储存12万吨煤炭的港内储运中转场地。

公司上游客户：内蒙古、山西、陕西等煤炭生产基地煤炭供应商，公司与煤炭行业相关客户有着长期友好合作关系，一般提前一个月下订单，支付银行承兑汇票，煤炭供应商收到货款后安排计划，一个月后发出货物，货款执行以实际过磅数为依据，多退少补。

公司下游客户：浙江、江苏等沿海城市电厂、地方炼油厂及各类民用燃料企业，公司在天津、江苏、上海、浙江、广东等地建立了煤炭营销基地。该公司最主要的煤炭客户是浙江富元电力燃料有限公司，收到煤炭后，在10日内结算。

2. 银行切入点分析。

（1）交易各主体分析。

①借款人——天津开发区天易经贸发展有限公司。由于该公司销售合同计划数量增长较快，并且部分为计划内的电煤份额，采购量较大，该公司流动资金紧张，所以向银行申请2 000万元授信额度，期限为12个月。该公司愿意提供煤炭货权质押，并由天津新大货物流有限责任公司承担监管。

该公司在天津新大货物流有限责任公司常年租赁一个4万平方米可储存15万吨煤炭的港内储运中转场地。

②监管方——天津新大货物流有限责任公司。天津新大货物流有限责任公司为大型国有企业，物流中心面积约26.8平方公里，主要经营煤炭、焦炭、矿石等散货货物，是集交易、运输、仓储、配送、分拨和服务等功能于一体的现代化散货物流基地。

③煤炭供应商——山西新里煤炭供应公司。山西新里煤炭供应公司为山西本地规模较大的煤炭供应商，年交易量60万吨，供应煤炭质量较好，公司的常年客户是国内的各大电厂。

④煤炭需求商——浙江富元电力燃料有限公司。浙江富元电力燃料有限公司为天津开发区天易经贸发展有限公司的主要煤炭需求方，本年交易量15万吨，占申请人采购份额的24%。浙江富元电力燃料有限公司是浙江省特大型火电经营企业，注册资本为2亿元。货物一批一结算，10个工作日内付清全部货款。

（2）市场风险。

①市场风险分析。随着我国经济快速发展，各行业对煤炭需求不断上升，电煤价格不断上涨，市场供需总体上呈供不应求局面，煤炭存在一定的涨价空间，煤炭作为质押物价值稳定。

②企业供销渠道。经过多年发展，该企业已与山西新里煤炭供应公司、丰镇地路煤炭有限公司、内蒙古华力煤炭公司等供应商建立稳固合作关系。公司煤炭产品则主要销往浙江富元电力燃料有限公司，双方建立了长期稳定的合作关系。企业供销渠道稳定，具备一定的抗御市场风险能力。

③仓单质押的风险控制方案。在电煤市场行情不断向好的发展趋势下，银行采取以电煤为仓标的物的现货质押授信，仓储位于天津港散货物流区，并由资质良好的天津新大货物流有限责任公司提供货物监管，电煤质量须经银行认可的权威质检机构认证，并为质物办理全额保险。

3. 银企合作情况。

表1-8　　　　天津开发区天易经贸发展有限公司货押融资方案

授信资源描述	授信工具：银行承兑汇票；期限：1年；金额：2 000万元			
保证金比例	30%	敞口	1 400万元	担保方式　　煤炭仓单　质押
授信模式	货押融资			
核心企业	浙江富元电力燃料有限公司			
承贷企业	天津开发区天易经贸发展有限公司			
供应商	山西新里煤炭供应公司			
银行收益	**贴现利息收入**：银票贴现利率约为6%，2 000万元票据，可以获得120万元左右贴现利息收入 **存款收益**：银行承兑汇票不断补足保证金，释放银行承兑汇票的敞口对应的货物，经过多轮业务周期，在银行的平均存款沉淀可以达到4 000万元左右			
风险描述	浙江富元电力燃料有限公司为特大型的电力企业，实力较强，履约风险较小			
法律文本	委托监管煤炭三方合作协议已经法律部门审定			
前提条件	本次贷款还款来源为企业销售收入，为了监控企业资金用途，要求企业提款采用单笔核准方式，依据企业提供的采购合同和销售合同为企业核定单笔放款额度和期限			

业务流程：

（1）天津开发区天易经贸发展有限公司与浙江富元电力燃料有限公司签订煤炭供应合同，天津开发区天易经贸发展有限公司与山西新里煤炭供应公司签订煤炭采购合同。

（2）天津开发区天易经贸发展有限公司与银行及天津新大货物流有限责任公司签订委托监管煤炭三方合作协议，天津开发区天易经贸发展有限公司存入600万元保证金，银行为其办理2000万元买方付息银行承兑汇票，并代理山西新里煤炭供应公司办理贴现，贴现后2000万元采购资金全部支付给山西新里煤炭供应公司。

（3）山西新里煤炭供应公司将煤炭发往天津港，由天津新大货物流有限责任公司进行煤炭监管。天津新大货物流有限责任公司声明接受银行指令发货，质押率为70%。

（4）天津开发区天易经贸发展有限公司向银行交付银行承兑汇票敞口对应的保证金，向银行提出提取货物申请。

（5）银行根据70%的质押率，通知天津新大货物流有限责任公司释放煤炭，直至货物全部提货完毕。如果天津开发区天易经贸发展有限公司未能在贷款到期前提完全部货物，银行委托天津新大货物流有限责任公司处置质押的煤炭。详见图1-28。

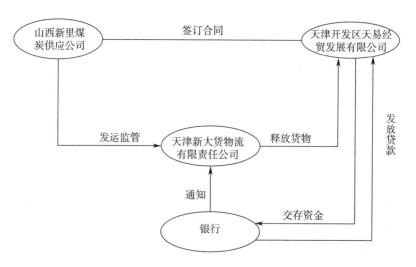

图1-28　天津开发区天易经贸发展有限公司煤炭货押融资方案流程

第二部分　货权质押融资篇

第一节　货权质押融资业务基本知识

一、货权质押融资基本定义

货权质押融资业务是指银行以企业法人自有动产或货权为质押，银行向企业提供用于满足企业物流或生产领域配套流动资金需要的一种授信业务形式。银行对质押物实行全程动态跟踪管理，并对资金实行封闭式监控，保证货物流转回笼资金用于归还授信融资。

动产是指银行认可的、生产或流通领域中有较强流通性和变现能力的大宗商品，货权是指以仓单、提单等权益凭证形式表现的对货物的所有权。

二、货权质押融资产品分类

货权质押融资业务包括动产质押融资和仓单质押融资，仓单质押融资又包括标准仓单质押融资和非标准仓单质押融资。

【动产质押融资】

动产质押融资是指企业以银行认可的动产为质押申请融资。企业将合法拥有的动产交付银行，并认定仓储监管公司进行监管，不转移所有权。企业既可以取得融资，又不影响正常经营周转。

动产质押可采用逐笔质押、逐笔融资的方式，企业需要销售时既可以交付保证金提取货物，也可以采用以货易货方式，用符合银行要求的等值货物替代拟提取的货物。

【标准仓单质押融资】

标准仓单质押融资是指企业以其持有的交易所标准仓单作为质押，向银行申请与融资业务。

标准仓单是由期货交易所指定交割仓库按照交易所规定的程序签发的符合合约规定质量的实物提货凭证。

标准仓单是由交易所统一制定的、交易所指定交割仓单在完成入库商品验收，确认合格后签发给货物卖方的实物提货凭证。标准仓单经交易所注册后有效。标准仓单采用记名方式，标准仓单合法持有人应妥善保管标准仓单。标准仓单的生成通常需要经过入库预报、商品入库、验收、指定交割仓库签发和注册等环节。

【非标准仓单质押融资】

非标准仓单是仓储单位签发给存储人或货物所有权人记载仓储货物所有权的唯一合法物权凭证，仓单持有人可以随时凭仓单直接向仓储方提取仓储货物。

非标准仓单未经期货交易所注册，通常是大型物流仓库开具的，品种多，但质量不一，在市场中的流通性不如标准仓单好。这种仓单也可以进行质押，一般质押给银行。

三、货权质押融资业务优点

1. 对融资企业的作用。在没有其他抵质押物或保证担保的情况下，通过以存货作抵押获得融资，可以解决中小企业缺乏固定资产作抵押、担保难的问题。存货资金的盘活可以加快企业存货的周转速度，有助于企业获取采购主动权，同时能够帮助企业加大销售力度，扩大市场份额，节约经营资金。企业可以用银行融资支付货款，减少自有资金占用。

2. 对仓储公司的作用。仓储公司通过与银行合作，提供保管、监管、保证服务，为服务企业获得银行融资提供保证，加深仓储公司与服务企业的合作。仓储公司通过提供金融服务功能，可以增加其客户数量。

3. 对银行的作用。银行通过三方合作，可以解决存货抵押监管难的问题。仓储公司的保管、保证，有助于银行控制信贷风险、扩大业务范围、增加客户规模。质押融资与信用融资相比，由仓储公司负责监管，质押物变现能力强，因而信贷资金风险较低。

四、货权质押融资适用行业

仓单融资适用于流通性较高的大宗货物，特别是具有一定市场规模的初级产品，如有色金属及原料、黑色金属及原料、煤炭、焦炭、橡胶、纸浆、大豆、玉米等产品。特制的商品、专业机械设备、纺织服装、家电等，一般难以取得银行仓单融资。

五、货权质押融资的主要特点

1. 货权质押融资与特定生产贸易活动相联系，是一种自偿性贷款，贷款一般随货物销售实现而收回,与固定期限的流动资金贷款、抵押贷款相比,具有周期短、安全性高、流动性强的特点。

2. 适用范围广。货权质押融资不但适用于商品流通企业,而且适用于生产企业,能够有效地解决企业融资担保难问题。当企业缺乏合适固定资产作抵押,又难以找到合适的保证单位提供担保时,就可以利用自有存货作为质押申请贷款。

3. 质押物受限制程度低。与固定资产抵押贷款不同,质押项下货物受限制程度较低,货物允许周转,通常可以采取以银行存款置换货物和以货物置换货物两种方式。质押物受限制程度低,对企业经营的影响也较小。

4. 仓单融资业务要求银行有较强的风险监控能力和较高的操作技能。在仓单融资中,抵押货物的管理和控制非常重要,由于银行一般不具有对实物商品的专业管理能力,因而需要选择有实力、信誉高的专业仓储公司进行合作。同时,银行需要确认仓单是否是完全的货权凭证、银行在处理仓单时的合法地位、抵押物价值的评估等问题。

六、仓单质押的融资额度及方式

1. 仓单质押的融资额度可根据申请人及货物的不同情况采用不同的质押率,最高不超过所质押仓单项下货物总价值的70%。

2. 仓单质押融资业务可采取多种融资形式,包括流动资金短期贷款、银行承兑汇票、综合授信、银行付款保函等多个品种。

七、货权质押融资授信规则

1. 货权质押业务授信只能用于授信申请人自身正常的生产经营周转,以及确定、真实的贸易合同,不得用于期货或股票的炒作、投资,也不得用于长期投资项目。

2. 货权质押业务的授信金额必须与申请人实际经营规模和经营活动资金需求相匹配,授信额度期限最长不超过1年,单笔业务期限一般不超过6个月。

3. 货权质押业务质押率原则上不高于70%,经办机构必须按照货物品种、生产厂家及品牌、申请人经营能力的不同,合理、谨慎地确定质押率。质押率由审批部门最终审定。

4. 质押率的计算公式为:质押率 =(授信余额 - 保证金)÷ 质押货物总值。

八、客户、质物的特定要求

1. 办理货权质押业务的客户应满足以下条件。

（1）贸易企业：进销渠道通畅稳定，行业经验两年以上，无不良资信记录，是银行认可的核心生产厂商分销商；专业进出口公司必须无逃套汇、骗税走私等不良资信状况。

（2）生产加工企业：连续经营两年以上，生产经营正常、主导产品销售顺利、应收账款周转速度和存货周转率不低于行业平均水平、无不良资信记录，是银行认可的核心生产厂商配套厂家。

2. 货权质押业务项下的动产、仓单、提单必须具备以下基本条件。

（1）出质人拥有完整、合法、有效的所有权。

（2）无其他抵、质押行为。

（3）不存在产权或其他法律纠纷。

3. 办理货权质押业务商品须满足以下条件。

（1）属于企业正常经营周转中的短期存货，有良好的流通变现能力。

（2）货物通用性强，有成熟的交易市场，有通畅的销售渠道，价格易于确定，价格波动区间能够合理地预测。

（3）货物质量稳定，易于仓储、保管、计量，不易变质、损毁，有形及无形损耗均能合理地预测。

（4）货物本身适销对路，市场需求旺盛，供货商实力雄厚，技术水平较高，在行业内具有品牌优势。

（5）质量和价格确定，有较强专业性的货物，要求提供银行认可的质量检验及价格认定资料。

九、货权质押融资风险控制

1. 为控制质物价值波动带来的风险，如果质押率升幅超过一定幅度，授信申请人应追加足额质物，或者补足相应保证金，或者偿还部分授信，以确保质押率符合审批规定的范围，否则，银行有权提前终止合同并直接拍卖或变卖质物，拍卖或变卖所得款项用于归还银行贷款本息，或者用于抵补银行承兑汇票项下的保证金。

2. 质押货物价格确定方法。

（1）取进货发票价格与市价按孰低值。

（2）企业自产商品，取不含税的成本价与出厂价孰低值。

（3）如果处置质物需要补缴税款，商品购入价应按不含税价格认定；无须补缴税款的，国产商品的购入价可以按包含增值税的价格认定，进口商品的购入价按其进口完税价格加上进口关税、进口环节其他税收后的价格认定。

（4）购入价原则上不包括铁路运输、沿海运输或多种联运的运输费用。

确定价格时，必须充分考虑过去3年内价格变动情况、市价合理预期变动及技术进步、产品更新换代等无形损耗对货物变现能力的影响。

3. 货权质押业务应严格按照银行客户授信业务操作规程和有关交易所的管理规定，落实标准仓单的质押登记手续和非标准仓单、提单的合法有效占有。

4. 质物存放监管仓库期间，原则上要求由授信主体购买财产综合险，保险期限应比对应授信业务到期日至少多3个月，以银行为第一受益人，保险单的正本必须存放银行。

5. 以动产为质押物的，应当对实物进行核实，确认出质人是否为货物唯一所有权人；以仓单、提单等物权凭证为质物的，应当对物权凭证进行实地查询，确认物权凭证的真实性、有效性、唯一性和合法性。

6. 出质人应将出质仓单、提单移交银行，经办行按银行抵（质）押管理办法规定指定专人接收、登记、保管。

7. 核库与查库。核库是指银行有关人员在货权质押业务授信后第一次出账前向仓储监管机构核查质押标的物的行为。查库是指银行有关人员定期或不定期向仓储监管机构查验质押标的物的状况及检查仓储监管机构是否按双方监管协议的要求履行对质押标的物的监管责任的行为。

核库的内容包括：检查质押标的物的品种、数量、质量、包装、件数和标记是否与质押标的物清单及仓储监管机构的记录相符；质押标的物摆放是否规范，是否符合安全要求；存货人与出质人是否一致，仓储监管机构是否按双方签订的监管协议履行监管职责等。

对于非仓储监管机构的仓库监管，核库时还需检查仓储监管机构是否已进驻并已切实履行监管职责，监管程序及操作是否符合银行要求，是否存在流于形式的风险等。

8. 跌价补偿。跌价补偿是指根据银行与申请人签署的有关货权质押业务文件和合同约定，在办理货权质押业务过程中，当申请人质押的标的物价格下跌，导致质押率高于货权质押业务合同规定的质押率时，银行要求申请人在规定的期限内补充保证金或相应价值货物。

跌价补偿条款必须在银行与申请人签订的最高额质押担保合同、质押担保合同等担保文件中明确约定，并规定：如果申请人不能按约定对质押标的物的价格下跌进行补款或补货，银行有权宣布授信提前到期，并处置质押标的物。

根据不同质押标的物品种及价格的波动性，银行与申请人约定的标的物质押率浮动幅度一般可在 15% 之内。当质押率超出货权质押业务合同规定 5 个百分点及以上时，经货权质押中心主任签批确认，审查岗据以向申请人签发补款/补货通知单，将质押率下降到规定的水平。

经营单位对货权质押中心发出的补款/补货通知单须在 1 个工作日内通知到申请人，正本须由申请人签收。

申请人补款或补货的时间为自收到银行相关通知之日起不超过 5 个工作日。

跌价补偿中应补款项或补充货物的计算公式为

应补保证金 =（原出质单价 - 目前货物市价）×原出质货物数量
　　　　　　×初始质押率

其中，申请人所补款项应存入保证金账户。

应补货物数量 = 目前使用敞口余额/（目前货物市价×初始质押率）
　　　　　　 - 原出质货物总数量

其中，申请人所补货物品质和等级不得低于原质押物。

9. 盯市制度。逐日盯市是指货权质押中心盯市人员按照审批要求对已质押给银行的货物或被银行所控制货物的价格进行每日跟踪、反馈、提示预警的行为。

盯市人员应每日跟踪和掌握各种质押标的物当天的市场行情，并与出质时的价格对比，对质物价格跌幅超过 5% 的货物应立即填写价格预警/异常变动通知单，报货权质押中心审查岗；盯市人员还应定期制作价格走势图，以供上级领导分析决策时使用。

为了跟踪和掌握各种货物的市场行情，应选择合适的信息获得渠道，如通过专业网站、专业市场或当地有公信力的市场报价体系等渠道及时掌握市场行情。

为了便于盯市人员及时获得出质货物价格，在货权质押中心签发核价单时，应复印一份在盯市人员处留存，盯市人员应按货物的种类分夹保管，以便每日与市场行情做比较。

盯市人员应将每日货物行情表以邮件形式发送至货权质押中心有关岗位和相关经营管理部门，以便相关岗位和各经营部门及时掌握信息。当出现因产业政策变化、突发事件或其他原因导致相关货权质押标的物价格出现较大幅度波动时，无论该标的物价格是否已经达到预警价位，盯市人员都应及时在每日发送行情信息时以文字说明方式予以提示。

十、货权质押融资回购及调剂销售

货权质押融资业务可选择与卖方或有实力的第三方签订回购协议。

当下列情况发生时，银行要求与签有回购协议的回购方承担回购或购买责任：

（1）申请人违反主合同的约定，或者主合同已提前到期。

（2）主合同债务虽然没有到期，但申请人履行主合同的能力存在明显降低的情况或可能，危及银行债权的安全。

（3）由于标的物市场价格变化等原因导致质押率升幅超过15％，且债务人不能按照要求补足保证金或质物的。

（4）规定的赎货期到期而未赎货的。

为便于质押率监控和质押标的物变现，除回购方式外，经办行还可选择下列单位作为第三方协助办理质物的转让事宜：标准仓单进行注册的交易所，以及实力较强的、在交易所有会员资格的公司或与银行有长期合作关系的公司。

十一、货物监管机构条件与认定

1. 货权质押业务项下货物监管机构须具备以下条件。

（1）具备合法的企业法人营业执照、法人代码证，专业从事仓储业务。

（2）独立的法人资格，能独立承担民事责任，有一定注册资本；3年以上行业经验，在当地市场处于领先地位。

（3）仓储业务量大，管理规范，经济实力较强，商业信誉好，有规范的操作规程和健全的进出库验收、出入手续；仓库所处地域便于银行监控。

（4）具备完善的商品检验、化验制度和一定质量检测技术、设备及人员。

（5）具备一定违约责任赔偿能力，承诺配合银行严格监管质押货物，承担监管责任。

（6）能够对质押标的物设立独立的质押区域集中堆放，并愿意签署三方合作协议，承诺24小时不间断地对质押标的物进行占有或监管。

（7）有较强中转、进出装卸作业能力；有清晰的账册，对银行的质押标的物建立分账册或专门的账页。

对监管仓库的选择应以保证银行对货物享有实际出入库控制权和处置权为原则，尽量选择国家储备仓库、期货交易所注册交割仓库、国内外知名大型仓储企业，以及其他经总行批准的指定仓库。

应避免选择与客户有较强关联或对客户依赖性较大的仓储单位进行监管。

2. 仓储监管机构经以下程序认定。

（1）法人营业执照复印件（已经年检）。

（2）法定代表人身份证复印件及签名样式。

（3）法定代表人授权委托书及被授权人身份证复印件、签名样式。

（4）股东构成及验资报告、公司章程、近期的财务报表。

（5）公司业务情况说明（对有派出仓储监管及与银行合作进行仓储监管的情况需作详细说明）。

十二、业务流程

【现货质押操作流程】

1. 在货权质押业务操作方案和相关授信额度获批后，经营机构与申请人及仓储监管机构洽商相关业务操作细节，并积极与分行货权质押中心接洽，落实核价、核库、提货等相关工作。

2. 出质及确认。对于质押给银行的货物，经营机构应落实相关的质押法律手续，并落实由经营单位向相关仓储监管机构发送查复及出质确认书，并由其进行书面确认。其中，标准仓单还应审核是否为期货交易所指定仓库开出，并根据不同期货交易所管理规定确认仓单质押手续是否完善，是否已经登记，有否被冻结、质押等。

出质人应将出质的纸质仓单、提单等权利凭证移交银行，经办行应按照现行制度规定要求进行登记和保管。

3. 核价与核库。

经营单位：

（1）提供证明质物价格的资料（发票、合同、报关单、付款凭证或指定市场报价等）；

（2）填写质押物价格审核确认单；

（3）登记货权质押业务台账。

货权质押中心：

（1）综合岗核价并签注质押物价格审核确认单；

（2）审查岗核库，出具核库意见；计算质押率，确定放款额，报货权质押中心负责人复审并签发确认意见。

其中，第一次启用授信前必须履行核库职责，后续放款出账货权质押中心可以根据实际业务操作情况决定是否需要核库。

4. 出账（额度已启用）。

经营单位应提交下列资料：

（1）授信批复；

（2）货权质押业务操作方案批复；

（3）物权单据原件；

（4）银行核库（查库）通知/报告书；

（5）质押物价格审核确认单；

（6）质押登记证明（标准仓单项下）；

（7）保证金入账证明（如有）；

（8）质押登记及货权质押业务台账；

（9）经营单位各级人员签名确认的货权质押业务出账审批表；

（10）额度启用通知书。

货权质押中心：

（1）审查货权质押业务出账审批表填写完整；

（2）核对仓储监管机构认定意见；

（3）按照质押物价格审核确认单认可的价格、查复及出质确认书所确认的质物数量计算质押物价值，并计算质押率和可用授信金额；

（4）确认客户经理登记货权质押业务台账；

（5）审核出质人是否进行仓单的背书，背书的印鉴是否与预留的印鉴样式一致，标准仓单必须经过期货交易所的见证；

（6）签署出账意见并报货权质押中心负责人签署意见。

放款中心：

（1）核对方案审批意见和授信审批意见是否落实；

（2）复核货权质押业务出账审核表；

（3）按照放款中心职责审查全部出账材料；

（4）办理出账。

5. 提货。在货权质押方案约定的赎货期，客户向银行提交提货申请。

经营单位审核后提交：

（1）保证金入账凭证或者还款凭证（凭证上应注明货权质押业务编号）；

（2）提货/换货申请审批表。

货权质押中心：

（1）综合岗核价，填制质押物价格审核确认单，计算质押率和确认最高提货量；

（2）审查岗复核保证金/还款金额，复核质押率，计算放货数量；

（3）货权质押中心负责人签发提货通知书。

货权质押中心应监督客户在约定赎货期内的提货执行情况，对客户超出赎货期仍未进行办理质物提货的，需督促经营单位向客户了解原因，及时采取相应措施。

6. 换货。

对客户提出换货要求的，经营单位审核初步同意后，向货权质押中心提交：

（1）提货/换货申请审批表。

（2）质押出账时的相关资料，如质押合同、查询查复等资料。

货权质押中心：

（1）综合岗对不同产品核价，填制质押物价格审核确认单；

（2）审查岗核实不同货物数量，根据核价单计算质押率，计算可换货数量；

（3）中心负责人核发换货通知书。

【先款（票、证）后货（未来货权质押）操作流程】

1. 方案落实。在先款（票、国内证）后货项下，融资申请人、供货商及银行签署三方协议，约定相关业务合作细节，加列相关风险控制手段，确认仓储监管模式，并由经营单位进行落实。

先证（进口开证）后货项下，确定融资申请人是否具有押汇需求，并落实货权凭证及仓储监管等条件。

2. 核价。

经营单位：

（1）提供证明质物价格的资料（发票、合同、报关单、付款凭证或指定市场报价等）；

（2）填写质押物价格审核确认单；

（3）登记货权质押业务台账。

货权质押中心：

（1）审查岗人员在核价单签注可采用的价格；计算应付款（开证、开票）金额和货物数量；

（2）登记货权质押业务台账。

3. 出账。

经营单位：

（1）先款后货业务应提交以下资料：

①授信批复；

②质押登记及货权质押业务台账；

③货权质押业务操作方案批复；

④质押物价格审核确认单；

⑤保证金入账证明（如有）；

⑥经营单位各级人员签名确认的货权质押业务出账审批表；

⑦额度启用通知书；

⑧与供货商的贸易合同等相关资料。

（2）先票后货业务应提交以下资料：

①先款后货业务要求的全部资料；

②提供与供货商的合作协议；

③提供与供货商的贸易合同资料；

④提供与融资申请人签订的委托收货协议；

⑤开立承兑汇票的其他文件。

（3）先证后货业务应提交以下资料：

①先款后货业务要求的全部资料；

②开证申请书；

③进口合同正本；

④审查进口业务是否符合国家外汇管理相关规定。

货权质押分中心：

（1）先款后货方式：

①审查岗审查货权质押业务出账审批表填写是否完整，并签署意见；

②审查岗按照质押物价格审核确认单认可的价格、查复及出质确认书所确认的质物数量计算质押物价值，并计算质押率，确保质押率符合审批意见规定；

③综合岗人员登记货权质押业务台账，审查员确认；

④出质人必须提供相关证明具有所有权的书面材料，包括购销合同、增值税发票或运输单据或付款凭证等。

（2）先票后货方式：

①先款后货业务的全部要求；

②确认开票金额、货物数量与贸易合同相符。

（3）先证后货方式：

①先款后货业务的全部要求；

②确认信用证条款与授信审批条件相符；

③向开证岗发出货权质押项下开证要求确认书，并抄送综合岗登记台账。

放款中心：

（1）逐条核对方案审批意见和授信审批意见是否落实；

（2）复核货权质押业务出账审核表；

（3）按照放款中心职责审查全部出账材料；

（4）办理出账。

其中，先证后货项下直接由贸易金融部放款审核岗审核。

4. 入库。

经营单位：

（1）出账后及时跟进发货进度；

（2）先款（票、证）后货方式下，货到后监督质物入库；

（3）质物入库后及时将仓单或其他入库凭证办理质押手续，并报放款审核中心及货权质押中心进行审核；

（4）及时向货权质押中心报告影响或可能影响发运、入库、质押等执行的不利因素。

货权质押中心：

（1）先证后货方式：

①综合岗按货权质押项下开证要求确认书登记货权质押台账，并监督发运和到单情况；

②单到后登记台账并交审查岗；

③审查岗安排入库、核库，并签署银行核库（查库）通知/报告书；

④审查岗审核质押手续是否完善；

⑤质押登记，质押品入库；

⑥登记货权质押台账。

（2）先款（票）后货方式：

①综合岗根据台账督促、检查货物正常入库；

②审查岗核库，并签署银行核库（查库）通知/报告书；

③审查岗审核质押手续是否完善；

④质押登记，质押品入库；

⑤登记货权质押业务台账。

第二节　货权质押融资业务

一、标准仓单质押担保信贷业务

【产品定义】

标准仓单质押担保信贷业务，是指企业以自有的标准仓单作为质押物，银行基于一定质押率向企业发放信贷资金，用于满足短期流动资金需求，或用于满足交割标准仓单资金需求的一种短期融资业务。

有色、黑色、贵金属、钢材和能源化工仓单业务主要包括标准仓单生成和标准仓单注销等，对应管理制度主要涉及《上海期货交易所标准仓单管理办法》《上海期货交易所交割细则》《上海期货交易所燃料油期货交割实施细则（试行）》《上海期货交易所黄金期货交割实施细则（试行）》《上海期货交易所石油沥青期货交割实施细则》等业务细则。

【标准仓单生成】

标准仓单生成包括交割预报、商品入库、验收、指定交割仓库开具标准仓单、交易所签发等环节。

1. 货主发运商品入库换取标准仓单，须通过其委托经纪会员提前向交易所申报商品运输计划，内容包括品种、等级（品牌）、数量、发货单位、发货站（港）、车（船）次、装运日期、预期到达日期及拟入指定交割仓库名称等。

交易所在库容允许的情况下，根据就近入库原则，按照货主意愿，在 3 个交易日内开出入库通知单。货主须按交易所指定的交割仓库发货，未办理交割预报入库的货物不能用于交割。入库通知单自开出之日起 30 日内有效。

2. 指定交割仓库必须按交易所有关规定对商品的种类、品牌、质量、包装及相关凭证等进行验收，验收合格后，填制上海期货交易所指定交割仓库交割商品入库验收报告单（一式三份，货主、指定交割仓库和交易所各执一份），并开具标准仓单。

3. 进库商品的数量、质量以指定交割仓库实际验收结果为准。货主应到库监收。货主若不到库监收，则视为同意指定交割仓库的验收结果。

4. 指定交割仓库开具标准仓单须符合下列要求。

（1）一张标准仓单的数量必须是一张合约最小交割单位的数量；

（2）标准仓单所示商品的质量、包装等条件必须符合交易所有关规定；

（3）同一标准仓单所示商品必须是同一品种、同一生产厂（同一产地或同一批次）、同一牌号或同一等级；

（4）认真填写应由指定交割仓库填写的有关内容，字迹清楚，涂改无效；

（5）指定交割仓库开具的标准仓单必须加盖仓库公章，并由经办人和审核人员签字；

（6）指定交割仓库开具标准仓单后应将详细资料记录在案，并及时通报交易所。

5. 指定交割仓库或有关会员须携带标准仓单和入库验收报告单到交易所

办理签发有效标准仓单手续。

6. 交易所从交割月份最后交易日前一个交易日起不再受理用于当月交割的标准仓单签发申请。

【标准仓单质押】

标准仓单是特指大连商品交易所、郑州商品交易所或上海期货交易所制定的，交易所指定交割仓库在完成入库商品验收、确认合格后签发给货主，并在交易所注册，可在交易所流通的实物提货凭证。

标准仓单质押授信是指标准仓单持有人将标准仓单持有凭证作为质物提供担保。

1. 功能与特点。

（1）有利于生产企业的销售。

（2）有利于商贸企业获得融资，扩大采购量。

（3）有利于回购方（交易所）拓展自身业务，吸引客户会员单位。

（4）以标准仓单作为质押可获得融资。

2. 办理条件。

（1）标准仓单质押授信业务的授信申请人限定为以其合法持有的、拟质押银行的标准仓单对应的货物作为原材料进行生产的工业企业或以对应的货物作为销售对象的商贸企业。

（2）质押仓单所标明商品必须是可以在大连商品交易所、郑州商品交易所或上海期货交易所交易的商品种类。

（3）标准仓单质押授信的质押率不高于70%。

（4）授信申请人应符合银行关于法人客户授信的有关规定，并且信用等级在BBB级（含）以上（不能进行信用评级的除外），信誉良好，无任何违法违规行为。

【产品优势】

标准仓单质押融资业务，可有效解决标准仓单占压资金出现的流动性问题，或在没有其他抵质押品或第三方保证担保的情况下，为客户提供资金购买标准仓单，在期货价格较低时完成原料采购，从而锁定价格、降低成本。

【业务流程】

1. 客户在符合银行要求的期货公司开立期货交易账户。

2. 客户向银行提出融资申请，提交质押标准仓单相关证明材料、客户基本情况证明材料等。

3. 银行审核同意后，银行、客户、期货公司签署贷款合同、质押合同、合作协议等相关法律性文件；并共同在交易所办理标准仓单质押登记手续，确保质押生效。

4. 银行向客户发放信贷资金，用于企业正常生产经营。

5. 客户归还融资款项、赎回标准仓单；或与银行协商处置标准仓单，将处置资金用于归还融资款项。

【案例】

江西省南昌市九七油脂公司的标准仓单质押融资

1. 企业基本情况。南昌市九七油脂公司是江西省较大的油脂经销企业，年销售额突破 2 亿元，公司每年需要大量采购大豆，资金支出较大。

2. 银行切入点分析。某银行经过分析后认为，南昌市九七油脂公司为当地的龙头企业，资金运作能力较强，年销售规模较大，有较好的开发价值。大豆价值稳定，属于油脂加工的初级原材料，交易较为活跃，可以作为质押物。经过研究后，银行设计采用标准仓单质押方式融资。

3. 银企合作情况。某国有银行南昌分行接受南昌市九七油脂公司提出用大豆标准仓单质押贷款的申请，授信金额为 700 万元银行承兑汇票。该银行与郑州商品交易所一道起草仓单质押贷款担保协议书，分别与借款人、交易所、担保回购方签订一式四份的仓单质押贷款担保协议书及一系列附属文件，对授信金额、期限、利率、质押率、标准仓单的质押冻结和解冻、保证金比率、资金用途等均作了明确规定。标准仓单的质押价格以中国郑州粮食批发市场中华粮网公布的同期、同品质的平均价格为准。为控制因质押仓单所列商品价格波动或因交易所品质鉴定、注销再生成标准仓单而按期货合约标准重新检验带来的风险，协议规定了警戒线和处置线。

警戒线：在质押标准仓单市值总和与贷款本息之比小于等于 75% 时，借款人在接到银行书面通知后 7 个工作日内，采取追加质押物、更换质押物或部分（或全部）归还贷款措施，否则银行有权宣布贷款提前到期。

处置线：在质押标准仓单市值总和与贷款本息之比小于等于 70% 时，银行有权宣布贷款提前到期，要求借款人立即偿还贷款本息，借款人若不偿还，则由担保回购方代其偿还。

标准仓单质押业务操作流程如下：

第一步，按照一般法人客户的授信管理办法，对客户进行风险等级测评，给予一定的授信额度。

第二步，在授信额度内办理具体业务时，先签订合同（四方协议、质押合同、承兑协议等）；然后存入保证金（承兑金额的 30% 以上），并下达资金冻结通知书予以冻结；最后给郑州商品交易所下达标准仓单持有凭证冻结通知书，由郑州商品交易所出具标准仓单持有凭证冻结确认书，将客户在经纪公司的价值为客户除保证金以外的差额部分的标准仓单予以冻结。

第三步，银行将郑州商品交易所出具的上述数额的标准仓单凭证作为重要空白凭证下达入库单进行入库保管。

第四步，按照正常程序和审批权限为客户办理一定额度的银行承兑汇票，并将所有档案整理归档。

第五步，跟踪管理，经常关注该品种的期货行情走势和现货市场价格变动情况，看是否达到预设的警戒线，每周了解标准仓单冻结情况，以便发现问题并及时处置。

第六步，承兑到期，如果企业资金及时到位，则顺利解付汇票，银行下达资金解冻通知书，同时向交易所下达仓单解冻通知书解冻仓单，该笔业务结束。如果借款人在接到银行书面通知后7个工作日内不能将除保证金之外的资金汇入银行账户，那么银行将实施前述的警戒线和处置线措施，确保资金安全，避免出现承兑垫款风险。

郑州商品交易所标准仓单质押融资业务模式主要有三种。

模式1：通过质权登记及质权行使通道办理标准仓单质押授信。

标准仓单质押融资业务模式1操作流程说明：

（1）提交申请材料。借款人必须向当地银行（贷款行）提供以下资料：

——借款人营业执照（正副本）、公司章程；

——借款人、保证人上年度财务报表（包括资产负债表、损益表和现金流量表）和最近一期财务报表原件；

——拟质押标准仓单清单与权属凭证（复印件）；

——借款人有权机构关于借款及同意质押的决议原件；

——拟质押人担保意向书；

——借款人法人代表身份证复印件，有权签字人的签字样本。

（2）审查、审批。贷款行受理借款人的申请资料，并根据借款人财务状况和经营规模进行客户规模的划分、认定；直接给予被认定为中小型企业的借款人一定的贷款额度；对中小型企业以外的借款人要先进行评级和授信，然后在核定的额度内受理单笔仓单质押贷款业务。

贷款行信贷审批部门根据经营部门上报的借款人的贷款额度、期限、金额以及借款人提供的拟质押仓单数量等证明文件进行审批。

（3）签订合同。对审批同意的贷款项目，银行通知借款人签订标准仓单质押贷款合同和标准仓单质押合同，同时，为防止资金直接流入期市、股市进行投机交易，还要与借款人签订资金使用监管协议。

贷款行通知承办行（交易所所在地指定银行）关于仓单质押贷款的情况，并将借款人的营业执照复印件交承办行，承办行为借款人在质权登记及质权行使通道下开立专用交易编码。

（4）质押登记。质押登记承办行与借款人、借款人所在期货经纪公司填写郑州商品交易所标准仓单质押登记表，承办行填写标准仓单质押登记业务申请表，期货公司被授权人与承办行指定专人共同到交易所办理质押登记手续。交易所将标准仓单登记到质权登记及质权行使通道。交易所办理完质押登记手续后，打印郑州商品交易所标准仓单冻结单和仓单持有凭证交给承办行。

（5）发放贷款。承办行办理完质押登记手续后，填写质押登记确认书，贷款行凭该确认书确定仓单质押登记已成功，为借款人办理贷款发放手续。

（6）贷款监控、偿还。为防止质押仓单价值下降造成的信贷风险，贷款行要对质押仓单品种的价值变动情况给予关注，当实际质押率超过70%的警戒线时，要及时通知借款人采取归还部分借款或追加仓单等措施降低信贷风险。

借款人按时归还借款的，承办行与借款人、所在期货公司填写解除标准仓单质押协议书、郑州商品交易所标准仓单质押解除登记表，共同到交易所将质押的标准仓单解除质押。

（7）处置仓单。借款人确认要采取仓单转让、交易等方式归还银行借款的，承办行负责协助借款人进行仓单过户。详见图2－1。

模式2：通过质权登记及质权行使通道办理标准仓单质押授信。

标准仓单质押融资业务模式2操作流程说明：

（1）提交申请材料。借款人须向交易所所在地银行或当地银行提供以下资料：

——营业执照（正副本）、组织机构代码证、税务登记证、公司章程、贷款卡原件和复印件；

——借款人近三年的年度审计报告和最近月份财务报表；

——拟质押标准仓单清单与权属凭证（复印件）及仓单所有人同意质押的决议原件；

——借款人有权机构关于借款及同意质押的决议原件；

——借款人法人代表身份证复印件，董事会成员及授权人签字样本。

（2）审查、审批。贷款行受理借款人的申请资料，根据借款人财务状况和经营规模进行授信（不参与授信评级），然后在核定的期限和额度内受理单笔仓单质押授信业务。

贷款行信贷审批部门根据经营部门上报的借款人的授信额度、期限、金额以及借款人提供的拟质押仓单数量等证明文件进行审批。

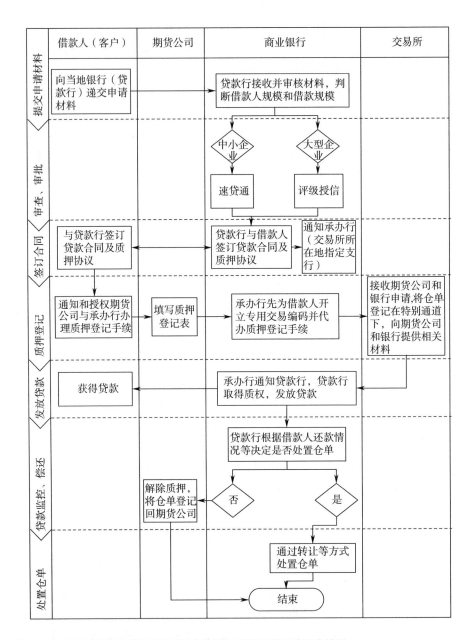

注：大连商品交易所和上海期货交易所的融资模式类同于郑州商品交易所。

图2-1　标准仓单质押融资业务模式1操作流程

（3）签订合同。对审批同意的授信项目，贷款行通知借款人签订标准仓单质押授信合同和标准仓单质押协议。

承办行（交易所所在地指定银行）为借款人在质权登记及质权行使通道下开立专用交易编码。

（4）质押登记。同标准仓单质押融资业务模式1操作流程。

（5）使用授信。承办行办理完毕质押登记手续后，贷款行为借款人发放贷款或开具银行承兑汇票。

（6）贷款监控、偿还。同标准仓单质押融资业务模式1操作流程。

（7）处置仓单。同标准仓单质押融资业务模式1操作流程。详见图2－2。

模式3：不通过质权登记及质权行使通道办理标准仓单质押授信。

标准仓单质押融资业务模式3操作流程说明：

（1）提交申请材料。借款人须向当地银行提供的资料同标准仓单质押融资业务模式2操作流程。

（2）审查、审批。银行信贷审批部门根据经营部门上报的借款人的贷款额度、期限、金额以及借款人提供的拟质押仓单数量等证明文件进行审批。

（3）签署质押合同（协议）。

同标准仓单质押融资业务模式2操作流程。

（4）办理仓单冻结。

①借款人通过期货公司向交易所递交冻结仓单声明书，期货公司向交易所递交冻结仓单专项授权书，同时贷款行向交易所递交冻结仓单通知书。

②交易所同意后，协助银行将质押部分仓单予以冻结，并向银行出具仓单冻结确认书。

（5）发放贷款。贷款行凭该确认书确定仓单质押登记已成功，为借款人办理贷款发放手续。

（6）贷款监控、偿还。为防止质押仓单价值下降造成的信贷风险，贷款行要对质押仓单品种的价值变动情况给予关注，当实际质押率超过协议约定的质押率或贷款行核定的警戒线时，要及时通知借款人采取归还部分借款或追加部分仓单等措施来降低信贷风险。

借款人按时归还借款的，贷款行应及时向交易所递交解除仓单冻结通知书，交易所解除仓单冻结，仓单恢复可流通状态。

（7）处置仓单。借款人不能偿还银行贷款的，银行根据三方协议约定，委托期货公司处置仓单，货款划付银行。详见图2－3。

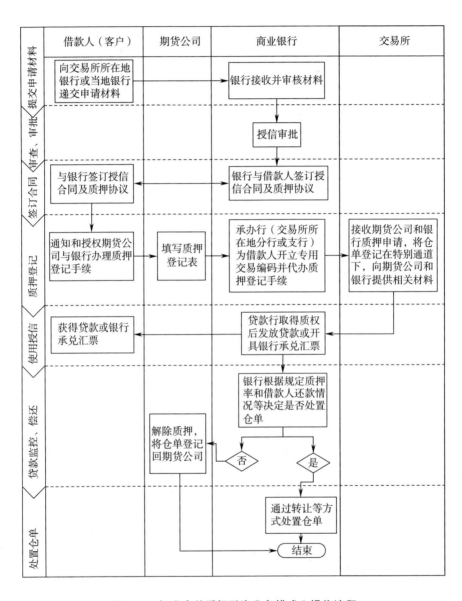

图2-2 标准仓单质押融资业务模式2操作流程

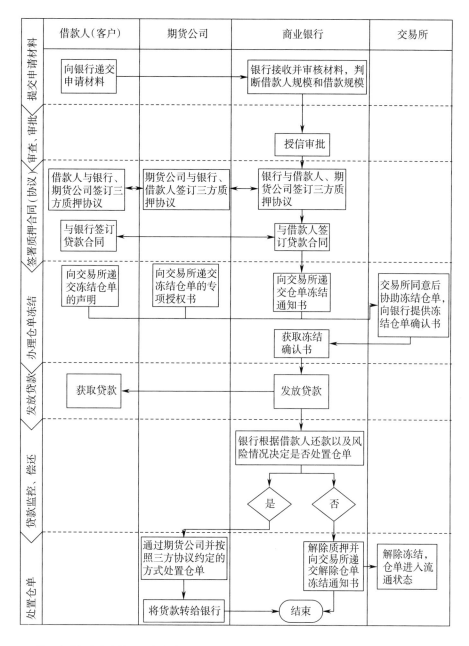

注：商业银行在交易所没有申请质权登记及质权行使通道，银行与借款人、借款人所在期货公司之间签署三方质押协议，期货公司配合贷款银行实现对仓单的处置。

图2－3 标准仓单质融资业务模式3操作流程

附件 1

银行标准仓单质押登记委托书

编号：＿＿＿＿＿＿＿

＿＿＿＿＿＿＿分行：

兹有出质人＿＿＿＿＿＿＿以＿＿＿＿＿＿＿标准仓单，仓单数量为＿＿＿＿＿＿＿（张），到我行申请质押授信。特委托贵行协助办理质押相关手续。

品种	等级	类别	产期	数量（张）	备注

银行＿＿＿＿＿＿＿分行（公章）：

负责人（签字）：

年　月　日

附件 2

银行标准仓单质押登记回执书

编号：＿＿＿＿＿＿＿

＿＿＿＿＿＿＿分行：

根据你行银行标准仓单质押登记委托书（编号：＿＿＿＿＿＿＿），出质人以＿＿＿＿＿＿＿标准仓单，仓单数量为＿＿＿＿＿＿＿（张）的标准仓单质押登记事宜，相关手续已经办理完毕，特此函告。

品种	等级	类别	产期	数量（张）	备注

附件：××商品交易所标准仓单质押登记/冻结单（略）

银行（公章）：

负责人（签字）：

年　月　日

附件3

<h1 align="center">银行标准仓单解押委托书</h1>

编号：_____

_____分行：

　　兹有出质人_____已还清我行授信，申请解除以_____标准仓单，仓单数量为_____（张）的质押授信。特委托贵行协助办理解押相关手续。

品种	等级	类别	产期	数量（张）	备注

银行_____分行（公章）：

负责人（签字）：

年　月　日

附件4

<h1 align="center">银行标准仓单解除质押回执书</h1>

编号：_____

_____分行：

　　根据你行标准仓单解押登记委托书（编号：_____），出质人以_____标准仓单，仓单数量为_____（张）出质的标准仓单的解押事宜，相关手续已经办理完毕，特此函告。

品种	等级	类别	产期	数量（张）	备注

银行（公章）：

负责人（签字）：

年　月　日

附件5

上海期货交易所标准仓单交易管理办法（试行）

第一章　总则

第一条　为进一步提升期货市场服务实体经济的能力，更好发挥期货市场功能，根据国家有关法律、法规，《上海期货交易所章程》《上海期货交易所交易规则》《上海期货交易所标准仓单管理办法》及相关业务规则，制定本办法。

第二条　为规范市场参与者的交易行为，保护市场参与者的合法权益，上海期货交易所（以下简称"交易所"）设立标准仓单交易平台（以下简称"平台"）对标准仓单交易进行统一管理。

第三条　标准仓单交易的开户、交易、结算、交收以及风险控制等适用本办法。交易所、仓单交易商、指定交割仓库、指定存管银行、信息服务机构等应当遵守本办法。

第二章　交易标的与交易时间

第四条　标准仓单交易的交易标的为交易所已上市品种的标准仓单。

第五条　标准仓单交易的交易日为每周一至周五（国家法定节假日除外）。每一交易日各交易品种的交易时间安排，由交易所另行公告。

第三章　仓单交易商

第六条　仓单交易商是指经交易所审核批准，获得交易商资格，参与交易所标准仓单交易活动的企业法人。

第七条 申请仓单交易商资格应当具备以下条件:

(一)经工商行政管理部门注册登记,具有所参与交易品种合法经营资格的企业法人;

(二)已在交易所标准仓单管理系统中开立标准仓单账户;

(三)能够开具所参与交易品种的增值税专用发票;

(四)承认并遵守相关政府监管部门的法律法规、本办法以及交易所公布的规则与规定;

(五)交易所认定的其他条件。

第八条 申请成为仓单交易商,应当向交易所提交相关证明材料,仓单交易商应当对提交材料的真实性、准确性和合法性承担法律责任。

第九条 审核通过后,仓单交易商应当与交易所签署《交易商协议》,按要求办理相关开户手续。

第十条 仓单交易商应当在平台开立交易账户后,方可参与标准仓单交易。标准仓单交易账户实行一户一码,即一个仓单交易商只能拥有一个交易账户。仓单交易商交易账户号与其在标准仓单管理系统中的账户号一致。

第十一条 仓单交易商应当妥善保管其交易账户及密码,应当对其交易账户发出的交易要约和产生的交易结果承担法律责任。

第十二条 交易所通过平台对仓单交易商实施日常管理,仓单交易商存在下列情形之一的,交易所有权撤销其仓单交易商资格:

(一)提交虚假开户材料的;

(二)转让或者转给他人使用仓单交易商资格的;

(三)存在其他违反国家法律、法规、规章和严重违反交易所有关规定的行为的。

第十三条 仓单交易商发生下列事项之一的,应当于事项发生之日起5个工作日内书面通知交易所:

(一)法人营业执照事项变更的;

(二)发生合并、分立、解散、申请破产、进入破产程序或者其他涉及仓单交易商主体变更情形的;

(三)涉及与经营管理有关的重大诉讼案件或者经济纠纷的;

(四)出现重大财务支出、投资事项,或者可能带来重大财务风险或者经营风险的财务决策的;

(五)其他可能影响仓单交易商履约能力的情形。

仓单交易商未及时向交易所履行通知义务的,交易所有权采取相应违规处理措施。造成损失的，应当承担赔偿责任。

第十四条 仓单交易商履约完毕或者被终止其所有标准仓单交易的义务、结清其资金以及其他费用后，可以向交易所提交注销仓单交易商资格申请。交易所核准后，在 5 个工作日内办理相关手续，注销其交易账户。

仓单交易商未按照规定办理销户手续的，应当对其交易账户发生的行为承担法律责任。

第四章 交易业务

第十五条 标准仓单交易采用挂牌交易等方式。挂牌交易外的其他交易方式由交易所另行公告。

第十六条 挂牌交易是指卖方仓单交易商在规定的交易时间内，以挂牌方式发出标准仓单卖出信息，买方仓单交易商摘牌后，于当日完成结算交收的交易方式。

第十七条 挂牌交易的仓单应当是电子形式的标准仓库仓单。

第十八条 仓单交易商应当在规定的交易时间内，在标准仓单管理系统中提交参与标准仓单交易业务申请，经审核通过后，方可参与标准仓单交易业务。

第十九条 进行挂牌交易的标准仓单需满足以下条件：

（一）交易所规定的交易品种；

（二）标准仓单管理系统中，标识为"正常"；

（三）标准仓单管理系统中，仓租付止日等于或者超过当日；

（四）有效期符合交易所的相关规定；

（五）交易所认定的其他条件。

第二十条 挂牌方式分为整批挂牌和分批挂牌。

（一）整批挂牌是指卖方仓单交易商单次挂牌出售一张或者多张标准仓单，买方仓单交易商摘牌时应当一次性购买该单次挂牌的所有标准仓单。

（二）分批挂牌是指卖方仓单交易商单次挂牌应当出售多张标准仓单，并填写最小摘牌张数。买方仓单交易商摘牌时可以购买该次挂牌内的部分或者全部标准仓单，购买仓单张数应当大于或者等于最小摘牌张数。

最小摘牌张数是指采用分批挂牌的情况下，卖方仓单交易商设定允许买方仓单交易商摘牌购买的最小仓单张数。最小摘牌张数应当小于本次挂牌的仓单总张数，且大于等于 1 张。

仓单交易商通过整批挂牌或者分批挂牌方式挂牌多张标准仓单时，应当确保同次挂牌时每张仓单对应的品种、仓库、商标、品级均相同。

第二十一条 标准仓单挂牌交易的报价方式分为全价报价和升贴水报价。

（一）全价报价是指卖方仓单交易商在挂牌时填写挂牌标准仓单固定单位价格的报价方式。

（二）升贴水报价是指卖方仓单交易商在挂牌时选定挂牌标准仓单对应品种的某一月份期货合约并填写升贴水的报价方式。

固定单位价格、升贴水的报价单位参照相应品种期货合约报价单位进行设置。

最小变动价位是指各交易品种挂牌全价或者升贴水报价方式下价格波动的最小单位。标准仓单挂牌交易的最小变动价位参照相应品种期货合约的最小变动价位进行设置。

第二十二条 标准仓单挂牌交易采用全款交易方式。全款交易方式是指买方仓单交易商在摘牌时付清所摘牌标准仓单全部货款及相关费用的交易方式。

第二十三条 标准仓单挂牌交易的业务流程如下：

（一）卖方挂牌。卖方仓单交易商以挂牌形式发布拟交易标准仓单的品种、数量、仓库、商标、品级、挂牌价格（全价或者升贴水）、最小摘牌张数以及其他信息。

（二）买方摘牌。买方仓单交易商确认资金账户余额充足，确认标准仓单挂牌信息后，进行摘牌。

第二十四条 仓单交易商可以在平台上查询标准仓单交易相关信息，包括：当日挂牌信息、当日摘牌信息、成交情况、实时资金情况、可挂牌标准仓单信息等内容。

第五章 结算业务

第二十五条 结算是指交易所根据仓单交易商的交易结果和交易所的相关规定，对仓单交易商货款、手续费及其他款项进行计算、收付的行为。

第二十六条 交易所对标准仓单交易的买卖双方仓单交易商进行当日结算。

第二十七条 交易所每个交易日对标准仓单交易进行逐笔收付。

第二十八条 指定存管银行提交申请，经过交易所审核通过后，协助办理标准仓单交易结算业务。申请银行应当满足以下条件：

（一）技术系统满足标准仓单交易结算需求；

（二）交易所的其他规定。

指定存管银行应当为从事其标准仓单交易资金存管业务的交易商提供安全、准确、及时的资金存管、划转服务。

第二十九条 交易所在指定存管银行开设标准仓单交易专用结算账户，用于存放仓单交易商的资金及相关款项。

第三十条 仓单交易商应当在指定存管银行开设银行结算账户，用于资金存放和划转。

仓单交易商银行结算账户的开设、变更和注销应当及时向交易所报备。

第三十一条 交易所与仓单交易商之间的业务资金往来通过交易所标准仓单交易专用结算账户和仓单交易商银行结算账户办理。

第三十二条 标准仓单交易业务采取实时收付的方式。

实时收付是指在交易时间段内，买方仓单交易商付清摘牌标准仓单全部货款及相关费用，并经交易所确认，完成货款划转和标准仓单过户。

第三十三条 每个交易日闭市后，交易所根据交易结果和有关规定对仓单交易商货款、交易手续费、仓储费、过户费等相关款项进行结算。

第三十四条 仓单交易商当日资金余额计算方式如下：

当日资金余额＝上一日资金余额＋当日收入货款－当日支付货款＋入金－出金－当日交易手续费－当日暂扣发票保证金＋当日清退发票保证金－发票违约金－当日仓储费－当日过户费－其他费用

第三十五条 仓单交易商可以在交易日盘中提交出入金申请，经审核通过后，交易所办理由交易所标准仓单交易专用结算账户与仓单交易商银行结算账户的资金划转。

第三十六条 仓单交易商当日可出金额计算方式如下：

可出金额＝出金时资金余额－当日其他应付费用

第三十七条 仓单交易商出现下列情形之一的，交易所可以限制其出金：

（一）涉嫌重大违规，经交易所立案调查的；

（二）因投诉、举报、交易纠纷等被司法部门或者其他有关部门正式立案调查，且正处在调查期间的；

（三）交易所认定的其他情形。

第三十八条 每个交易日闭市后，交易所向仓单交易商提供当日结算报表。

第三十九条 仓单交易商对结算数据有异议的，应当在下一交易日开市前以书面形式通知交易所。在规定时间内仓单交易商未对结算数据提出异议，视为仓单交易商已认可结算数据的正确性。

第四十条 仓单交易商进行标准仓单交易应当按规定缴纳交易手续费，具体标准由交易所另行规定。

第四十一条 每个交易日闭市后，交易所根据当日过户和标准仓单持有情况为仓库代收标准仓单交易发生的过户费和仓储费。遇到法定节假日的，交易所于前一交易日收取该时间段的仓储费。

第四十二条 交易所在每月初向仓单交易商开具上月手续费发票。

第四十三条 交易所向卖方仓单交易商支付货款时，将暂扣摘牌标准仓单总货款的 20% 作为发票保证金，用于卖方仓单交易商迟交或者不交增值税专用发票时发票违约金的扣划。

第四十四条 买卖双方仓单交易商完成标准仓单过户后，交易所向买方仓单交易商开具增值税专用发票，向卖方仓单交易商收取增值税专用发票。

第四十五条 交易所设定每月 20 日为当月开具增值税专用发票截止日，凡是在每月 20 日（含当日）之前成交的交易，交易所当月向买方仓单交易商开具增值税专用发票；凡是在当月 20 日之后成交的交易，交易所在下月增值税专用发票开票截止日之前向买方开具增值税专用发票。

交易所可以根据市场情况调整每月增值税专用发票开票截止日。

第四十六条 卖方仓单交易商应当在成交后 5 个交易日内开具增值税专用发票并送达交易所。

第四十七条 交易所在收到增值税专用发票的两个交易日内对其进行验证，验证合格后清退发票保证金。因仓单交易商违反本办法规定而产生的所有税收损失及相关费用由仓单交易商自行承担。

第四十八条 仓单交易商迟交增值税专用发票 3 至 10 天的，卖方交易商每天支付货款金额 0.5‰ 的发票违约金；迟交 11 至 30 天的，卖方交易商每天支付货款金额 1‰ 的发票违约金；超过 30 天未交增值税专用发票的，视作不交增值税专用发票，卖方交易商支付货款金额 20% 的发票违约金。

第六章 交收业务

第四十九条 标准仓单交易实行当日交收制度。买卖双方仓单交易商采取仓单过户的方式实现交易标的标准仓单所有权的转移。买卖双方仓单交易商在成交当日完成标准仓单过户。

第五十条 指定交割仓库向交易所提交申请，经交易所审核通过，协助办理标准仓单交易交收业务。

第五十一条 指定交割仓库应当在交易所指定存管银行开立银行结算账户。

第五十二条 在每个交易日结算完成以后，指定交割仓库与仓单交易商可以在平台上查询每日标准仓单过户数据。

第五十三条 交易所为指定交割仓库代收并划转仓单交易商参与标准仓

交易业务期间的仓储费和过户费。指定交割仓库应当及时向仓单交易商开具仓储费和过户费发票及其他相关单据。

第五十四条　仓储费和过户费的收取标准参照交易所期货相关品种的仓储费和过户相关规定，收取具体标准由交易所另行通知。仓储费按日按实际重量向标准仓单所有人收取，过户费按次按实际重量向买方仓单交易商收取。

第五十五条　标准仓单过户后，若买方仓单交易商对标准仓单的商品质量、数量有异议的，参照《上海期货交易所交割细则》《上海期货交易所违规处理办法》中的有关规定处理。

第七章　风险控制

第五十六条　标准仓单交易实行价格限制制度。交易所根据相应品种基准价上下一定比例确定价格限制区间。仓单交易商超过价格限制区间的报价无效。

第五十七条　基准价是相应品种标的期货合约的前一日结算价。

第五十八条　标的期货合约是指交易所选取的作为某一特定品种标准仓单交易价格限制参考依据的基准期货合约。交易所可以根据市场情况调整该品种对应的标的期货合约。

第五十九条　价格限制区间根据基准价与最大价格波动幅度计算。最大价格波动幅度指根据品种设置的价格涨跌比例。最大价格波动幅度包括最大涨幅与最大跌幅。

价格限制区间＝［基准价×（1－最大跌幅），基准价×（1＋最大涨幅）］

出现下列情形之一的，交易所可以根据市场风险调整其最大价格波动幅度：

（一）相应品种标的期货合约调整涨跌停板幅度；

（二）交易所认为市场风险明显增大；

（三）交易所认定的其他情形。

第六十条　标准仓单交易实行风险警示制度，当交易所认为必要时，可以分别采取或者同时采取要求仓单交易商报告情况、谈话提醒、书面警示、发布风险警示公告中的一种或者多种措施，以警示和控制风险。

第八章　违约违规处理

第六十一条　仓单交易商在标准仓单挂牌交易过程中，出现以下情形之一的，构成违约。违约方应当按照相关规定和约定承担继续履约或者支付违约金等违约责任：

（一）买方仓单交易商未在规定时间内支付全额货款；

（二）卖方仓单交易商未在规定时间内按全额货款开具增值税专用发票；

（三）卖方仓单交易商未在规定时间内交付标准仓单；

（四）交易所认定的其他违约行为。

第六十二条　仓单交易商出现下列违规情形之一的，交易所可以采取相应违规处理措施：

（一）涉嫌实施市场禁止行为的；

（二）提供的开户资料以及其他资料不真实的；

（三）未按照有关规定办理注销手续的；

（四）未按有关规定缴纳相关费用的；

（五）未履行或者未适当履行仓单交易商义务的其他违规行为。

第六十三条　市场禁止行为包括但不限于：

（一）仓单交易商单独或者合谋，集中资金优势、持仓优势、信息优势影响标准仓单交易价格；

（二）仓单交易商蓄意串通，按照事先约定的时间、价格和方式相互进行对倒交易，影响交易价格或者交易量；

（三）利用标准仓单交易从事非法活动的；

（四）交易所认定的其他禁止行为。

出现前款第（一）、（二）项情形时，交易所有权采取对仓单交易商违规挂牌予以撤销，对已成交交易的价格不予公布和统计等措施。

出现前款第（三）项情形时，交易所有权取消违规仓单交易商仓单交易商资格；涉嫌违法犯罪的，依法移交行政执法部门或者司法机关。

第六十四条　对于违反本办法的仓单交易商、指定交割仓库、指定存管银行，交易所视情节轻重对其给予警告、暂停仓单交易商全部或者部分交易权限、取消仓单交易商资格、暂停指定交割仓库参与标准仓单交易业务资格、取消指定交割仓库参与标准仓单交易业务资格、暂停指定存管银行参与标准仓单交易业务资格、取消指定存管银行参与标准仓单交易业务资格及交易所业务规则规定的其他处理措施。

第六十五条　经交易所调查发现违规行为涉嫌违法犯罪的，依法移交行政执法部门或者司法机关处理。

第九章　异常情况处理

第六十六条　标准仓单交易期间，出现下列情形之一的，交易所可以宣布标准仓单交易进入异常情况，采取紧急措施化解风险：

（一）地震、水灾、火灾、战争等不可抗力或者计算机系统故障、网络故障等不可归责于交易所的原因导致交易无法正常进行；

（二）交易所认定的其他情况。

第六十七条 交易所宣布进入异常情况的，可以对标准仓单交易采取调整开市收市时间、调整价格限制区间、暂停交易、限制出金、撤销挂牌等紧急措施。

第十章 信息管理

第六十八条 交易所标准仓单交易信息是指在交易所标准仓单交易活动中所产生的所有交易行情、各种交易数据统计资料以及交易所通过平台发布的标准仓单交易各种公告信息。

第六十九条 交易所发布的标准仓单交易信息包括：品种、最新价、涨跌、成交量、成交金额、最高价、最低价、昨收盘、今收盘、昨均价、今均价、申卖价、申卖量等。

信息发布应当根据不同内容按实时、延时、每日、每周、每月、每年定期发布。

第七十条 仓单交易商、指定存管银行、指定交割仓库、信息服务机构不得泄露因参与标准仓单交易业务而获取的商业秘密。

经批准，交易所可以向有关监管部门或者其他相关单位提供相关信息，并执行相应保密规定。

第七十一条 仓单交易商、指定存管银行、指定交割仓库、信息服务机构不得发布虚假的或者带有误导性质的信息。

第七十二条 仓单交易商、指定存管银行、指定交割仓库、信息服务机构参与交易所的标准仓单交易信息归交易所所有。未经交易所书面许可，任何机构和个人不得将之用于商业用途。

第七十三条 为交易所标准仓单交易信息发布及日常信息管理提供软硬件服务的信息服务机构应当保证交易设施的安全运行和交易信息发布的及时性、准确性。

第十一章 争议处理

第七十四条 仓单交易商、指定交割仓库和指定存管银行之间发生的有关标准仓单交易业务纠纷，可以自行协商解决，也可以提请交易所调解。

第七十五条 提请交易所调解的当事人，应当向交易所提出书面调解申请。交易所的调解意见，经当事人确认，在调解意见书上签章后生效。

第七十六条　当事人也可以依法向仲裁机构申请仲裁或者向人民法院提起诉讼。

第十二章　附则

第七十七条　本办法解释权属于上海期货交易所。

第七十八条　交易所根据本办法制定的管理规定和操作指引，属于本办法不可分割的部分，与本办法具有同等法律效力。

第七十九条　本办法自 2018 年 5 月 15 日起实施。

二、非标准仓单质押担保信贷业务

【产品定义】

非标准仓单质押担保信贷业务是指企业以其自有或第三方持有的仓单作为质押物，银行向其提供贷款的一种授信业务形式。

【基本条件】

申请人除符合银行法人客户授信的基本条件外，还应满足以下条件：

1. 至少有两年以上经销或生产仓单标的的经验，且上年销售收入超过 3 000 万元。

2. 信用等级不低于 BB 级，无不良信用记录。

3. 仓单标的应是占其销售收入 30% 以上的主营货物或占其销售成本 30% 以上的主要原料。

4. 企业经营正常，市场发展稳定，行业状况良好，购销渠道通畅，存货周转快，现金流量大，盈利稳定。

5. 授信申请人的注册地和主要经营场所在经办行授信业务经营区域以内。

6. 货权人必须为申请人，原则上不接受申请人以货权人为第三方的仓单质押。

7. 出质人必须拥有完全所有权货物仓单，且记载内容完整。

8. 出具仓单的仓储方原则上必须是银行认可的具有一定资质专业仓储公司。

9. 质押仓单项下货物必须无形损耗小，不易变质，易于长期保管。

10. 货物市场价格稳定，波动小，长期保值；规格明确，便于计量。

11. 货物属于大宗原材料，适应用途广、易变现。

【基本规定】

仓单指仓储公司签发给存储人或货物所有权人的记载仓储货物所有权的唯一合法物权凭证，仓单持有人随时可以凭仓单直接向仓储方提取仓储货物。

非标准仓单由物资储运公司自行制作，银行必须核实。在实际操作中，也有使用商品调拨单（提货单）作为质押物的，商品调拨单（提货单）由厂商签发，表明其为唯一的提货凭证。

【点评】

仓单质押贷款实质是存货抵押贷款，由于银行难以有效地监管抵押物，因而需要借助第三方仓储公司提供的保管、监督、评估作用实现对企业的融资。

质押率一般为 60%～70%。根据商品不同，质押率可能有所不同。通常价值越稳定，越易变现，质押率越高，如成品油、煤炭、化肥等大宗原材料；商品价值波幅越大，越不易变现，则质押率越低，如钢材、汽车、芯片等。

【产品优势】

1. 有利于促进商品贸易，加快市场物资流通。

2. 为企业提供融资便利，提高企业资金使用效率。

3. 扩大企业的销售，增加企业的经营利润。

4. 通过仓单质押可以降低银行发放贷款的风险，保证贷款安全。

5. 增加仓储公司的仓库服务功能，增加货源，提高仓储公司的经济效益。

【业务流程】

1. 借款企业向银行申请非标准仓单质押授信。

2. 银行、仓储企业、借款企业（出质人）签订三方协议，约定借款企业将仓单质押给银行，仓储公司代为监管货物。

3. 仓储公司向银行出具质押书面确认文件，并在文件中声明在质押期间仓单不接受挂失、注销和补办，仓单移交给银行。

4. 银行签收经确认质押的书面文件后，向借款人发放贷款或承兑商业汇票。

5. 如借款企业无法按时还款，银行将通过仓储公司处置仓单或委托拍卖公司拍卖变现；借款企业履行还款义务后，银行为出质人办理仓单的解除手续，退还仓单。

【风险控制】

仓单质押授信的申请人一般限定在以仓单作为原材料进行生产的工业企业，或以对应的货物作为销售对象的商贸企业。要求企业本身具备较强的经营运作能力，要防止企业盲目囤货，积聚风险。

【营销建议】

1. 非标准仓单质押授信的申请人限定在以非标准仓单作为原材料进行生产的工业企业，或以对应的货物作为销售对象的商贸企业。

2. 建议营销可以定位在如下行业：钢材、汽车、油料、不锈钢、粮食、有色金属、煤炭、棉花、木材、塑料原材料等，这些行业属于国民经济重要行业，价值稳定、易变现产品。

【案例】

吉林新港油料有限公司非标准仓单质押融资

1. 企业基本情况。吉林地区油品行业交易金额较大，年交易额超过100亿元，企业数量众多，有超过20家油料经销企业，这些油料经销企业普遍实力较强、资金运作规模较大，有较好的开发价值。

2. 银行切入点分析。某国有银行吉林分行根据融资市场的需求，对吉林地区的油品及相关企业进行了为期一年的跟踪、走访和调查。经过分析，决定依托优质生产商资信，利用票据、信用证等产品为客户提供结算和融资服务。

3. 银企合作情况。选定吉林省本地龙头客户吉林新港油料有限公司作为目标客户。

具体操作方式：50%的保证金，其余50%的敞口以非标准仓单作质押，同时由质押物保管方——吉林中地油料仓储公司提供连带责任保证。

吉林分行累计开立银行承兑汇票120多笔，票面金额达6亿多元，无一笔逾期，为银行带来了可观的效益。

【点评】

能源产业资金需求量大、客户价值高、交易链条易于梳理、客户关联性稳定，大部分交易标的可以实施物权控制，交易链中的大炼油厂、石化厂或电厂资金实力强，产业信息透明度较高，是理想的银行仓单质押融资产品拓展的领域。

【营销建议】

1. 建议从以下网站寻找客户。

上海期货交易所网站：http：//www.shfe.com.cn.

大连商品交易所网站：http：//www.dce.com.cn.

郑州商品交易所网站：http：//www.czce.com.cn.

2. 非标准仓单可以涉足的行业较多，需根据具体行业客户来确定，银行要认真地研究行业的具体特点及资金结算规律，制定细化的质押操作规则。

三、期货保税标准仓单质押融资

【产品定义】

期货保税标准仓单质押融资是期货保税标准仓单持有企业以仓单项下保税货物为债权担保，向银行等金融机构借款的一种（期交）所外融资方式。

期货保税标准仓单是指期货保税交割业务中由保税交割仓库按照期货交易所规定生成的用于提取保税货物的凭证。

【准入条件】

申请办理期货保税标准仓单质押融资业务试点的企业必须为在保税港区注册的 AA 类或 A 类企业且持有期货保税标准仓单。

【准入商品】

试点商品为铜、铝及试点范围批准的商品品种。商品货物的所有权必须明确，能够提供所有权证明。

【业务流程】

1. 企业资格备案。企业在保税港区从事期货保税标准仓单质押业务，需向主管海关申请办理资格备案手续，由海关对申请企业进行资质核准。

申请企业应向主管海关提交以下单证：

（1）《仓单质押业务申请备案表》；

（2）进出口收发货人海关注册登记证书及复印件；

（3）海关认为需要的其他单证。

主管海关审核同意后在《仓单质押业务申请备案表》上核准意见。

2. 期交所开户及仓单生成。

（1）企业在上海期货交易所申请办理开户手续。

（2）期货保税标准仓单生成。

货主在申请签发保税标准仓单前，应通过会员单位办理签发保税标准仓单入库申报（交割预报），申报内容包括品种、等级（牌号）、商标、数量、发货单位、货主名称、拟入保税交割仓库名称等，同时须递交进境货物备案清单等相关单证复印件。

期货交易所在库容允许情况下，考虑货主意愿，在 3 个交易日内决定是否允许签发保税标准仓单。货主应在期货交易所规定的有效期内向已批准的入库申报中确定的保税仓库发货。未经过交易所批准或未在规定的有效期内入库的保税商品不能用于保税交割。货主应在货物到库后，委托交易所指定质量检验机构对进口商品进行质检。

保税交割仓库接到交易所批准签发保税标准仓单指令后，对到货及相关凭证进行验核。验收完毕后，在标准仓单管理系统中签发保税标准仓单。

3. 期货保税标准仓单质押。企业在标准仓单管理系统中（以下简称系统）向银行提出质押申请。指定交割仓库在验明货物与仓单后在系统中进行确认。

企业凭经海关签注的仓单质押业务试点申请备案表至银行申请办理仓单质押合同和银行保函。银行应当以期交所当月公布的保税交割结算价（或当月合约保税交割参考价）作为成交价格，出具相当于质押货物进口税款的保函，期限应覆盖仓单质押时限。

银行或企业应当在出具保函、保税标准仓单质押承诺保证书（见附件2）等相关材料的当日提交至海关。由海关审核担保金额以及担保期限等内容无误后，在标准仓单管理系统中完成确认。

海关确认后，银行应于系统中将状态改为质押状态，并向企业放款，同时通知指定交割仓库银行在相应货物上做好库位标记。

试点期间，主管海关办结一笔仓单质押业务手续后，方可受理同一企业的下一笔仓单质押申请。

4. 质押货物的监管。期货保税标准仓单质押合同有效期内，指定交割仓库应当对已质押的标准仓单进行登记管理。相应标准仓单不得进行交割、转让、提货、挂失等任何操作；在相应货物上做好库位标记，妥善保管。

5. 期货保税标准仓单质押解除。企业应当在抵押期限届满之日起20日内提出解除质押，在获得质权银行批准同意后，由质权银行在系统中提出解除质押申请，并向主管海关提出申请。指定交割仓库在验明仓单货物及所有权后，在系统中进行确认。

主管海关审核同意后应在仓单质押解除申请备案表上签注核准意见，并在系统中确认后，按现行规定退还银行保函。解除质押时，同一质押合同项下的仓单应一并解除，不得分批。

出质企业或银行应在主管海关审核同意后3个工作日内将以下单证提交主管海关备案：

（1）仓单质押业务解除申请备案表；

（2）原保税标准仓单质押清单；

（3）原仓单质押业务申请备案表；

（4）其他海关认为需要的单证。

出质企业在海关确认后，在系统中对仓单状态进行最终确认。指定交割仓库凭出质企业提交的经海关签注的仓单质押解除申请备案表撤销质押库位标记。

【政策依据】

中华人民共和国海关总署公告 2015 年第 40 号

（2015 年 8 月 20 日）

为配合我国原油期货上市工作，明确海关对原油期货保税交割业务的监管要求，现就有关事项公告如下：

一、原油期货保税交割业务应在符合条件的海关特殊监管区域或保税监管场所开展。上海国际能源交易中心应将开展原油期货保税交割业务的可交割油种和指定交割仓库向海关总署备案。

二、指定交割仓库应当建立符合海关监管要求的计算机管理系统，与海关进行联网，确保数据真实、准确、有效。

上海国际能源交易中心应当与指定交割仓库主管海关实现计算机联网，通过标准仓单管理系统实时提供保税交割结算单（见附件 1、附件 2）、保税标准仓单清单（见附件 3）等电子信息。

三、指定交割仓库内不同交割油种的期货保税交割原油不得混放，同一个储罐可以存放不同货主同一交割油种的期货保税交割原油。

四、原油期货保税交割完成后，保税原油需要进出口的，指定交割仓库和保税标准仓单合法持有人（以下简称仓单持有人）应当持保税交割结算单和保税标准仓单清单等单据向主管海关办理报关手续。

五、海关按以下原则确定期货保税原油完税价格：

（一）采用保税标准仓单到期交割的，以上海国际能源交易中心原油期货保税交割结算价加上交割升贴水为基础确定完税价格。

（二）采用保税标准仓单期转现交割的，以期转现申请日前一交易日上海国际能源交易中心发布的原油期货最近月份合约的结算价加上交割升贴水为基础确定完税价格。

（三）采用非标准仓单期转现交割或采用保税标准仓单但未经期货保税交割而转让的，按现行保税货物内销有关规定确定完税价格。

（四）保税原油交割进口时发生的溢短，以保税原油出库完成日前一交易日上海国际能源交易中心发布的原油期货最近月份合约的结算价加上交割升贴水为基础确定完税价格。

六、原油期货保税标准仓单可以质押，质押应当提供税款担保并符合海关监管要求。

仓单持有人在向主管海关办理仓单质押备案手续时应提交以下单证：

（一）保税标准仓单质押业务备案表（见附件 4）；

（二）企业设立证明文件及复印件；

（三）保证金或银行保函，担保金额不小于质押货物应缴税款，担保期限不少于质押期限；

（四）海关需要的其他单证。

七、仓单持有人提出解除质押的，应当向主管海关提供保税标准仓单质押业务解除备案表（见附件5）和解除质押协议复印件等单证办理质押解除手续。解除质押时，同一质押合同项下的仓单不得分批解除。

八、原油期货保税标准仓单可以转让。原油期货保税标准仓单可以作为期货交易保证金使用。

九、用于期货保税交割的国内原油存入指定出口监管仓库，海关按照有关规定向国家税务总局传输出口报关单结关信息电子数据。

十、指定交割仓库存储的期货保税交割原油不设存储期限。

十一、指定交割仓库应当如实申报实际损耗情况，海关对期货保税交割原油存储期间的自然损耗的认定试行不超过0.12%/年（每年千分之一点二）的标准。

本公告自公布之日起施行。

附件：1. 保税交割结算单（报关专用－1）（略）

2. 保税交割结算单（报关专用－2）（略）

3. 保税标准仓单清单（略）

4. 保税标准仓单质押业务备案表

5. 保税标准仓单质押业务解除备案表

附件4

保税标准仓单质押业务备案表

编号：＿＿＿＿＿＿＿

出质人信息	企业名称：		海关注册编码：
	企业性质：	企业分类等级：	注册资金：
	区内地址：		
	法定代表人：		联系人及联系方式：
	经营范围：		
	开户银行及账号：		

续表

信息 质权人	金融机构名称：		法定代表人：	
	地址：			
	联系人及联系方式：			

备案事项说明：

出质人签章

年　月　日

主管海关审核

初审意见：　　　　　　　　　　　　复审意见：

质权人保证事项：贷款无法清偿，需要以质押物抵偿贷款时，保证先缴纳海关税款或者从质押物的折（变）价款中优先偿付海关税款，并提交有关单证。

　　质权人签章：　　　　　　　　　法定代表人签字：

年　月　日

注：本备案表一式四份，海关、质权人、出质人和指定交割仓库各留存一份。

附件5

保税标准仓单质押业务解除备案表

编号：_____

出质人名称		海关注册编码	
区内地址		电话	
企业性质		企业分类等级	
经营范围		注册资金	
联系人		联系电话	
质权人名称		质押期限	

质押数量：

解除说明：

出质人签章：

年　月　日

主管海关审核

初审意见：　　　　　　　　　　　　复审意见：

备注：

注：本备案表一式四份，海关、质权人、出质人和指定交割仓库各留存一份。

四、仓储公司担保信贷业务

【产品定义】

仓储公司担保信贷业务是指银行根据仓储公司的规模、经营业绩、运营现状、资产负债比例以及信用程度等，向仓储公司提供一定金额的担保额度，再由仓储公司向银行推荐客户，仓储公司向银行提供信用担保的一种信贷业务品种。

【产品优势】

仓储公司担保信贷业务有利于企业更加便捷地获得融资，减少原先向银行申请质押贷款时的多个申请环节；同时也有利于银行充分利用仓储公司监管货物的管理经验，通过仓储公司的担保，强化银行对质押贷款全过程监控，更加灵活地开展质押贷款业务，降低贷款风险。

【业务流程】

1. 银行为仓储公司核定担保授信额度，约定由仓储公司推荐借款人。
2. 借款人将货物存放在仓储公司，并与仓储公司签订动产质押协议。
3. 银行与仓储公司签订担保协议，为借款人办理银行承兑汇票或贷款。
4. 借款人向仓储公司交存资金，仓储公司给经销商发放货物。
5. 银行承兑汇票或贷款到期，借款人归还银行融资。

【案例】

新州安商金属股份有限公司——钢贸通融资

1. 企业基本情况。

（1）企业基本情况。新州安商金属股份有限公司为新州市钢铁流通行业内规模较大、专业性较强、实力较雄厚的综合性股份制流通企业，注册资本为8 500万元，由新州市国有资产运营有限公司、新州投资集团有限公司、××钢铁等法人股东和公司职工等股东共同投资。公司主要经营金属材料、非金属材料、进出口贸易、仓储物流、加工配送等。公司按照资源统购、连锁分销模式，在全国设立了28个经营机构，公司是宝钢、武钢、首钢等多家特大型钢铁企业一级代理商，合作关系密切。公司年销售钢材187万吨（含铁矿砂、精矿粉、焦炭、生铁），主营业务收入达68.61亿元。

新州安商金属股份有限公司在新州市成立钢铁交易市场，现货交易市场现有营业大厅3 000平方米，吸引了超过200个钢铁交易商进场交易，交易市场设有银行、商务中心、综合服务部，提供工商、税务、法律咨询等"一条龙"服务。交易市场占地400亩，设有仓库2万平方米，室外货场10万平方米，铁路专用线（两条）约1 200米，龙门吊6台，叉车5台，市场全年钢材吞吐量约120万吨，钢材销售额约180亿元。

（2）公司竞争力分析。

①与国内外多家大型、特大型钢铁企业建立紧密合作关系。新州安商金属股份有限公司是多家大型、特大型钢铁企业如宝钢、武钢、济钢、安钢等的一级代理商，在多年合作中建立了密切关系，公司股东中有××钢、××钢等全国特大型钢铁企业。公司是××钢铁最大的经销商，年经销量占其产量的10%以上。在利用国内资源的同时，公司根据国内市场需求，积极与俄罗斯MMK. LTD、欧钢联、日本三井等国外大型钢铁企业加强业务合作，形成了较为稳定的供应渠道。

②销售渠道稳定，市场拓展得力。新州安商金属股份有限公司为新州市最大的钢铁物资流通企业，在市内钢材销售中占主导地位。新州安商金属股份有限公司采取统购分销的经营模式，由公司本部统一进行资源组织供应，分公司面向客户销售。新州金属股份有限公司在市内设有10家分公司，销售渠道覆盖全市；同时在上海、深圳、武汉、西安、天津等地设有分公司，销售网络辐射全国。新州金属股份有限公司依托在本行业强大的影响力，成功地开发了网上交易市场，网上交易商达270多家，形成了跨区域营销网络。

2. 银行切入点分析。某银行接触该公司后，认为新州安商金属股份有限公司经营现金流较好，主业突出，竞争力较强。新州安商金属股份有限公司市场内有30家较大规模的经销商，钢材本身属于大宗商品，流转较快。通过新州安商金属股份有限公司可以关联营销众多市场内经销商。银行可以为新州安商金属股份有限公司提供1亿元的担保额度，由其切分给市场内经销商使用。

（1）授信的优势。开展做市商供应链融资业务，给银行带来的收益可观，风险可控。

保证金存款收益：保证金存款日均3 000万元左右。可以通过新州安商金属股份有限公司批发营销众多的经销商。

一般结算存款收益：根据协议要求，市场内经销商结算资金在银行往来，能带来的活期存款日均不低于1 200万元。

中间业务手续费收益：预计年累计开票金额在2亿元以上，可获得中间业务手续费及承诺费100万元以上。

（2）主要的风险点。本次授信以新州安商金属股份有限公司作为风险控制依托，市场内经销商额度由新州安商金属股份有限公司承担连带责任保证，因此需密切关注新州安商金属股份有限公司的经营情况。

（3）控制风险的主要手段。质物选择限定为钢坯、线材、螺纹、棒材。

银行对质物实行定期和不定期检查，检查频率一个月不少于一次。关注新州安商金属股份有限公司的经营情况，加强授信后管理，对公司经营情况、财务状况和授信使用情况加强监控，密切关注其重大变化；密切关注钢材、有色金属等市场行情和国家固定资产投资、相关行业产业的政策变化，提高预判能力。

3. 银企合作情况。

表 2 - 1   新州安商金属股份有限公司供应链融资方案

授信描述	担保授信额度主体	新州安商金属股份有限公司	授信金额	5 亿元	授信期限	1 年
	银行承兑汇票主体	新州安商金属股份有限公司推荐并提供连带责任担保的优质经销商				
保证金比例	每家经销商授信金额不超过 3 000 万元，融资工具为银行承兑汇票					
授信根据	"1 + N" 供应链融资					
核心企业	新州安商金属股份有限公司					
承贷企业	新州安商金属股份有限公司推荐并提供连带责任担保的优质经销商					
银行收益	银行承兑汇票手续费：5 亿元银行承兑汇票额度，1 年可以签发 2 次，赚取 50 万元手续费 贴现利息收入：采用买方付息代理贴现方式，平均贴现利率按照贷款利率约 6%，1 年 10 亿元票据，可以获得 1 200 万元左右的贴现利息收入 存款收益：40% 的保证金，再加上销售回款存款，在银行平均存款约为 2 亿元					
融资合理性分析	新州安商金属股份有限公司钢材市场内年交易金额约 60 亿元，本次担保融资预计分解到近 30 家经销商，融资金额合理，融资需要符合商务规律					
仓储库	新州安商金属股份有限公司仓储库					
风险描述	担保方式：(1) 不低于 40% 的保证金 + 钢材仓单质押，质押率不超过 60%；(2) 新州安商金属股份有限公司第三方连带责任担保					
法律文本	本次供应链操作全部使用银行的规范化协议文本					

业务流程：

(1) 经销商及其授信额度确定。银行为新州安商金属股份有限公司核定连带责任担保额度，新州安商金属股份有限公司向银行推荐经销商，并提供连带责任担保。银行确定经销商年度购买指定厂商货物所需的银行承兑汇票限额和敞口，明确说明指定厂商名称及所购钢材品种。银行向经销商提供的授信额度可在有效期内循环使用。

(2) 对经销商授信额度审批。新州安商金属股份有限公司承诺对经销商未售出库存货物进行全额回购，回购标准是仅提交仓单凭证。

(3) 协议签署。授信额度审批通过后，银行与新州安商金属股份有限公司、经销商签订综合授信协议及仓储监管合作协议。经销商提供钢材购销合同复印件（加盖公章）、增值税发票复印件等，向银行申请开立银行承兑汇票，在银行存入不低于40%的现金作为保证金，敞口部分以存放在指定仓库的指定品种的钢材作质押。

（4）质押物出质。银行依据仓储监管合作协议，经过银行指定人员就质押合同项下所附质物清单进行实地核查，核实货物购销合同、进货发票、质检单、合格证、质量保证书等材料，核查无误后，与新州安商金属股份有限公司共同监督商品入库，由新州安商金属股份有限公司承担监管责任。

（5）质押物销售和出库。授信存续期间，如经销商销售质押货物，必须向银行出具出库通知单，并将相应款项打入在银行的保证金账户，银行审核其金额与经销商出库通知单所载明拟提取货物金额是否一致，审核无误后在经销商出库通知单上加盖公章，将制作好的出库通知单传真至新州安商金属股份有限公司，经销商凭该出库通知单向新州安商金属股份有限公司提取出库通知单项下仓储物。

（6）质押物监管。银行定期到新州安商金属股份有限公司进行监管，对货物进入、发出和结存登记货物台账。密切关注钢材的市场价格波动幅度、变现能力等，当价格下跌时，经销商必须补足现金保证金和增加质押，确保设定质押率不得超过60%，同时通过及时跟踪市场价格、加强保证金管理等手段管理货物价格风险。

（7）质押物的处置。经销商必须在60日内完成质押物销售，如未销售完毕，经销商必须用现金补足银票敞口。如经销商在单笔授信业务期间未按照约定逐步、正常地赎出质物进行销售，而是将质物长期交由银行占有而出现"死货"现象，银行将立即终止对经销商授信，并向新州安商金属股份有限公司出具回购通知书，在3个工作日内履行回购义务，将单笔授信所对应的质押货物出售变现，偿还债权。

（8）异常情况处理。当经销商资金周转出现异常时，银行及时向新州安商金属股份有限公司出具回购通知书，按三方协议规定，新州安商金属股份有限公司在3个工作日内履行回购义务。同时，银行将仓单权利人变更为新州安商金属股份有限公司，仓储费由经销商承担，由新州安商金属股份有限公司负责监管货物安全。

五、异地仓库仓单质押贷款信贷业务

【产品定义】

异地仓库仓单质押贷款信贷业务是指仓储公司利用客户自身仓库，就近进行质押监管，提供仓单，银行向借款人提供授信的一种供应链融资业务。

【产品优势】

异地仓库仓单质押贷款充分考虑客户的需要，可以把需要质押的存货等保管在方便企业生产或销售的仓库中，极大地降低了企业的质押成本。

【适用客户】

4S 店、铜加工、铝加工企业等。例如，4S 店本身就具备汽车保管条件，非常适合委托监管公司驻店监管。

【业务规定】

利用客户自身仓库监管时，监管机构及仓库管理应至少达到以下条件。

1. 仓储监管机构与仓库方签署租赁协议，并根据租赁协议约定取得上述"场地"的排他性使用权。

2. 仓储监管机构应制定有效的输出监管规章制度和详细的输出监管操作规程。

3. 仓储监管机构应采取必要措施确保"场地"实现物理空间的隔离与封闭，并在显著位置以醒目方式指明"场地"的合法使用权人和实际控制人为仓储监管机构。

4. 仓储监管机构应指派专人负责与上述"场地"有关的仓储监管工作，并为上述人员配发工作证件和标识。

5. 仓储监管机构在任何情况下不得雇用仓库或货物所有人及其关联各方的员工或代理人从事与上述"场地"有关的仓储监管工作。

6. 仓储监管机构应采取必要措施确保实现质押货物的独立堆放，并在显著位置以醒目方式指明该货物已质押给银行。

【案例】

案例 1　　　广东进取钢铁实业有限公司——厂商银融资（输出监管）

1. 企业基本情况。

（1）基本情况。广东进取钢铁实业有限公司注册资本为 5 000 万元，总资产达 5.7 亿元，主营项目为钢铁产品贸易、仓储、加工、配送。该公司是武钢、鞍钢、本钢、邯钢、唐钢的一级代理商，曾被武钢集团评为"五星级代理商"，曾被本钢集团评为"金牌用户"。该公司下设顺德新元金属制品有限公司、武汉进取贸易有限公司、上海进取冶金科技有限公司、进取公司驻鞍山公司办事处四个分支机构，拥有顺德科技工业园和上海等地钢铁产品深加工物流中心。

广东进取钢铁实业有限公司年钢材贸易量100万吨，为商、工、贸一体化集团。公司经营产品有热轧钢板、冷轧钢板、镀锌钢板、圆钢、工字钢、槽钢，其中热轧钢板、冷轧钢板是公司主导产品。该公司的各种经营产品具有易包装、易储藏、易监管、不易损坏等特性。广东进取钢铁实业有限公司最大的核心竞争力在于"渠道＋资源"。公司以钢贸经营为主，遍布各地的销售网络运作成熟，实行多点采购，统一规划销售。

由于广东进取钢铁实业有限公司的销售长期保持稳定增长，能按时、按量完成厂家预定任务量，因而能够取得厂家年底销售返点，实际上从厂家进货会比其他经销商价格优惠1%～2%。基于广东进取钢铁实业有限公司的价格优势，下游经销商或用户每月订货数量比较稳定；双方采用现金结算方式，款到发货，销售资金回笼较快。广东进取钢铁实业有限公司与很多二级经销商合作年限超过10年，终端客户数量超过百家。

（2）上游企业。上游钢厂均为国家钢铁企业龙头。广东进取钢铁实业有限公司主要供应商为唐钢、武钢、涟钢等大型钢厂，其中唐钢、武钢与涟钢三家钢厂约占总购买额比重的65%。广东进取钢铁实业有限公司与上游钢厂合作关系稳定、紧密且年限较长，已与这些钢厂建立了良好的合作关系，企业在钢厂均能获得稳定的货源，货源组织能力较强。这些钢厂生产的钢材都符合国家规定相关标准，质量有保障；合同履约信用良好，供应货物稳定。

（3）付款模式。厂家的付款条件要求广东进取钢铁实业有限公司提前一个月预付货款，款到后才安排相关的生产。可以允许广东进取钢铁实业有限公司开立银行承兑汇票，但贴现利息要求广东进取钢铁实业有限公司承担，或直接把成本打入货物单价，部分厂家甚至要求广东进取钢铁实业有限公司以现金直接结算。

2. 银行切入点分析。可以按照货权质押融资方式，提供银行承兑汇票项下预付账款融资。

（1）资金流控制。此笔授信属贸易链式融资，采用封闭式资金流和封闭式物流给授信主体使用授信品种和授信额度，从而控制上下游贸易链，进而规避银行风险。

（2）物流控制。引入监管机构——广南储运有限公司进行监管，广东进取钢铁实业有限公司提货需要由银行出具提货通知书，通过控制物流，进而控制资金流。货物经铁路运输到达目的地交货前，丢失货物责任由供应商负责，供应商给运输货物购买保险。

广南储运有限公司作为独立的第三方提供输出监管，该公司是一家集仓储、运输、期货交割、仓储融资、保兑仓等于一体的综合性仓储管理公司，是上海期货交易所指定的交割仓库和华南地区最大的仓储管理公司。该公司现有自有仓库近 6 万平方米，主要库存有铝锭、锌锭、电解铜、电解镍等有色金属，库容量达 160 000 余吨，并拥有 3 条铁路专用线，可提供从铁路专用线卸货、理货验收、入库分堆到按指令出库放行"一条龙"服务。

（3）授信的风险控制。根据银行采用的三方协议，若下游经销商广东进取钢铁实业有限公司出现经营风险无法全部销售货物，则由厂家承担相关的回购担保。

当钢铁生产厂家和下游经销商出现同时违约（发生行业性风险）现象时，将考验银行对质押品的处理能力。

（4）银行收益。广东进取钢铁实业有限公司在使用银行授信品种前必须存入 25% 的保证金，以及银行承兑汇票到期前企业分批打款赎货都可以提高企业在银行的存量资金，为银行带来可观的收益。

3. 银企合作情况。

业务流程：

（1）广东进取钢铁实业有限公司与××钢厂签订钢材购买协议，货款为 2 000 万元，约定使用银行承兑汇票支付，但是需要广东进取钢铁实业有限公司自行承担贴现利息。

（2）广东进取钢铁实业有限公司提供钢材购买协议，在银行存入 600 万元保证金，银行与广东进取钢铁实业有限公司签订银行承兑汇票协议，与广南储运有限公司签订委托监管协议，银行与广东进取钢铁实业有限公司及××钢厂签订三方合作协议。银行为广东进取钢铁实业有限公司办理金额为 1 000 万元的银行承兑汇票，期限为 3 个月。

（3）银行与广东进取钢铁实业有限公司一道向××钢厂交付银行承兑汇票。

（4）广南储运有限公司代理银行监控汽车进入广东进取钢铁实业有限公司仓库。广东进取钢铁实业有限公司与广南储运有限公司签订场地租赁协议，广南储运有限公司根据银行的指令掌控钢材。

（5）广东进取钢铁实业有限公司在银行交存保证金，银行按照 70% 的质押率通知广南储运有限公司发放钢材。

（6）在银行承兑汇票到期前 10 天，如果广东进取钢铁实业有限公司还未能交存足额银行承兑汇票款项，那么银行将通知广南储运有限公司准备处理质押物，变现质物后款项兑付银行承兑汇票。

案例2　　成都市新宇飞汽车服务有限公司——卡车进口融资解决方案

1. 企业基本情况。成都市新宇飞汽车服务有限公司注册资本为1 800万元，年销售额超过3亿元。企业性质为股份制，公司所属沃尔沃卡车授权服务中心，是集整车销售、配件供应、售后服务、信息咨询于一体的4S特约维修服务中心，销售区域包括四川省、重庆市、贵州省、甘肃省、西藏自治区。

（1）客户群体情况介绍：公司通过近年来沃尔沃配件供应和维修服务业务往来，形成一些客户群体，其中包括广西××港务集团有限公司、重庆市××实业股份有限公司、成都安液运输有限公司、湖南湘梅尔气体产品有限公司等。

（2）主要供应商瑞沃卡车集团情况介绍：瑞沃卡车集团是世界第二大重型卡车制造商，其大型卡车产量居世界第二。

瑞沃卡车集团目前在中国市场上拥有较为齐全的产品线，主要有FL（18~32吨）、FM（30~60吨）和FH（40~100吨），分为牵引车、自卸车、混凝土搅拌车、泵车、厢式货车和各类底盘。

2. 银行切入点分析。

（1）成都市新宇飞汽车服务有限公司经营分析。成都市新宇飞汽车服务有限公司收到订单后与瑞沃公司签订采购合同。对于整车进口，成都市新宇飞汽车服务有限公司与瑞沃卡车集团采用订单项下信用证开证进口，瑞沃卡车集团在信用证项下发货，如果未开立信用证，则需要通过先款后货方式进行结算。

货物从欧洲北部港口发货一般需2周时间运抵香港码头，主要承运商为瑞沃卡车集团的航运船队，在中国香港由瑞沃卡车集团人员负责商检，然后运输至深圳皇岗口岸，办理一系列通关手续后交由收货人。一般情况下均为购车方直接到深圳码头接车。

从财务状况看，成都市新宇飞汽车服务有限公司各项资产、销售及利润均稳定增长，资产质量好、流动能力较强，无流动负债被占用为长期投资的现象，企业资金运作较好，资金周转能力较强。从企业发展趋势分析，企业资产、净资产、销售收入、利润以及经营净现流等财务指标均保持不断向好态势，企业处于稳健而持续发展阶段，前景乐观。

（2）对瑞沃卡车的市场分析。成都市新宇飞汽车服务有限公司所代理瑞沃卡车为国际知名品牌，市场认可度较高。公司经营品牌主要是各类型中重型牵引车、自卸车、底盘车，产品特点是性价比高、质量可靠，配件均使用优良材质，经久耐用，在西南各地区有较高的认可度。

（3）融资分析。成都市新宇飞汽车服务有限公司属于民营企业，很难找到强担保或房产抵押。考虑到该公司本身的经营规范，而且瑞沃卡车质量较好、性能稳定，不易发生损耗，价格近年来呈上涨趋势，因此，进口信用证按照 70% 的质押率提供融资，委托合格的监管公司监管卡车。

需要授信额度测算：成都市新宇飞汽车服务有限公司每张订单订购卡车的数量平均为 11 台，按每台卡车 88 万元来计算，公司应有 968 万元的进口开证需求，根据公司在银行开立信用证的实际结算情况，银行可以为该公司提供 1 000 万元进口开证授信额度（含 30% 的保证金）。公司贷款支付目的明确，即用于向瑞沃卡车集团支付购车款。

提供综合授信额度为 1 000 万元，品种为进口开证，授信敞口为 700 万元，保证金比例为 30%。担保方式属货权质押，货权质押生效的前提是如果公司未及时收到国内用户购车款尾款，银行将叙做进口押汇，在赎货期内，成都市新宇飞汽车服务有限公司未能及时归还押汇，银行将对质押卡车进行变现处置。

从银行授信效益与风险来判断，由于本次授信申请为货权质押项下开证业务，通过深圳××物流有限公司监管，风险保障措施完善，因而风险可控，且效益与风险能够平衡。

（4）风险防范措施。

①货物控制。银行主要通过特定的结算方式和第三方独立监管，以掌握代表货权凭证来实现货物实际控制，在信用证下以全套正本海运提单为付款条件，受益人是国际知名公司，提单出现欺诈风险较小，银行只要掌握提单就可以完全控制货物，银行选择的深圳××物流有限公司是国内一流的物流企业，与银行在物流融资方面合作经验丰富，且监管能力较强，可以确保银行对质押监管货物的控制。

②质量控制、保险等。公司提供货权质押物为瑞沃卡车，该车为国际知名品牌，性能、质量上乘。货物从瑞典起运至深圳皇岗全程由瑞沃卡车集团负责投保，保单为可转让权利凭证并空白背书，单据由银行控制，质押货物进入监管程序，监管人投保综合险并承担货物保管责任。

③其他管理措施。随时对公司进行定期和不定期的检查，加强对企业现金流的监控，关注企业第一还款来源的充足性；随时了解公司所销瑞沃卡车的市场变动情况，做好信息收集，同时掌控客户风险预警指标。

由于是异地机构监管，因而在单据传递过程中存在延误和遗失风险，对此，银行应与深圳××物流有限公司保持密切沟通，并派专人携带提单正本到监管人处办理提货和仓单手续。

3. 银企合作情况。

表 2－2　　　　成都市新宇飞汽车服务有限公司卡车进口融资方案

额度类型	公开授信额度		授信方式	综合授信额度		
授信额度（万元）	1 000		授信期限（月）	12		
授信品种	币种	金额（万元）	保证金比例	期限（月）	利/费率	是否循环
进口开证授信	人民币	1 000	30.00	12	按规定	是
贷款性质	新增	本次授信敞口（万元）	700	授信总敞口（万元）		700
担保方式及内容	质押物名称：进口瑞沃卡车仓单					

　　银行为成都市新宇飞汽车服务有限公司提供 1 000 万元（或等值美元）进口开证授信额度（含 30% 的保证金），担保方式为深圳××物流有限公司对进口整车进行货权质押监管，期限为 1 年。

　　授信优势：第一，客户在银行开立人民币结算账户，并承诺下一年年初将其在其他银行的结算业务全部转入本行，将客户结算资金纳入银行管理，能为银行带来结算手续费收入和存款等综合收益。第二，公司在银行开立信用证（30% 的保证金）用于进口，信用证项下进口货物，在上海港口收货后，整车直接交由深圳××物流有限公司代为保管运输，银行与深圳××物流有限公司签订货权质押监管合同，风险控制得力。第三，客户资金周转速度快，在银行开立信用证以后，一旦进口整车到达公司所在地并实现销售后，便能够收回车款，填补敞口，从而形成保证金存款。如此循环操作，能够吸收保证金存款（日均）1 000 万元左右。第四，便于推进银行与瑞沃卡车集团及其在全国范围内的经销商进行更为广泛的业务合作。

4. 业务流程

（1）国内购车方与成都市新宇飞汽车服务有限公司签订瑞沃卡车供应合同后，收到首付 30% 的购车款，成都市新宇飞汽车服务有限公司与瑞沃卡车集团签订瑞沃卡车进口合同，向银行交纳 30% 的保证金申请开证。

（2）银行进口信用证开出后，瑞沃卡车集团在一周的工作时间内装船，瑞典一个月只有两班滚装船到香港，瑞沃卡车集团将装船单证传真给成都市新宇飞汽车服务有限公司，成都市新宇飞汽车服务有限公司凭此传真件向国内购车方收取 70% 的剩余货款。

（3）装船后 10 天左右，成都市新宇飞汽车服务有限公司收到足够的货款用于信用证支付。而银行一般在装船后 15 天左右收到瑞沃卡车集团发来的单据，如银行在收到单据 5 日内国内购车方 70% 的尾款未及时到位，成都市新宇飞汽车服务有限公司将向银行申请押汇，银行将提单交给深圳××物流有限公司进行提货并换取仓单。

（4）成都市新宇飞汽车服务有限公司在 60 天内收取客户尾款归还银行押汇后，银行将通知深圳××物流有限公司放货，国内购车方自行前往提车（见图 2－4）。

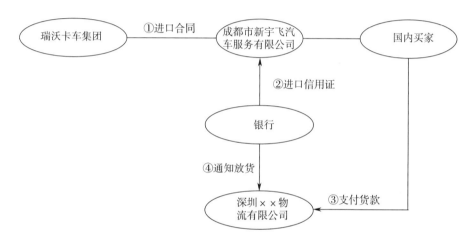

图 2－4　成都市新宇飞汽车服务有限公司卡车进口业务流程

六、委托提货权质押开证业务

【产品定义】

委托提货权质押开证业务是指国内贸易商委托进口商进口货品再销售给国内用户，还款来源为购销合同项下下游买方用户向国内贸易商支付货款的一种组合授信模式。

涉及客户：国内贸易商、进口代理商、出口商、船运公司、终端买方用户。

【基本条件】

1. 出质人必须与卖方及仓储公司签订货物仓储质押协议，卖方根据协议约定将货物发送至指定仓储仓库。

2. 出具仓单的仓储方原则上必须是银行认可的具有一定资质的船运公司。

3. 质押仓单项下货物必须无形损耗小、不易变质、易于长期保管。

4. 货物市场价格稳定、波动小。

5. 货物适应用途广、价值稳定、易变现、不易过时。

质押率一般为 60% ～ 70%，根据商品不同，质押率可能有所不同。通常价值越稳定，越易变现，质押率越高，如成品油、煤炭、化肥等原材料；商品价值波幅越大，越不易变现，质押率越低，如钢材、汽车、芯片等。

【产品优势】

1. 有利于促进商品贸易，保证了国内急需的特殊能源类、高技术产品的进口。

2. 充分借助终端买方客户的雄厚实力及良好的商业信誉，保证了交易安全。

【业务流程】

1. 订立合同。国内贸易商与终端买方用户签订正式货品购销合同，在购销合同（或补充合同协议）中明确终端买方用户将全额货款划入国内贸易商在融资银行开立的指定结算账户。

2. 贷款申报。经办行将购销合同（复印件）与授信材料一并上报相关审批机构，为国内贸易商申请专项人民币短期流动资金贷款额度。在授信调查报告中，必须详细叙述完整的融资运作模式，授信额度不得超过购销合同总金额的一定比例，额度期限为 12 个月，单笔贷款期限不超过 6 个月。

3. 开立信用证。国内贸易商将银行发放的专项货款资金全额划入进口代理商在银行开立的信用证保证金监管账户，同时国内贸易商将自有资金划入相同的信用证保证金监管账户，银行以 100% 保证金的形式为进口代理商开立不可撤销跟单信用证，用于进口货品。

信用证要素：不可撤销跟单信用证、货物溢短装 10%、银行收取保证金以溢装 10% 为限，约定海运提单的收货人栏以"凭××银行××分行指示"指示人身份显示。

4. 发货。货物由国外出口商运至指定码头，船运公司直接发送至终端买方客户。

发货条件：A. 终端买方用户在船舶到达指定港后，在约定的工作日内将货款划入国内贸易商在银行的指定结算账户或国内贸易商在银行的监管账户内，若资金已经覆盖贷款本息，银行即通知船运公司卸货。

B. 船舶到达指定港后，在约定的工作日内，若国内贸易商在银行监管账户内的资金不能覆盖银行专项短期流动资金本息（无论敞口多少），或与指定下游买方用户的交易未能完成，则银行立即将信用证项下提单收货人为银行货品出售变现，偿还银行债权。

5. 还款。终端买方用户按照购销合同的约定，将其购买国内贸易商信用证项下进口的货品的全额货款划入国内贸易商在银行开立的指定结算账户，银行扣划资金归还短期流动资金贷款本息。

【风险控制】

1. 国内贸易商向银行出具承诺函，承诺在信用证项下的货物到达指定港后的约定工作日内，若未及时结清在银行的专项短期流动资金本息，或与指定下游买方用户的交易未能完成而导致货款未划入在银行的指定账户，则该货物的处置权归属银行。

2. 为保证货物的有效监管，银行必须与船运公司签订货物监管协议。船舶到达指定港后，船运公司上船签收国外船东签发的以银行为收货人的货物到港通知，并附该公司的证明传真至银行。船运公司必须在接到银行的货物放行通知书的传真件后才能通知港口卸货过驳，运至下游买方用户。

【营销建议】

建议营销可以定位在如下行业：汽车、油料、橡胶、化工品、化肥等大宗原材料产品行业。

【协议文本】

收款账户托管协议书（示范）

协议号：

协议日期：

协议地点：

甲方：国内贸易商（委托进口方）

乙方：××进出口公司（进口代理商）

丙方：××银行

鉴于甲方委托乙方代理甲方进口××货品，乙方在丙方开立信用证及结算业务的需要，经过三方协商，就乙方在丙方开立银行结算账户和使用及相关事项达成协议如下：

一、乙方在丙方开立收款专用结算账户，户名：_____，账号：_____。该账户专项用于乙方代理甲方进口××货品货款和相关费用及丙方为此提供的结算，不得用于其他业务。

二、乙方在向丙方申请开立信用证后，甲方将乙方开证金额及进口合同中溢短装条款规定所需的美元金额折算为人民币（按开证当日银行美元汇率计算）于开证当日转入乙方在丙方开立的结算账户的_____个工作日内开证，乙方授权丙方在资金到位后将上述资金转为乙方名下的保证金，专项用于乙方通过丙方为甲方开立进口_____货物的信用证担保。该保证金账户的管理按以下条款执行。

1. 甲方同意在乙方保证金账户上存有开证金额及进口合同中溢短装条款规定所需美元的金额折算为人民币的保证金后（按开证当日银行美元汇率计算），乙方按丙方要求在一个工作日内提供完整的开证资料和购汇、付汇申请材料。

2. 三方同意：在信用证开出之后，丙方须确保此保证金不得挪作他用，并按信用证条款准时足额付汇，否则丙方必须承担由于保证金监管不力或信用证到期付汇不足或不及时而给甲乙双方造成的全部损失。

3. 三方同意：如货物进口合同未执行，对外信用证没有开出，乙方授权丙方以特种转账方式将保证金账户上的本金及利息当日内转入乙方结算账户后再转入甲方账户。

三、甲方同意开证及相关银行费用由甲方与丙方协商办理，由甲方通过乙方结算账户付给丙方。

四、信用证到单后，乙方授权丙方以特种转账方式将信用证项下保证金按信用证到单金额对外支付。

五、丙方负责相关银行单据（回单、对账单等）在发生业务的当月寄给乙方，并同时提供复印件给甲方。

六、本协议自三方签字盖章后生效。未尽事宜或发生纠纷时，三方通过友好协商解决，如协商达不成一致，可在乙方所属地法院提起诉讼。

七、本协议经三方签字之日起执行，有效期至_____年_____月_____日。

甲方：
负责人或委托代理人签字：
单位公章：
_____年_____月_____日

乙方：
负责人或委托代理人签字：
单位公章：
_____年_____月_____日

丙方：××银行

负责人或委托代理人签字：

单位公章：

_____年_____月_____日

进口××货物委托监管放货代理协议

甲方：××银行

乙方：××公司（储运公司）

丙方：国内贸易商

为保障甲方与丙方签署的综合授信协议（协议编号：_____）履行，三方约定：乙方愿意对存放于乙方仓库的丙方商品按照本合同的约定承担监管义务；丙方同意甲方作为进口信用证项下以"凭××银行"的指示人身份显示于海运提单的"收货人"栏。为有效地保护甲方对丙方的债权，甲方委托乙方在进口货品船舶抵达_____（具体地点）时对船舶所载货物实施放货前监管。

经过甲、乙、丙三方友好协商达成以下协议，共同遵守执行。

一、甲方在作为海运提单收货指示人及货物质权人的身份前提下委托乙方监管进口货物，乙方在未取得甲方书面明确指示向实际收货人放货前不得擅自向任何方放货。

二、背书手续的式样

甲方的有效印鉴式样为：　　　　　　　乙方的有效印鉴式样为：

不符合以上背书要求的相关单据，甲乙双方不予受理。

三、甲方要求乙方在获得承运人舱单、提单影印件并显示收货人_____传真加盖乙方印章的书面陈述证明。传真件以双方认可的有权签字人的签字和指定的传真电话号码相符有效，证明该轮进口货物收货人栏真实地表述为以上内容，并将正本证明材料快递寄给甲方。

四、乙方承诺船只抵达_____港后及时将抵达准确信息书面通知甲方；待船只抵达港口靠泊后，乙方与承运船方签好装/卸货备妥通知书后第一时间将装/卸货备妥通知书复印件加盖乙方印章传真给甲方，并将该加盖正本印章的复印件快递寄给甲方。乙方应及时向甲方书面提供进口货物预计抵达_____（具体地点）以及时间等信息。

五、甲方将及时通知丙方准备提货，归还贷款本息。甲方在收到丙方归还全额贷款本息或收到丙方指定下游用户买方（在此情况下，下游用户买方必须是_____公司）开立的付款保证函后，当日向乙方传真加盖甲方公章书面同意放货的指示（传真件以双方认可的有权签字人的签字和指定的传真电话号码相符有效），该书面指示应明确实际收货人名称。

六、乙方在接到甲方明确指示后向实际收货人办理放货事宜。甲乙双方商定，在进口信用证项下货物正常交付完毕后，甲方向乙方支付人民币_____元/艘次的监管放货代理费。

七、违约责任

1. 如乙方在未收到甲方的书面放货指示前擅自放货，甲方有权向乙方依法追索由此而造成的全部经济损失，乙方无条件同意向甲方赔偿。

2. 如丙方在收到甲方的还款通知后未能及时足额还款，或甲方未及时收到_____（指定下游用户买方）出具的相关付款保证函而导致货物滞港等，由此而发生的全部费用由丙方承担。

八、三方约定的其他事项

九、合同的生效

1. 本协议受《中华人民共和国海商法》及其他相关法律制约。对本协议项下所产生的任何纠纷和争议，协议三方应友好协商，如协商不成三方同意提交乙方所属地法院诉讼解决。

2. 本协议一式三份，甲、乙、丙三方各执一份，均具有同等法律效力，签字盖章后生效，本合同随上述甲丙双方信贷关系终止而终止。

甲方
负责人或委托代理人签字：
单位公章：
_____年_____月_____日

乙方
法定代表人或委托代理人签字：
单位公章：
_____年_____月_____日

丙方

法定代表人或委托代理人签字：

单位公章：

_____年_____月_____日

付款承诺函

致××公司：

贵公司为我公司采购的_____（货物名称）_____吨，单价_____元/吨，船号为_____，船到_____港后视同到_____港。本次交易的货物及交易的真实性无瑕疵，所需货款承诺在船到港之日起_____个工作日之内从专户上一次性付清款项，并付到贵公司指定的_____银行的结算账户。

特此函告

××公司

年　月　日

进口××货物放行通知书

××公司（储运公司）：

根据银行与贵公司签订的进口××货物委托监管放货代理协议，现由贵公司接受银行委托监管的货物保证金已经交足，请贵公司对_____的货物予以放行。

特此通知

××银行

年　月　日

七、未来提货权质押融资

【产品定义】

未来提货权质押融资是指以贸易商与核心客户签订的物资供应合同项下未来的提货权作为质押，银行为贸易商提供融资，以销售回款作为第一还款来源的一种融资业务形式。

未来提货权质押融资业务将是未来非常受欢迎的业务，可以有效地放大客户的提货能力，获得较高的价格折扣，同时可以免除卖方的回购担保，有较好的市场适应性。未来提货权质押融资业务强调过程控制，单据把握非常重要，因而必须有具备责任心的客户经理，并制定严密的制度，以确保合规操作。

【基本要素】

质押模式：未来提货权（提单）。

授信品种：银行承兑汇票及票据创新品种（买方付息等）、商业承兑汇票及票据创新品种（商票保贴、商票置换银票等）、国内信用证及相关押汇等品种、封闭买方贷款。

质押物：钢材、煤炭、有色金属、燃料油、化肥、粮食等行业，尤其是钢铁行业使用未来提货权质押融资量最大，约占所有品种的六成多，钢铁绝对是未来提货权质押最为集中的行业，非常值得各位银行客户经理认真学习。

供货商：一些特大型企业，其制造的商品往往产品质量较好，有较好的品牌，市场广泛接受，如钢铁行业中的宝武钢铁、鞍山钢铁。

仓储公司：一些大型的监管公司，如中国中储有限公司、中国外运有限公司、中国远洋物流公司等。

质押率：一般不超过70%。价格变化波动幅度较小的，质押率高些；价格变化波动幅度较大的，质押率低些。

保证金比率：一般不低于30%，根据客户规模、评级适度调整。

跌价警戒线：10%。

平仓警戒线：20%。

盯市：银行确定某权威网站或公开市场的价格为盯市价格，每日观察价格变化，并做好记录。当质押物市价下跌幅度超过设定的警戒线时，立即通知借款人追加保证金或质押物，逾期未补足追加保证金或质押物的，应立即采取风险防范措施。

质押物价格确定：合同价格与市场价格孰低者。合同价格依据增值税发票确定。

交货期：一般在开立银行承兑汇票后一个月内。

赎货期：到货后最长3个月内。

借款用途：限于向指定的收款人支付采购预付款。

【适用客户】

1. 管理规范的优质中小贸易商。

2. 具有稳定的偿债资金来源。

3. 流动性良好，具有较强的到期偿债能力。

4. 近三年没有违法和重大违规行为。

5. 具有健全的内部资金管理体系和租赁资金的使用偿付管理制度。

6. 商品交易品种为大宗、易流通的货物。

【利率】

融资利率一般要高于同期限的流动资金贷款。

【业务流程】

1. 银行与借款人、卖方商议操作模式，确定相关的协议文本，通常为厂商银三方合作协议。

2. 银行为借款人核定授信额度，并与借款人签订融资协议（如流动资金贷款合同或银行承兑协议），卖方签署货物指定发送承诺书（承诺书中声明：厂商将货物发送至指定目的地。通常承诺书由银行提供标准版本，卖方签署即可），与仓储公司签订厂商银三方合作协议（货物进入仓库后，制成提单交由银行保管）。

3. 银行发放贷款或出具银行承兑汇票，银行承兑汇票收款人为厂商。

4. 厂商收到贷款或银行承兑汇票后，向银行提交收妥贷款或票据的回执，根据货物指定发送承诺书的路径发货。

5. 货物到达指定仓库后，厂商签发以融资银行为收款人的提货单，并提交银行办理出质手续。银行货权质押审查岗实施核库，对货物的所有权、质量、数量、出入库控制等进行确认，货物出库必须经货权质押审查岗审查同意。

6. 银行与厂商定期以书面形式对货款及货物交付情况进行核对。如遇收货不及时的情况，立即调查收货异常的原因。银行定期（至少每月一次）对监管仓库进行巡查，检查质押货物数量是否短缺，货物质量是否下降，出库手续是否完整。检查货物的时候可以根据货物的特点，采取抽检和全部盘点的方式，做好查库记录。

7. 借款人赎货，当贷款或银行承兑汇票到期时，如经销商未能提足全部货物，厂商需要对剩余货物协助调剂销售（见图2－5）。

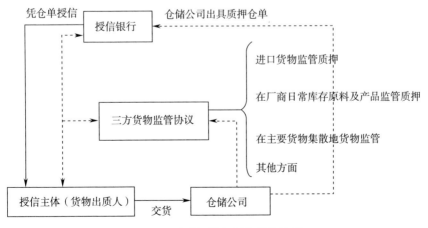

图2－5 未来提货权质押融资流程

【风险控制】

1. 必须与借款人、仓库方签订监管合同，监管合同至少应包括如下内容：

（1）办理提货仅凭银行通知指示。

（2）必须注明有关跌价补充质物条款。

2. 必须与借款人签订质押合同。

（1）签订单笔质押合同，应注明仓单编号。

（2）静态动产（赎货模式）质押签订单笔质押合同，应注明所质押货物的品名、规格和数量或者重量，如需附质押物清单，还应加盖合同双方骑缝章。

（3）动态动产（核定库存）质押签订最高额质押担保合同，注明所质押货物的品名、规格和数量或者重量。同时，在特别约定部分应注明更新后质物清单以及进仓单为该质押合同不可分割的部分，构成对质押标的的变更。

3. 用于质押货物的价格应当根据发票、合同、付款凭证及综合考虑货物的市价综合确定。

4. 借款人申请的授信额度必须与其实际经营规模和经营获得资金需求匹配，银行控制每笔融资的节奏，每笔放款必须与供货商的发货进度和发货数量对应。

【注意】

必须与卖方和买方签订相关合作协议书，其内容应包括：

卖方代办相关货物的运输手续，并确保运输货物的运输合同中收货人为银行，到达港/到达站为银行指定的港站，不得由其他方，特别是买方办理运输。卖方在收到银行承兑的银行承兑汇票或者发放的贷款后，应出具相关的收款证明。

1. 如采用贷款方式授信，买方必须授权银行直接将款项付给卖方。出账前签订质押担保合同，还应在转为现货质押后填写质物明细，并与银行签订委托收货协议。

2. 如采用贷款方式，买方必须事先在银行账户存入不低于合同金额30%的款项，银行发放的贷款数额不得高于合同金额70%的款项。银行贷款的款项必须与买方自有的款项一起直接付给卖方，或者开具以卖方为收款人的银行汇票，卖方在收到相关款项后出具相关收款证明。

【案例】

大连保税区路达汽车销售有限公司融资

1. 企业基本情况。大连保税区路达汽车销售有限公司注册资本金为300万美元，实现年销售收入10亿元人民币，该公司拥有15 000平方米的保税仓库及30 000平方米的露天展厅。公司最大的优势在于拥有一支经验丰富的营销队伍和庞大的销售网络。在东北地区，公司进口××品牌汽车销售处于垄断地位。

2. 银行切入点分析。大连保税区路达汽车销售有限公司有非常好的股东背景，外方股东香港立华有限公司为日本××品牌汽车在大中华区的总代理，中方股东大连新大公司为当地政府的投资公司。公司虽然注册资本偏小，但经营运作能力非常突出。为公司提供融资最大的困难在于该公司没有合适的抵押担保。经过认真研究，某银行决定以进口汽车作为质押，银行可以签发信用证，要求国外公司将信用证项下货物发送至大连大运储运公司仓库，大连大运储运公司将仓单交付给银行。

3. 银企合作情况。信用证基本流程：大连保税区路达汽车销售有限公司首先交存20%的保证金开证→货物单据到后签订汽车控管协议→由大连大运储运公司监控完税汽车入库→大连大运储运公司将车钥匙、仓单交给融资银行→银行提供确认入库清单→大连保税区路达汽车销售有限公司销售车款存入保证金账户→交足额保证金→融资银行向大连大运储运公司出具出库通知单，通知向大连保税区路达汽车销售有限公司放货→解除监控（见图2－6）。

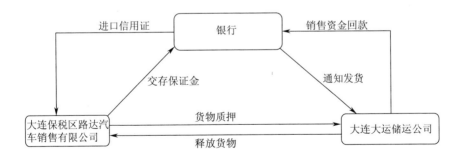

图2－6　大连保税区路达汽车销售有限公司未来提货权质押融资

该银行向大连保税区路达汽车销售有限公司开立额度为5 800万元的信用证，授信期限为1年，20%的保证金。该公司在银行存款余额约为4 500万元人民币。

> **【点评】**
>
> 银行需要介入企业的经营环节，参与商务谈判，使得银行的服务与客户的经营能够完整对接。

【协议文本】

<h2 style="text-align:center">银行质押货物仓储监管合作协议</h2>

编号：_____

监管人：_____物资储运公司（物流中心）（以下简称甲方）

出质人：_____　　　　　　　（以下简称乙方）

质权人：_____银行　　　　　（以下简称丙方）

乙方因业务需要向丙方申请办理银行承兑汇票、贷款等授信业务。根据乙、丙双方约定，乙方同意以其存储于甲方货物作为在丙方办理相关授信业务（合同/协议号为_____）的质押担保。

第一条　出质

甲方根据提单所列明细验收本次所出质的货物，并出具详细的验收清单。乙方根据甲方所出具的验收清单以入库货物质押清单（格式见附件1）、质押货物置换通知书（见附件5）所列货物出质，甲方为监管人，乙方为出质人，丙方为质权人。

第二条　仓储

根据乙方和丙方签订的相关银行承兑汇票/贷款等授信业务合同/协议（合同/协议号为_____），乙方将入库货物质押清单、质押货物置换通知书项下仓储物交丙方占有，丙方委托甲方监管该批质物，甲方将其储存于_____仓库的_____（仓位）、面积约_____。丙方每次交付仓储保管仓储物，甲方应分别堆放，并按丙方的要求标明合同/协议号或丙方要求的其他标记，以便丙方识别。

第三条　监管

仓储物监管期限为_____个月。监管期届满若仓储物尚未出清，经丙方与甲方协议，可相应延长储存期；协议不成的，甲方应给予不少于60日的合理展期，使丙方得以另寻仓储场所。

第四条　入库

承运人将货物运抵仓库，并提供有关货权证明。甲方应及时通知丙方，由甲、乙、丙三方共同验收货物。验收无误后，甲方将货物移入相应仓位仓储保管。甲、乙、丙三方对入库货物质押清单、质押货物置换通知书确认后，三方在入库货物质押清单、质押货物置换通知书签字加盖预留印鉴，三方各执一份。

第五条　置换

如果在本协议存续期间，乙方拟对所质押仓储物进行部分或全部置换，必须提出书面申请。经丙方审核同意后，出具质押货物置换通知书。本通知书视为双方就质押合同变更达成的补充协议。

第六条　出库

仓储物提取需要凭丙方出具的出库通知单、质押货物置换通知书。除此之外，甲方不接受包括乙方在内的任何其他人出具的除本条规定的出库有效凭证之外的任何提货指示或提货凭证。

丙方每次出具的出库有效凭证所使用的印章必须与预留给甲方的印鉴相符（预留印鉴及有权人签字见附件2）。丙方每次出具的出库有效凭证应是清洁的，不得被涂改、修改和补充。

第七条　仓储物提取

除本协议第五条通过置换提取仓储物以外，乙方若需提货销售，应按下列程序进行：

（一）按乙、丙双方签订的相关银行承兑汇票/贷款等授信业务合同/协议规定，事先将拟提取仓储物对应的货款汇入其在丙方开立的保证金账户。

（二）乙方根据丙方要求的格式拟制出库通知单，送丙方审核。

（三）丙方收到乙方该次交存的保证金后，审核其金额与乙方拟制的出库通知单所载明的拟提取货物金额是否一致，以及出库通知单加盖乙方公章是否与乙方在丙方的预留印鉴相符。若审核无误，则在乙方拟制的出库通知单上加盖丙方公章，完成该次出库通知单的制作。

（四）丙方将制作好的出库通知单传真至甲方指定的传真机及接收人，甲方收到传真后立即向丙方回电确认，并做好有关准备工作。

（五）丙方将出库通知单交与乙方，乙方凭该出库通知单向甲方提取该出库通知单项下仓储物，甲方在核实印鉴并电话确认无误后，凭出库通知单发货。

第八条　质物占管转移和质押解除

自丙方在出库通知单上签章并交付给乙方时起，或甲、乙、丙三方对质押货物置换通知书确认，乙方交付新的货物形成质押后，该出库通知单、质押货物置换通知书项下的出库仓储物不再是质物。

乙方如期或提前向丙方清偿债务的，丙方应及时出具质押业务终结通知书（见附件4），将出质仓储物返还乙方，并通知甲方解除对该质押业务终结通知书所记载仓储物的特别监管。

第九条 核对

根据丙方或乙方的要求，甲方应随时发给丙方或乙方有关仓储物的库存报告，说明当时各品种的存仓货量。存仓货量与已执行的出库通知单、质押货物置换通知书出库货量之和必须与甲、乙、丙三方确认的入库货物质押清单、质押货物置换通知书上载明的入库仓储物数量相符。

第十条 费用

因本合同的履行，甲方收取的费用的项目如下：

（一）仓储费：

（二）入库费：

（三）出库费：

（四）监管费：

（五）其他费用：

以上费用，由乙方每月_____日结算，乙方在接到甲方付款通知后三天以内，以转账方式支付，具体按甲乙双方在仓储合同中相关约定执行。仓储物出清前，乙方必须结清所有费用。

第十一条 存放仓储物的仓库或仓储物本身若受到司法程序的限制、禁止，或被任何政府或管辖机构限制、禁止时，甲方应在接到该限制、禁止通知时告知乙方与丙方，丙方可决定终止本合同，并采取相应保全措施，除本协议另有约定外，其费用由乙方负担。

第十二条 声明与保证

1. 甲方声明，甲方完全了解本协议项下的仓储物已质押给丙方，丙方享有质权。

甲方保证入库货物质押清单、质押货物置换通知书内容与仓储物的实际状况相符，不存在任何虚假与误导，甲方保证执行，并且只执行丙方出具的出库通知单、质押货物置换通知书。

2. 乙方保证，对仓储物的任何处置或处分均事先征得丙方的书面同意。

第十三条 本协议未尽事宜，一律按《中华人民共和国合同法》的有关规定及其他相关法律、法规执行。因本协议产生的纠纷，各方应协商解决，协商不成的，任何一方均可向丙方所在地人民法院起诉。

第十四条　本协议一式五份，甲、丙方各执两份，乙方执一份，经三方签字盖章后生效。

甲方：

法定代表人（授权代表）：

　　年　月　日

乙方：

法定代表人（授权代表）：

　　年　月　日

丙方：

法定代表人（授权代表）：

　　年　月　日

附件1

入库货物质押清单

编号：_____

质押货物仓储监管合作协议（协议号）：_____

授信合同/协议号：_____　　　　　金额：_____

序号	质押物名称	规格	型号	生产厂家	数量（吨）	单价（元/吨）	小计（元）

续表

序号	质押物名称	规格	型号	生产厂家	数量（吨）	单价（元/吨）	小计（元）
合计							

甲方（监管人）：　　　　　乙方（出质人）：　　　　　丙方（质权人）：

（加盖预留印鉴）　　　　　（加盖预留印鉴）　　　　　（加盖预留印鉴）

授权人（签字）：　　　　　授权人（签字）：　　　　　授权人（签字）：

　年　月　日　　　　　　　年　月　日　　　　　　　　年　月　日

附件 2

质押物出库预留印鉴

甲方监管人：_____物资储运公司（物流中心）预留有权人签字，印鉴：

　　　　　年　月　日

乙方出质人：预留有权人签字，印鉴：

　　　　　年　月　日

丙方质权人：银行分行支行预留有权人签字，印鉴：

　　　　　年　月　日

附件 3

出库通知单

编号：_____

_____（仓储公司）：

按照银行、贵公司以及_____（经销商）三方签订的质押货物仓储监管合作协议（协议号：_____），（经销商）已归还了银行部分银行承兑汇票敞口款项（贷款），请对下列仓储物予以放行，金额合计_____（大写）万元人民币，入库货物质押清单编号：_____。至此，银行在该质押货物仓储保管协议项下签发出库通知单，累计金额为_____（大写）万元人民币。

序号	质押物名称	规格	型号	生产厂家	数量（吨）	单价（元/吨）	小计（元）
合计							

申请人（出质人）：　　　　签发人（质权人）：　　银行　　分行

签字：　　　　　　　　　　签字：

盖章：　　　　　　　　　　盖章：

日期：　　　　　　　　　　日期：

附件 4

质押业务终结通知书

编号：_____

_____（仓储公司）：

银行于_____年_____月_____日为办理的银行承兑汇票/贷款等授信业务（合同/协议号为_____），金额（大写）_____元人民币，质押货物仓储监管合作协议编号为_____，入库货物质押清单编号为_____。现该公司此笔授信业务保证金已在银行存足100%，该笔业务在贵单位的质押物还有剩余（明细附后），在银行发出本质押业务终结通知书，并经贵公司确认后，银行对该剩余部分质押物解除监管，该剩余部分货物办理出库不需要经银行出具的出库通知单。

银行　　分行　　支行（加盖预留印鉴）

签发人（授权代表）：

年　月　日

解除质押监管货物清单

编号：＿＿＿＿＿＿＿＿

序号	货物名称	规格	型号	生产厂家	数量（吨）	单价（元/吨）	小计（元）
合计							

乙方（出质人）：　　丙方（质权人）：　　银行　　分行　　支行

（加盖预留印鉴）　　（加盖预留印鉴）

授权人（签字）：　　授权人（签字）：

年 月 日　　　　　　年 月 日

附件5

质押货物置换通知书

1. 银行留存联　2. 仓储公司留存联　3. 经销商留存联

编号：＿＿＿＿＿＿＿＿

＿＿＿＿＿＿＿（仓储公司）：

按照银行、贵公司以及＿＿＿＿＿＿＿三方签订的质押货物仓储监管合作协议（编号：＿＿＿＿＿＿＿），现＿＿＿＿＿＿＿拟对所质押仓储物进行置换，银行已审核同意。请贵公司根据下列入库清单为其办理货物入库验收手续后，在本通知书1~3联签字，并加盖预留印鉴予以确认，本通知书入库清单项下货物金额应为_____（大写）万元人民币。在_____（经销商）交付新货物形成质押后，请贵公司审核无误后对下列出库清单所列仓储物（被置换货物）予以放行，金额合计_____（大写）万元人民币。

入库清单

编号：_____

序号	货物名称	规格	型号	生产厂家	数量（吨）	单价（元/吨）	小计（元）
合计							

出库清单

编号：_____

序号	质押物名称	规格	型号	生产厂家	数量（吨）	单价（元/吨）	小计（元）
合计							

申请人（出质人）：　　　　签发人（质权人）：　　　　监管人：
　　　　　　　　　　　　　银行　　分行　　支行　　（仓储公司）
签字：　　　　　　　　　　签字：　　　　　　　　　　签字：
盖章：　　　　　　　　　　盖章：　　　　　　　　　　盖章：
日期：　　　　　　　　　　日期：　　　　　　　　　　日期：

厂商银合作协议

编号：_____

甲方：(经销商)_____
地址：_____

乙方：(厂商)_____
地址：_____

丙方：（银行）_____

地址：_____

甲、乙、丙三方为加强供应链网络业务合作，促进业务发展，本着诚实信用、互利互惠的原则，根据我国《合同法》和《担保法》等有关法律的规定，经平等协商，甲方向丙方申请开立银行承兑汇票，用于向乙方采购货物，乙方作为质物监管人等事项达成以下合作协议。

第一条 本协议中相关术语定义如下：

（一）购销合同：指甲方向乙方购买乙方产品所签订的交易合同。丙方依据本协议而开立的以乙方为收款人的银行承兑汇票均应有购销合同与之相对应。

（二）保证金：指甲方根据与丙方签订的银行承兑汇票协议，向丙方交付的占银行承兑汇票票面金额一定比例的款项，该款项是作为甲方履行银行承兑汇票协议约定责任和义务，向丙方提供的担保。

（三）提货通知书：指丙方应甲方申请而向乙方开具的允许甲方提货的书面凭证，乙方凭此单据方可向甲方发货。

（四）货物调剂销售：指甲方在任一张银行承兑汇票到期日前未补足银行承兑汇票到期承兑款项，并且丙方在本协议项下出具的提货通知书累计金额（无论因任何原因）少于丙方依据本协议以及甲方与丙方之间签订的银行承兑汇票协议而开立的以乙方为收款人的银行承兑汇票总金额时，乙方根据收到的丙方货物调剂销售通知书，对甲方尚未提取的货物按乙方和丙方双方之间协商确立的价格另行选择客户销售，并将该销售所得款项直接支付至丙方指定的账户，用于偿付银行承兑汇票到期付款。

第二条 丙方依据甲乙双方签订的购销合同，为甲方签发以乙方为收款人的银行承兑汇票，为甲方向乙方购买乙方生产的产品提供融资支持。

在下列先决条件完全满足的情况下，甲方可向丙方申请开立银行承兑汇票；丙方审查同意后，将开立以乙方为收款人的银行承兑汇票，并将银行承兑汇票直接交付乙方。

（1）甲乙双方签订丙方认可的买卖合同；

（2）甲丙双方签订综合授信协议；

（3）甲丙双方签订最高额质押合同和质押合同。

甲方根据本条向丙方所提申请，构成甲方对丙方不可撤销的授权，丙方根据该授权，即可将其根据甲方申请开立的银行承兑汇票直接交付给乙方，或将银行承兑汇票代理贴现资金直接付至乙方指定账户中，作为乙方向甲方支付买卖合同项下的货款。

同时，丙方有权根据甲方经营情况及丙方内部授信政策，自主决定是否同意甲方使用授信额度，并有权调整或取消给予甲方的授信额度。甲方和丙方在开立银行承兑汇票时将另行签署银行承兑汇票协议，当银行承兑汇票协议与本协议约定不一致时，以银行承兑汇票协议为准，本协议第八条约定除外。

第三条　甲方在丙方申请开立银行承兑汇票时，需交存银行承兑汇票票面金额的_____％作为保证金。该银行承兑汇票项下的货物销售款项的资金回笼必须全部在丙方办理。

第四条　在本协议项下，三方选择以下融资方式支付货款：

直接交付银行承兑汇票，支付货款：

本协议项下甲方申请开立的银行承兑汇票由乙方和丙方指定专人负责交接。乙方在收到丙方递交的银行承兑汇票后，应当场在银行承兑汇票交接确认书（见附件1）上加盖乙方授权人员的签章，并递交给丙方，表明银行承兑汇票已收妥。

乙方指定银行账户：_____

　　　开户银行：_____

　　　户　　名：_____

　　　账　　号：_____

第五条　授信保障

为保障丙方的授信安全，甲方同意将购销合同项下的货物质押给丙方。

1. 甲乙双方在购销合同订立后，按照购销合同约定的付款期限由丙方签发银行承兑汇票支付货款；货物所有权自货物到达乙方仓库，在乙方出具提货单时转移给甲方。

2. 为担保甲丙双方融资授信合同，由甲丙双方另行签订以购销合同项下的货物为质押物的质押担保合同。

3. 乙方作为监管质物的监管人，接受丙方的委托占有质物并根据协议的约定履行保管、监控质物的责任。

4. 为落实丙方的质权，甲方和乙方同意：在签署和履行购销合同时，应当将收货人明确为丙方，收货人栏填写为：收货人为_____。

5. 购销合同项下货物入乙方仓库后，乙方向丙方出具以丙方为存货人的入库保管凭证；从乙方签发以丙方为存货人的入库保管凭证时，质物的转移占有完成；本协议项下乙方出具的入库保管凭证形式为提货单，提货单的收货人为_____（格式见附件2）。提货单由乙方签发，交由丙方保管，提货单由乙方和丙方指定专人进行传递交接。

6. 甲方承诺，乙方对质物的监管费用由甲方承担，监管费标准为_____元/吨；甲乙双方在订立购销合同时，乙方向甲方收取该笔费用。

7. 提货的办理手续。

7.1 货物提取的约定

乙方承诺必须在收到丙方的提货通知书后，方可受理甲方提取货物。提货通知书为甲方提货的唯一有效的手续。

提货通知书的有效签章为丙方印章加丙方指定人员的亲笔签名。

丙方签发提货通知的指定人员为_____，其签字式样为_____；或_____，其签字式样为_____。

提货通知书上非丙方指定人员的亲笔签字和上述印章，乙方不得为甲方办理有关提货手续。乙方必须按照以上提货通知书上注明的各项要素给予甲方提货。若乙方违反以上规定给甲方提货的，应当对丙方承担连带赔偿或偿还责任。

7.2 提货通知书的办理

当甲方欲提取丙方开出银行承兑汇票项下所对应的货物时，须先向甲开立在丙方的保证金账户中存入等于提货价值的_____%的保证金，同时出具提货申请书（见附件3）。

补充或追加的保证金，为甲方偿还丙方授信的保证金。在相关授信到期前，甲方无权动用该保证金。补充或追加保证金的行为，构成甲丙双方对有关质押担保合同或者有关合同中保证金条款的自动修改，无须甲丙双方另行签订有关补充协议或补充合同，也无须甲方的特别授权。

丙方审核通过后，于_____个银行工作日内出具不高于新存入保证金价值货物的提货通知书（见附件4）。

当甲方逐笔交存的提货保证金加上其初始交存的开票保证金等于甲方向丙方申请开立的银票票面金额时，丙方应为甲方签发完毕该银行承兑汇票项下所有货物的提货通知书。

甲方在丙方的保证金账户为_____。

7.3 提货通知书的交接

本协议项下甲方申请丙方签发的提货通知书由乙方和丙方指定专人进行传递交接。乙方在收到丙方递交的提货通知书后，应在提货通知书回执联上加盖乙方授权人员的签章，并当场将回执（见附件5）单原件递交给丙方，表明提货通知书已收妥。

8. 货物的提取。甲方应及时向乙方提取相关货物。甲方提取货物后应在3个工作日内将此次提取的货物的数量、品种和规格等要素以提货情况告知书

（见附件6）的形式告知丙方。

第六条 丙方有权要求甲方及乙方每月向丙方提供收货或发货情况说明，丙方认为必要时，甲方还必须提供发货或收货的相关货运单据等证明文件。

第七条 银行承兑汇票的到期支付

在银行承兑汇票到期日前_____天，甲方应将足额票款存入甲方在丙方开立的保证金账户中，作为甲方到期兑付银行承兑汇票的资金。保证金账户内资金只进不出，直到银行承兑汇票足额兑付为止。

第八条 乙方的退款责任

1. 乙方承诺：在收到丙方为甲方承兑的银行汇票或票据贴现款后的_____天内为甲方组织货物发送。

2. 在履行购销合同时，甲方和乙方保证实际交货的数量和到达目的港/站的货物数量不少于购销合同中约定的数量。

3. 若乙方未在第1款规定的交货期内发运货物或与甲方全部或部分终止销售合同或实际发货的数量少于购销合同中约定的数量的，乙方应按照丙方书面通知的要求将已收到但未履行发货义务相应部分的货款（银行承兑汇票、银行承兑汇票代理贴现款）退回给丙方。

第九条 违约处理

1. 乙方所出具的提货单上所记载的权利和内容因乙方对质物监管不力（包括但不限于货物灭失、短少、变质、污染、损坏），而导致丙方质权落空或部分落空，乙方应赔偿给丙方及甲方所造成的全部损失。

乙方声明和承诺：如乙方交付货物不符合买卖合同约定，乙方将为甲方根据本协议第二条对甲方所负债务向丙方承担赔偿责任。

2. 当甲方未按第七条之约定备付任一张银行承兑汇票时，丙方将停止对甲方继续办理银行承兑汇票业务，并向乙方针对甲方使用上述银行承兑汇票采购但尚未提取的货物出具书面货物调剂销售通知书（见附件7）。

3. 乙方在收到丙方货物调剂销售通知书后，应立即停止向甲方发货（包括但不限于甲方直接用现金或采用其他途径购买的乙方货物），并立即停止向甲方支付一切款项（包括但不限于甲方在乙方的保证金、购买任何货物的返利款等）。

4. 乙方在收到丙方出具的货物调剂销售通知书，对于甲方尚未提取的货物，若乙丙双方就需调剂销售货物的销售价格协商一致，由乙方承担调剂销售义务以协助丙方实现债权，用于偿付银行承兑汇票到期付款。甲方同意由乙方与丙方协商调剂销售货物的单价，并按乙丙双方协商确定的单价处置货物，甲方应给予该调剂销售用户开票等事项的协助。乙方应在收到货物调剂销售通知书后_____个工作日内与丙方就调剂销售货物的单价达成一致意见。经乙丙双方书面协商一致后，乙方必须在_____个工作日内完成调剂销售，并将调剂销售款项支付至丙方指定账户。

5. 若乙方与丙方未在本条第4款所规定的时限内就调剂销售货物的单价达成一致意见，则乙方应将甲方尚未提取的货物按照丙方的书面要求发送至丙方指定的地点；或由于甲方因素，导致乙方无法实现调剂销售的，乙方应立即以书面形式通知丙方；以上两种情况发生时，乙方的货物调剂销售义务即行终止。丙方有权立即处置货物，用于偿付银行承兑汇票到期付款。对此，甲方没有异议。

6. 当甲方未按第七条之约定备付任何一张银行承兑汇票时，丙方为了实现债权所造成的一切费用（包括但不限于装卸、仓储费等）由甲方承担，且甲方自动放弃存在乙方的一切款项的回收权利，同时，乙方应将甲方存在乙方的款项及乙方应付给甲方的款项支付至丙方指定的账户，用于清偿甲方对丙方的债务。

7. 乙方同意丙方在要求乙方调剂销售之前不必先向甲方索偿，或先对甲方采取任何法律行动，或先对甲方提出破产申请。

8. 丙方将调剂销售通知书由专人送达至乙方并完成交接后即视同送达，并由乙方当场签收货物调剂销售通知书回执（见附件8），并交付丙方的送达人员。

9. 乙方按本协议的约定承担调剂销售责任后，甲方不得以任何理由向乙方主张发货或要求支付剩余款项，同时，乙方有权终止甲方资格。

10. 若乙方未按丙方出具的提货通知书确定的金额向甲方发货，不影响乙方依据本协议约定应承担货物调剂销售责任。

11. 丙方对甲乙双方之间发生的货物纠纷不承担任何责任或义务，且甲方与乙方之间所发生的任何争议、纠纷均不影响丙方在本协议下的任何权利或权益。

第十条 在丙方已为甲乙双方签订的购销合同签发了银行承兑汇票之后，未经丙方书面同意，甲乙双方不得变更已签订的购销合同。若此条款与上述购销合同中条款相抵触，则以此条款为准。

第十一条 当甲方或乙方发生重大产权变动、债务纠纷、财务状况恶化、存货价格波动、司法诉讼等事项，丙方判断其对甲方的债权有可能出现风险时，丙方有权根据当时情况自主决定同时或分别采取如下全部或部分措施。

1. 停止向甲方开具提货通知书，立即通知乙方停止向甲方供货。

2. 要求甲方向丙方足额支付相应的款项，或追加相应的保证金。

3. 冻结甲方在丙方开立的账户上的所有资金。

4. 要求乙方就甲方尚未提取的仍在乙方监管下的货物在销售价格协商一致的基础上承担调剂销售义务，乙方应予以配合，甲方应无条件同意。

5. 若甲方和乙方未按本协议的约定履行全部或部分义务，丙方有权宣布本协议提前终止，并要求甲方及乙方立即履行本协议项下义务。

第十二条　在甲方补足保证金后，因丙方原因未及时在第五条7.2款约定的工作日内签发提货通知书给乙方，由此对甲方造成的销售损失由丙方承担。

第十三条　丙方承诺在任何时候，其为甲方签发的单笔银行承兑汇票项下的提货通知书总金额不超过为甲方开立的单笔银行承兑汇票金额，否则由此造成的损失由丙方承担。

第十四条　因乙方原因根据购销合同在供货期内未能及时发货给甲方，由此所造成的损失由乙方承担。

第十五条　声明和保证

1. 三方均依法设立并合法存续，签署和履行本协议均已获得各自内部的有效批准和充分授权。

2. 乙方确认，甲方和乙方之间的任何协议或者任何争议（包括双方对购销合同的任何争议）都不影响乙方依据本协议约定应承担的货物调剂销售义务。

3. 在本协议有效期内，如果甲方或乙方发生重大产权变动，或经营方式进行重大调整，或处置其全部或部分资产，或面临可能威胁其正常业务经营的任何诉讼、仲裁、重大纠纷及其他法律程序等，甲方或乙方均应提前通知丙方，并按丙方要求提供令丙方满意的新的担保。甲方或乙方如果未履行通知义务，或未提供丙方满意的新的担保，则丙方有权要求甲方提前补交保证金，直至达到已开立且尚未付款的银行承兑汇票票面金额的总和。

4. 甲乙双方保证其双方在购销合同及本协议签订之前无任何未决争议或债权债务纠纷。

5. 甲方保证在丙方开立结算账户和保证金账户。

6. 签署本协议是各方自愿的，是自身真实意思的表达。各方届时将诚实、信用地履行本协议。

第十六条　甲、乙、丙三方互留印鉴及签名式样。各方签发本协议附件的有效印鉴式样以（附件9中）预留印鉴为准。各方的指定人员发生变化时应提前1天书面通知其他两方，其他两方在收到该书面通知后正式生效。

第十七条　通知

丙方在本协议项下发出的通知或文件，采用亲自递送方式，以被通知方的指定工作人员收到之日为送达日期。依据上述约定而确定的送达日期与被通知方实际收到的日期或被通知方正式签收的日期不一致的，以上述日期中最早的日期为送达日期。

第十八条 违约责任

本协议生效后，甲、乙、丙三方均应诚实履行本协议约定的义务，任何一方不履行或不完全履行本协议约定义务的，应承担相应的违约责任，并赔偿由此给其他守约方造成的全部损失（包括但不限于本金、利息、罚息、复利、违约金、损害赔偿金和为实现债权而发生的诉讼费、律师费、差旅费等）。

第十九条 争议解决方式

因履行本协议引起的任何争议，三方应该首先通过友好协商解决争议。如果争议经协商仍未能解决，任何一方可提交丙方所在地人民法院通过诉讼方式解决。

第二十条 协议生效

本协议自甲乙双方法定代表人（负责人）或其授权代表签章并加盖公章，并经丙方负责人或其授权代表签章，并加盖单位印章后生效。

第二十一条 本协议一式三份，甲方、乙方和丙方各执一份，每份具有同等法律效力。

甲方：（盖章）

法定代表人或授权代表（签字）：

乙方：（盖章）

法定代表人或授权代表（签字）：

丙方：（盖章）

负责人或授权代表（签字）：

签约日期：　　　年　　月　　日

附件1

电子银行承兑汇票收到确认书

_____支行：

_____公司向我公司支付的电子银行承兑汇票已收悉，该银行承兑汇票相关信息如下：

序号	出票人全称			
	汇票号码	票面金额	出票日期	汇票到期日
1				
2				
3				
合计				

特此签收

本银行承兑汇票交接确认书对应合同编号为_____的厂商银合作协议和合同编号为_____的开立银行承兑汇票合同。

公司业务专用章（盖章）：

收件人（签名）：

日期：　　年　月　日

附件2

厂商提货单

收货人：

提货地点：

合约号	合同号	牌号	规格	品名	捆包号	数量	金额
合计							

出单人：

_____公司业务专用章

（盖章）：

有权人签字：

出单日期：　　年　月　日

附件3

提货申请书

编号：_____

_____银行：

根据我公司与_____公司及贵行签订的编号为_____的厂商银合作协议以及我公司和贵行签订的编号为_____的开立银行承兑汇票合同。

我公司现向贵行申请如下：

一、我公司已于_____年_____月_____日向我公司在贵行开立的保证金账户（账号为_____）中存入人民币（大写）_____万元整的保证金，用于向贵行依据上述协议及合同所享有的债权提供担保。

二、我公司向贵行申请依据上述合作协议为我公司出具提货通知书，申请提货明细如下：

合约号	合同号	牌号	规格	品名	捆包号	数量	金额
合计							

_____公司业务专用章（盖章）：

申请人（签名）：

申请日期：　年　月　日

附件4

提货通知书

编号：_____

致：_____

根据_____号厂商银合作协议的约定，经审查，本行同意_____公司前来办理下列货物的提货、出库手续。

请贵公司予以审核并办理以下货物的提货、出仓和出库手续为盼。有关提货费用由_____公司支付。

合约号	合同号	牌号	规格	品名	捆包号	数量	金额
合计							

银行有权人签字：_____

年　月　日

附件5

提货通知书回执联

_____银行：

我公司已收到编号为_____的提货通知书。我公司将按照编号为_____的厂商银合作协议的相关约定，向_____公司发放_____万元的货物。具体如下：

合约号	合同号	牌号	规格	品名	捆包号	数量	金额
合计							

特此证明。

_____公司业务专用章（盖章）：

收件人（签名）：

日期：　　年　月　日

附件6

提货情况告知书

编号：＿＿＿＿＿＿

致＿＿＿＿＿＿银行：

根据编号为＿＿＿＿＿＿的厂商银合作协议和编号为＿＿＿＿＿＿的提货通知书，我公司此次向＿＿＿＿＿＿公司提取了如下货物：

合约号	合同号	牌号	规格	品名	捆包号	数量	金额
合计							

＿＿＿＿＿＿公司业务专用章（盖章）：

申请人（签名）：

日期：　　年　月　日

附件7

货物调剂销售通知书

编号：＿＿＿＿＿＿

＿＿＿＿＿＿公司：

根据银行与贵公司及＿＿＿＿＿＿公司签订的编号为＿＿＿＿＿＿的厂商银合作协议的相关约定，公司未在编号为＿＿＿＿＿＿的银行承兑汇票到期前＿＿＿＿＿＿天内补足银行承兑汇票到期承兑款项，目前尚欠的银行承兑汇票金额（扣除保证金后）为：人民币＿＿＿＿＿＿（大写）万元（小写＿＿＿＿＿＿万元）、截至＿＿＿＿＿＿年＿＿＿＿＿＿月＿＿＿＿＿＿日的罚息为：人民币（大写）＿＿＿＿＿＿万元（小写＿＿＿＿＿＿万元），合计为人民币（大写）＿＿＿＿＿＿万元（小写＿＿＿＿＿＿万元）。＿＿＿＿＿＿公司尚未提取的货物如下：

合约号	合同号	牌号	规格	品名	捆包号	数量	金额
合计							

请贵公司承担调剂销售义务，立即派人与银行协商调剂销售货物的单价，并在书面协商一致后_____个工作日内将调剂销售款项支付至银行指定的账户，账号为_____。

请贵公司立即停止向_____公司发货，立即停止应支付给_____公司的一切款项，包括但不限于销售返利款等。同时，立即将_____公司交存在贵公司保证金及其他所有贵公司应付给_____公司的款项支付至银行指定的上述账户内。

银行

（公章）

日期：_____年_____月_____日

附件8

货物调剂销售通知书回执联

_____银行：

我公司已收到编号为_____的调剂销售通知书。我公司将按照编号为_____的厂商银合作协议的相关约定履行本公司的相应义务，同时将尽本公司最大限度调剂销售_____公司存放于我处的货物。具体如下：

合约号	合同号	牌号	规格	品名	捆包号	数量	金额
合计							

特此证明。

_____公司业务专用章（盖章）：

收件人（签名）：

日期：　年　月　日

附件9

预留印鉴样式

致_____银行：

　　根据编号为_____的厂商银合作协议，我公司签发本协议项下提货申请书和提货情况告知书的有效预留印章样式为：

公章或业务章	有权人签章

　　我公司提货申请书的有权签字人为：姓名：_____，身份证号码：_____，签章样本：_____，联系电话：_____，地址及邮编：_____；指定收发传真机号码：_____。

　　有效期限为：自_____年_____月_____日至_____年_____月_____日。

委托单位：

法定代表人（或授权代理人）：

签署日期：　　年　月　日

致_____银行：

　　根据编号为_____的厂商银合作协议，我公司签发本协议项下提货单、银行承兑汇票代理贴现款收款证明、银行承兑汇票交接确认书、货物调剂销售通知书回执联的有效预留印章样式为：

公章或业务章	有权人签章

　　我公司提货单、银行承兑汇票代理贴现款收款证明、银行承兑汇票交接确认书及货物调剂销售通知书回执联的有权签字人为：姓名：_____，身份证号码：_____，签字样本：_____，联系电话：_____，地址及邮编：_____；指定收发传真机号码：_____。

我公司签发提货通知书回执联的有效预留印章样式为：

　　　　　　　公章或业务章　　　　　　　有权人签章

我公司提货通知书回执联的有权签字人为：姓名：_____，身份证号码：_____，签字样本：_____，联系电话：_____，地址及邮编：_____；指定收发传真机号码：_____。

有效期限为：自_____年_____月_____日至_____年_____月_____日。

　　　　　　　　　　　　　　　　委托单位：
　　　　　　　　　　　　　　　　法定代表人（或授权代理人）：
　　　　　　　　　　　　　　　　签署日期：　　年　月　日

致_____公司：

根据编号为_____的厂商银合作协议，银行签发本协议项下提货通知书、货物调剂销售通知书的有效预留印章样式为：

　　　　　　　公章或业务章　　　　　　　有权人签章

银行提货通知书及其回执联、货物调剂销售通知书及其回执联的指定收发人为：姓名：_____，身份证号码：_____，签字样本：_____，联系电话：_____，地址及邮编：_____；指定收发传真机号码：_____。

有效期限为：自_____年_____月_____日至_____年_____月_____日。

　　　　　　　　　　　　　　　　银行（公章）
　　　　　　　　　　　　　　　　负责人或授权签字人签字：
　　　　　　　　　　　　　　　　　　年　月　日

附件 10

分行货权质押业务方案审核意见

经营机构：＿＿＿＿＿＿＿＿

客户名称		仓储监管机构	
质物名称		价格依据	
仓库性质	□属申请人 □属监管人　□其他	授信额度	原有余额： 申请额度：
仓单种类	□标准　□非标准	货权质押方式	□现货　□未来货权
授信品种	□贷款　□承兑 □信用证	客户往来情况	□新客户　□有结算记录 □有授信记录
他行货权质押融资余额		质押率	
		保证金率	
产品经理意见： 产品经理签名：			
货权质押中心意见： 货权质押中心负责人签名：			

附件 11

货权质押业务调查报告

（模板）

一、申请方案

　　申请人：

　　质　物：

　　出质人：

　　业务模式：（现货质押/未来货权质押）

　　授信品种：（信用证开证/银行承兑/流动资金贷款/其他）

　　供货方：

　　货权形式：（标准仓单/非标准仓单/动产）

　　仓库位置：

　　监管人：

监管模式：（输出监管/独立监管）

　　监管合同及厂商银合作协议：（标准合同/非标准合同已报批/非标准合同未报批）

　　盯市渠道及取值方法：

　　保证金比例：

　　质押率：

　　赎货期：

　　回购/担保安排：

二、货权质押业务方案流程描述（或流程图）

三、申请人情况

（一）基本情况

1. 成立时间

2. 注册资本和股权结构

3. 法定代表人和主要管理人员

4. 主营业务

5. 上年经营情况及主要财务数据

6. 上下游主要供货商

（1）上游主要供货商

以下表格经双人查验发票原件后填列，其中一人必须是货权质押中心人员。

供货商名称	交易货物品种	上年交易金额（量）	占申请人总购买额比重	合作年限	备注

　　查票人①：　　　　查票人②：

（2）下游主要客户

以下表格经双人查验发票原件后填列，其中一人必须是货权质押中心人员。

下游客户名称	交易货物品种	上年交易金额（量）	占申请人总销售额比重	合作年限	备注

　　查票人①：　　　　查票人②：

7. 存货明细及存货周转情况

8. 应收、应付账款明细及应收账款周转情况

（二）资信情况

1. 银行信用记录

2. 与银行的合作情况

四、本次业务基础交易背景（未来货权业务模式适用，现货质押业务可不填列）

（一）上游供货商情况

1. 企业类型

2. 主营业务及经营状况

3. 资产规模

4. 行业地位

5. 商业信誉

（二）与申请人合作关系

1. 合作年限

2. 上年交易额

3. 履约记录

（三）交易情况

1. 合同类型（是否长期合同）

2. 付款条件、期限、方式

3. 交货方式

4. 货物运输和保险

五、质押货物情况

（一）货物描述

1. 品种、规格、等级

2. 生产厂家

3. 物理特性、包装及储藏条件

4. 质量标准

（二）价格分析

1. 近期供需状况

2. 市场价格

（1）市场价格获取渠道

（2）目前价格

（3）近期价格波动状况及趋势

六、监管人情况（非采用总行合作机构或其指定机构并按标准合同签约时填写）

（一）基本情况

1. 名称

2. 企业类型

3. 经营资质和主要服务项目

4. 股权结构

5. 主要管理人员状况

（二）经营情况

1. 行业地位

2. 主要经营数据

3. 货权质押业务监管制度和监管经验

七、监管库情况

1. 仓库类型

2. 仓库位置

3. 库容（仓储面积）

4. 经营资质

5. 作业能力

6. 所有权人

7. 仓库分析：储存条件、可否独立堆放、能否按要求承担出入库管理要求

八、风险点及控制措施

1. 货物控制

2. 质量控制、保险等

3. 其他管理措施

九、收益分析

十、其他需要说明的事项

经办客户经理：

产品经理：

年　　月　　日

附件12

关于××××公司货权质押项目方案备案申请书

（分行文号）

分行：　　　　　　　　　　　　　　　　　　　　备案申请日期

客户名称		企业资本金	
销售规模		质物名称	
监管机构		货权质押方式	□现货
赎货期	□90天　□120天　□180天	质押模式	□静态　□动态
仓库性质	□属申请人　□属监管人 □其他	授信品种	□银行承兑汇票　□信用证　□贷款 □商业承兑汇票　□其他
监管方式	□独立监管　□输出监管	拟授信额度	
监管地点		授信用途	
价格依据		质押率	
以往授信状况		保证金率	
客户其他简要情况描述			
分行货权质押中心意见	主任签字：　　　　日期：		
总行意见 （总行填写）	货权质押中心意见： 签字：　　日期：		部门领导意见： 签字：　　日期：

货权质押业务额度启用/出账审批表

经营机构：_____

客户名称：			协议/合同编号：			
操作模式		设定质押率		平仓质押率		（质押率＋平仓警戒线）
授信额度		保证金比例				
具体出账时须填写以下内容						
可用额度		出账金额		存入保证金		
质押物名称及价值（现货质押）			实际质押率			
出账收款人（未来货权质押）			是否指定收款人			
经营机构意见： 客户经理：　　　　　　　　　经营机构负责人：						
货权质押中心审核意见： □已审核：□仓储监管协议　□变卖协议　□委托收货协议　□厂商银合作协议 　　　　□其他协议：_____ 　　　　□查询及出质通知书和查复及出质确认书 　　　　□标准仓单质押登记回执书和标准仓单冻结单（郑州交易所、大连交易所标准仓单） 　　　　□标准仓单管理系统确认标准仓单质押登记已提交的页面打印件（上海交易所标准仓单） 　　　　□其他质押登记证明文件：_____ 　□仓单印鉴已核 　□已双人核库 　□现货模式：质押物价格已核，质押物价值为_____元，实际质押率为_____％，足值。 　　　　　系统已录质押物，质物编号为_____ 　□未来货权模式：合同价格是否合理：□是 □否；买卖合同编号：_____ 　□其他：_____ 　货权质押中心综合岗：　　　　　　货权质押中心主任：						

注：本表适用货权质押业务的额度启用和单笔单批、授信额度项下业务的提款审批。

附件 13

使用授信额度材料清单（货权质押业务）

客户名称：　　　　　　　主合同编号：

一、放款审核中心要求审核的材料

☐信贷业务通知书　　　　　　☐授信使用审批意见表（标明"货权质押业务"）

☐业务合同　　　　　　　　　☐担保合同

☐保证金入账证明　　　　　　☐借据/贷款凭证

☐商品购销合同复印件　　　　☐增值税发票（或普通发票）复印件

☐放款审核需要的其他材料

二、货权质押业务要求审核的相关材料

（一）现货/标准仓单质押

☐货权质押业务操作方案批复

☐货权质押业务额度启用/出账审批表　　☐质押物价格审核确认单

☐查询及出质通知书（现货）　　　　　☐查复及出质确认书（现货）

☐银行核库（查库）通知/报告书（现货额度内首次出账）

☐标准仓单质押登记回执书（郑州交易所、大连交易所标准仓单）

☐标准仓单冻结单（郑州交易所、大连交易所标准仓单）

☐标准仓单管理系统确认标准仓单质押登记已提交的页面打印件（上海交易所标准仓单）

（二）未来货权质押

☐货权质押业务操作方案批复

☐货权质押业务额度启用/出账审批表

（三）货权质押业务要求的其他材料

　　　　　　　　　　　　　客户经理：　　　　　　日期：

　　　　　　　　　　　　　放款审核岗：　　　　　日期：

　　　　　　　　　　　　　档案管理员：　　　　　日期：

　　注：放款审核中心可以根据具体业务情况选择需要的上述材料，放款审核及档案管理的材料清单同。

附件 14

银行核库（查库）通知/报告书

经营机构：_____　　客户名称：_____

监 管 方：_____　　仓储地址：_____

核/查库日期：_____年_____月_____日　核查方式：□全检
□抽检，比例：

一、押品台账记录：

生产厂家	品名	规格	重量	件数	仓单号
合计					

二、实际库存记录：

生产厂家	品名	规格	重量	件数	仓单号	核/查库人员	监管仓库确认
合计							

三、核/查库总结：

经办人员意见： 　　　　　　　　　经办人：	经营机构整改情况反馈： 经办人：
货权质押中心主任意见： 　　　　　　　　　负责人：	负责人：

附件 15

质押物价格审核确认单

经营机构：_____

客户名称					协议编号				
货物名称	产地/品牌	规格	重量	数量	购入价	核定价格	总值		质押物权利凭证号
合计									
盯市依据					取价时间				
（以上由经营机构填写） 经办人：　　　　　　　　　经营机构负责人：									
货权质押中心价格审核意见： 综合岗：　　　　　　　　　货权质押中心主任：									

附件 16

货权质押项下开证要求确认书

开证审核岗：

鉴于_____公司在银行已申请货权质押项下未来货权质押开证业务，授信协议号：_____，进口商品：_____，信用证受益人：_____。

鉴于信用证项下货物已承诺质押给银行，为保证货权质押业务项下的银行权利，请按以下要求办理相关业务：

1. 该客户在银行开立相关信用证前请经我处事先审查确认。

2. 信用证项下修改、承兑、付款、收单及其他事项请直接通知我处，并经我处转递、确认。

3. 其他要求。

特此！

分行货权质押中心

年　月　日

回　执

开证审核岗：

　　鉴于_____公司在银行已申请货权质押项下未来货权质押开证业务，授信协议号：_____，进口商品：_____，信用证受益人：_____。

　　鉴于信用证项下货物已承诺质押给银行，为保证货权质押业务项下的银行权利，请按以下要求办理相关业务：

　　1. 该客户在银行开立相关信用证前请经我处事先审查确认。

　　2. 信用证项下修改、承兑、付款、收单及其他事项请直接通知我处，并经我处转递、确认。

　　3. 其他要求。

　　特此！

分行货权质押中心

年　月　日

开证审核岗签收：

附件17

未来货权到货出质/新增质押物审批表

经营机构：_____

客户名称：	协议/合同编号：		信用证编号：	
出质原因	□未来货权到货出质　□原质押物跌价补偿，新增质押物出质			
质押物名称及价值		出质后实际质押率		
经营机构意见： 客户经理：　　　　　　　　经营机构负责人：				
货权质押中心审核意见： □已审核：□查询及出质通知书和查复及出质确认书 　　　　　□标准仓单质押登记回执书和标准仓单冻结单（郑州交易所、大连交易所标准仓单）				

续表

□其他质押登记证明文件：＿＿＿＿＿＿＿＿＿＿	
□仓单印鉴已核	
□已双人核库	
□质押物价格已核，质押物价值为＿＿＿＿＿元。系统已录质押物，质物编号为＿＿＿＿＿	
□未来货权模式：是否已完全出质 □是 □否（为第＿＿＿＿次到货出质）。	
□其他：＿＿＿＿＿＿＿＿＿＿＿＿＿＿＿＿	
货权质押中心综合岗： 货权质押中心主任：	

注：本表适用货权质押业务的未来货权到货出质和质押物跌价补偿时新增质押物出质审批。

附件18

货权质押业务提货审批表

经营机构：＿＿＿＿＿＿＿＿

客户名称		对应提货申请书编号	
质押合同编号		监管协议号	
监管人		设定质押率	
经营单位	□编号为＿＿＿＿＿的提货申请书印鉴已核； □本次提货总价值为人民币＿＿＿＿＿，提货数量为＿＿＿＿＿； □经核，本次提货已划入足额保证金/出质足额质押物/偿还足额贷款，提货后该笔业务实际质押率为＿＿＿＿＿%，拟同意提货，请审批。 □其他意见： 　　　　　　　　　　　　　经办人： 年 月 日		
	经营单位负责人意见： 　　　　　　　　　　　　　签名： 年 月 日		
货权质押中心	综合岗意见： 　　　　　　　　　　　　　签名： 年 月 日		
	货权质押中心主任意见： 　　　　　　　　　　　　　签名： 年 月 日		

附件19

委托收货协议

甲方：_____银行

乙方：_____

鉴于：甲方授予乙方最高授信额度_____万元，期限一年（具体内容见编号为第_____号综合授信协议，以下简称授信协议），该授信额度或部分授信额度用于支付乙方与_____（以下简称卖方）之间的（以下简称贸易合同）_____项下的款项。

现经双方平等协商，达成如下协议：

一、乙方委托甲方作为唯一的收货人收取卖方发出的贸易合同项下的货物，同意卖方在办理运输时，以甲方为唯一的收货人。

二、当贸易合同项下的货物到达指定港口或者站场后，乙方不得自行办理有关提货事宜；否则，乙方将承担相关违约责任，甲方有权要求乙方以及担保人提前清偿已使用授信额度。

三、在甲方接受乙方的委托办理收货过程中，若由于非甲方的原因造成货物灭失、毁损等对乙方不利情形的，甲方不承担任何责任。

四、在甲方接受乙方的委托办理收货过程中，若由于任何原因造成货物灭失、毁损等情形的，乙方应在三日内补充与灭失、毁损的货物价值相当的质押物作为乙方在授信协议项下债务的质押担保或提供甲方认可的其他担保，否则，乙方将承担相关违约责任，甲方有权要求乙方以及担保人提前清偿已使用授信额度。

五、本协议自各方盖章之日起生效。

六、关于本协议的任何纠纷，按照授信协议的规定处理。

甲方：
负责人或者授权人：

乙方：
法定代表人或者授权人：
　　　年　月　日签订于_____（分行所在地）

进口货物仓储监管协议

编号：_____

甲方：_____银行（债权人/质权人）
地址：

乙方：_____（债务人/出质人）
地址：

丙方：_____（仓储人/监管人）
地址：

鉴于：

1. 甲方与乙方于_____年_____月_____日签署了编号为_____的综合授信协议及贸易融资综合授信协议（以下简称授信协议），甲方给予乙方进口开证/押汇额度等授信额度。

2. 甲方于_____年_____月_____日根据乙方申请开立了编号为_____的进口信用证。

3. 甲方与乙方于_____年_____月_____日签署了编号为_____的不可撤销质押合同（以下简称质押合同），乙方同意将编号为_____的进口信用证项下货物存入甲方指定仓库并将相应仓单质押给甲方，作为乙方在_____号信用证项下对甲方所负债务的担保。

4. 甲方已指定丙方监管质押货物，并指示乙方将货物存入丙方仓库。

为确保质押合同的顺利执行，甲、乙、丙三方在平等自愿、协商一致的基础上，达成如下协议：

第一节　进口货物通关

第一条　委托通关

乙方同意委托丙方办理报关、缴税、检验检疫、提货等货物进口所必需的一切通关手续，丙方同意接受乙方委托为其办理进口货物通关手续。

第二条　各方义务

1. 乙方应按附件所列格式签署代理报关委托书、代理申报检验检疫委托书、代理提货委托书等文件提交丙方，并有义务向丙方提供办理第一条所列事务所必需的一切文件。乙方应及时向海关缴纳进口货物应交税款。

2. 甲方凭乙方签署的代理报关委托书等文件直接将信用证项下运输单据及其他通关必需文件交与丙方；乙方无权要求甲方将上述单据和文件交与乙方。

3. 丙方应及时办理通关手续，并有义务将海关等主管机关签发的各种文件交与甲方；丙方不得将该等文件直接交与乙方。

丙方办理提货时应认真查验货物；查验货物时，丙方应通知乙方；乙方不到场的，丙方可单独查验；丙方查验货物时，应认真做好各项记录，必要时应当进行拍照、录音、录像。如发现货差货损，丙方应立即通知甲方和乙方，并保存相关证据。如已发生滞期费，丙方应立即通知甲方和乙方。

第二节　进口货物运输仓储

第三条　进口货物运输

乙方同意委托丙方将进口货物自码头运至甲方指定仓库，丙方同意接受乙方委托将进口货物运至上述仓库。

第四条　进口货物仓储

1. 乙方同意将进口货物委托丙方仓储，丙方同意接受乙方委托。

2. 乙方应当提供有关货物性质、性能的资料，确保丙方能够以最为适当和有利于货物品质的方式进行仓储监管。

3. 货物入库后，丙方应按附件4所列格式签发以乙方为存货人的仓单并交与甲方，丙方不得将仓单直接交与乙方；丙方应将货物的海运提单编号、品名、规格、数量、外包装存在的瑕疵及其他相关信息按附件5所列的格式在仓储物清单上注明。

4. 丙方应当将进口货物分别进行监管，并在仓储区域内明确标注该等货物由"质权人银行［　］分（支）行"委托监管，以及货物的海运提单号码、品名、数量和入库时间，以方便识别。该等标识应当一直保持，直至货物被全部提取完毕；并且丙方应当根据货物的性质提供适宜的仓储条件，以确保仓储货物完好、易于清点和保持包装和标记的完整。

5. 丙方应定期检查仓储货物，若发现货物出现异状、临近失效期等问题，应当立即通知甲方，在甲方就此做出处理决定后立即执行。

第三节　进口货物监管

第五条　委托监管

甲方同意委托丙方对已设定质押进口货物进行监管，丙方同意接受甲方委托对上述进口货物进行监管。

第六条 监管责任

1. 丙方对上述进口货物承担如下监管责任：

（1）妥善、谨慎地监管进口货物。

（2）接受甲方对仓单的查询，接受甲方对进口货物的检查。

（3）按照甲方签发的提货通知书办理进口货物的提货、出库手续。

（4）不受理乙方就已质押仓单的挂失手续。

（5）未经甲方同意，不得接受乙方对进口货物进行任何形式的处分。

（6）在进口货物出现不利于甲方授信安全的情况时，及时通知甲方。

（7）依照合同法和本合同的约定丙方应当承担的其他义务与责任。

2. 丙方监管责任自其提货之日起至甲方通知监管期限届满或全部货物被提取完毕之日（以先发生者为准）。

3. 在监管期内，如发生货物短少、受损，丙方应承担损失赔偿责任。此等赔偿款应由丙方支付至甲方指定的账户。

第七条 仓单查询

1. 丙方有义务接受甲方对仓单的实地查询，并对查询属实的仓单承担真实性、有效性和合法性的责任。甲方查询时，应提交附件6所列格式的仓单查询书。

2. 丙方在核实甲方指定人员的身份证后，填写附件7所列格式的仓单查复书一式两份，加盖公章后退还一份给甲方人员，一份自存备查。

第八条 背书

1. 查询属实的仓单用作乙方向甲方申请授信的质押担保时，应当办理质押的背书手续。办妥质押手续后，仓单正本交由甲方保存，副本由丙方自存备查。

2. 背书手续的式样为：乙方印鉴和丙方印鉴。

第九条 质物的提货出库手续

1. 在仓单质押期间内，提货通知书为甲方许可进口货物提货或出仓、出库的唯一凭证，进口货物的提货与出仓、出库，凭甲方按附件8所列格式签发的提货通知书方可办理；提货具体程序见本条第5项。

仓单项下的进口货物全部提取后，甲方必须将仓单交与丙方注销，无论是否背书，不得将仓单交与乙方或任何其他第三方。

仓单项下的进口货物全部提取之前，甲方提前解除质押的，甲方应与乙方一同前往丙方处办理相关手续，无论是否背书，甲方不得将仓单直接交与乙方。

2. 提货通知书的有效签章为甲方公章加甲方指定人员的亲笔签名。

甲方签发提货通知的指定人员为_____，其签字式样为_____。

3. 非甲方指定人员的亲笔签字和上述公章，进口货物不得出仓、出库。

4. 仓储物清单是仓单不可分割的组成部分；仓储货物发生变化时，丙方应立即出具新的仓储物清单交与甲方，新仓储物清单自动取代之前出具的仓储物清单。

若丙方提交的仓储物清单与实际不符，甲方有权进行核对并要求丙方做出配合和解释。

5. 乙方若需要提取货物进行销售，应按下述具体程序进行：

（1）甲方签发提货通知书交与乙方；交付乙方前应先传真给丙方，丙方指定发送该文件的传真机号码为_____。

（2）丙方在收到提货通知书传真件后，应核对有关印章、签字、传真机号码，然后经办人员签字回传甲方指定的传真机，并应与甲方指定人员（电话：_____）进行电话核实，甲方人员应在收到签字传真件后再签字回传丙方，丙方可办理放货。

（3）在完成上述第（2）款手续后，乙方凭甲方签署的提货通知书向丙方提取货物。

第四节　费用

第十条　报关、检验检疫、提货、运输、仓储费用

1. 丙方根据乙方委托办理进口货物报关、检验检疫、提货、运输、仓储等事务总计收取手续费_____元人民币。

2. 上述费用由乙方支付，乙方不得要求甲方支付。

第十一条　监管费用

1. 丙方根据甲方委托监管货物总计收取监管费_____元人民币。

2. 上述监管费由乙方支付，乙方不得要求甲方支付。

第十二条　费用支付

1. 若乙方逾期支付上述费用的，乙方应按欠付费用每日万分之五的比例向丙方承担逾期利息。

2. 丙方同意，在监管期内其承担的仓储监管责任是独立的、无条件的，不以仓储监管费如期足额支付作为其承担仓储监管责任的条件，不得因乙方拒付或拖延支付仓储监管费或逾期利息而拒绝履行仓储监管责任或降低履行仓储监管责任的标准，也不得以此作为其未能履行仓储监管责任的抗辩和豁免的理由。

第五节 陈述和保证

第十三条 甲方陈述和保证

1. 甲方是依法成立并合法存续的金融机构，有权签署并履行本协议，并就本协议的签订履行了全部法定和章程规定的批准手续。

2. 及时提交相关单据给丙方以供丙方办理货物报检和通关手续。

3. 及时通知乙方相关单据的情况，要求乙方根据本协议约定协助丙方办理货物报检和通关手续。

4. 根据乙方申请，在符合条件的情况下及时解除部分或全部质押货物的质押。

5. 履行本协议约定的其他责任和义务。

第十四条 乙方陈述和保证

1. 乙方是依法成立并合法存续的公司（或具有完全民事行为能力的自然人），有权签署并履行本协议，并就本协议的签订履行了全部法定和公司章程（如有）及内部规定的批准手续。

2. 对本协议项下的质物拥有独立的、完整的所有权，不存在权属争议，能够依法向甲方进行质押而不损害甲方或任何第三方的合法权益。

3. 本协议项下的质物是合法的、可流通的，且是安全的或采取了严格的安全保护措施，在正常的运输、仓储过程中不会造成任何人身和财产损害。

4. 无条件、不可撤销地授权丙方负责货物的报检和通关，并积极提供配合和协助，包括但不限于及时提供报检和通关所需的全部文件、税费和其他费用。及时提供进口付汇核销单、正本进口货物报关单等购汇、付汇所需单据和文件。

5. 及时处理货物出现的一切问题，包括但不限于货物品种、品质、数量与信用证单据记载不符，运输仓储过程中发生的损耗、损失、出现异状及失效期临近等。

6. 及时提供货物仓储监管所需的资料和支付仓储监管费用。

7. 质押期间，未经甲方事先书面同意，不得转让、出租、再行质押或以其他任何方式处分全部或部分质物，若甲方行使质权时，乙方应当积极配合甲方实现质权。

8. 履行本协议约定的其他责任和义务。

第十五条 丙方陈述和保证

1. 丙方是依法成立并合法存续的公司，具备仓储业经营资格和报关资格及丰富的经验，有权签署并履行本协议，并就本协议的签订履行了全部法定和公司章程规定的批准手续。

2. 知悉受托报关及仓储监管的货物，是乙方质押于甲方的质物。

3. 办理全部货物的报检和通关手续。

4. 保证不将从甲方接收的信用证项下单据交与乙方或任何其他第三方。

5. 填写、出具仓单，并保证仓单无论是形式上还是内容上均不存在瑕疵，与货物实际情况相符，不存在任何虚假和误导的情形。

6. 尽职地履行仓储、监管质押货物的责任和义务。

7. 及时更新作为仓单附件的仓储物清单。

8. 本协议约定的其他责任和义务。

第六节　其他

第十六条　单据交接

甲方为履行本协议项下的义务需要将信用证项下单据交与丙方时，甲方、丙方办理相关取单报关手续，同时通知乙方协助甲方办理报关手续。丙方在接获甲方通知后，应于 24 小时内向甲方索取上述全套单据，并在附件 9 所列格式的单据交接通知书的签收栏内签章确认。

第十七条　违约责任

丙方未履行在本合同项下的义务与责任给甲方造成损失的，应依法承担赔偿责任。

第十八条　法律适用与争议解决

本协议适用中华人民共和国法律。

三方在履行本协议时产生的任何争议，按有关授信业务合同约定的争议解决方式解决。

第十九条　附件

本协议附件是本协议不可分割的组成部分，与本协议具有同等法律效力。

第二十条　三方约定的其他事项

_____

_____

_____

第二十一条　合同的生效

本合同自乙方、丙方的法定代表人和甲方的负责人签字并加盖公章之日起生效。

本合同在上述质押担保合同失效后终止。

第二十二条　本合同一式三份，三方各持一份，均具有同等法律效力。

甲方

负责人或委托代理人签字：

单位公章：

_____年_____月_____日

乙方

法定代表人或委托代理人签字：

单位公章：

_____年_____月_____日

丙方

法定代表人或委托代理人签字：

单位公章：

_____年_____月_____日

附件1

代理报关委托书

（　　）报托第　　号

致_____海关：

我单位现委托_____（代理单位）代理货物_____报关，合同号：__

货名：_____件数：_____毛重：_____净重：_____价值：

我单位保证遵守《中华人民共和国海关法》及国家有关法规，保证所提供的单证与所申报货物相符，对所有申报货物的品名、价格、数量及其他应报各项的真实性、合法性负责，如有违反国家的有关规定和法规或不符之处，由我单位自行负责。

本委托书有效期至本委托项下货物报关、缴税及退税完毕。

报关委托单位名称：（盖章）

海关注册登记编码：

法定代表人姓名：

经办人：

联系电话：

传真：

地址:

代理单位名称:(盖章)

海关注册登记编码:

法定代表人姓名:

经办人:

联系电话:

传真:

地址:

日期: 年 月 日

附件2

代理申报检验检疫委托书

致_____出入境检验检疫局:

我单位现委托_____(代理单位)向贵局报检下列货物:

一、货物名称:_____合同号:_____件数:_____毛(净)重:

商品总值:

二、所提供资料:合同□ 发票□ 提单□ (请选择)

其他资料:

三、检验检疫费由代理单位代为交纳。

我单位保证遵守《中华人民共和国进出口商品检验法》《中华人民共和国进出境动植物检疫法》和《中华人民共和国国境卫生检疫法》以及检验检疫法规,保证所提供的单证真实,并与所申报的货物相符。未经检验检疫,保证不擅自将货物调运、销售或使用,如有违反,本公司愿承担一切责任。本委托书有效期至本委托书项下货物检验检疫完毕。

委托单位(盖章):

法定代表人:

经办人:

地址:

联系电话:

日期: 年 月 日

代理单位（盖章）：

法定代表人：

经办人：

地址：

联系电话：

日期：　　年　月　日

附件 3

代理提货委托书

致：

我单位现委托_____（代理单位）提取编号为_____的提单项下货物。请贵公司凭全套正本提单放货。

本委托书有效期至本委托书注明提单项下货物提取完毕。

委托单位（盖章）：

法定代表人：

经办人：

地址：

联系电话：

日期：　　年　月　日

代理单位（盖章）：

法定代表人：

经办人：

地址：

联系电话：

日期：　　年　月　日

附件4

仓单

出单人：　　　　　　　出单日：＿＿＿＿＿＿　　　编号：＿＿＿＿＿＿

货主名称		入库验收单号		备注/批注
仓储物	详见仓储物清单	电话/传真		
首期仓储付至				
仓储物清单是本仓单不可分割的组成部分，与本仓单具有同等法律效力				

制单：＿＿＿＿＿＿　　　　公司盖章：＿＿＿＿＿＿

审核：＿＿＿＿＿＿　　　　法定代表人：＿＿＿＿＿＿

日期：＿＿＿＿＿＿

背书记录：

持单人背书	出单人背书	持单人背书	出单人背书
		经手人： 　　年 月 日	经手人： 　　年 月 日

附件5

仓储物清单

仓单编号：＿＿＿＿＿＿

品名	商标	生产厂家	生产日期	规格	型号	单位	数量	货位号	备注
合计									

本仓储物清单是＿＿＿＿＿＿仓单不可分割的组成部分，与仓单具有同等法律效力。

制单：＿＿＿＿＿＿　　　　公司盖章：＿＿＿＿＿＿

审核：＿＿＿＿＿＿　　　　法定代表人：＿＿＿＿＿＿

日期：＿＿＿＿＿＿

附件6

仓单查询书

编号：_____

致_____（仓库）：

兹有我单位_____（身份证号码：_____）前来办理，存货人为_____公司，品名_____，数量_____，件数_____，签发人为_____，签发日期为_____年_____月_____日的_____号仓单的查询事宜，请予办理为盼！

此致

敬礼！

_____银行

_____年_____月_____日

附件7

仓单查复书

编号：_____

致_____银行：

贵行编号_____的仓单查询单已收悉。经查，存货人为_____，签发日期为_____年_____月_____日的_____号仓单系我单位签发，并对该张仓单的真实性、有效性和合法性负法律责任。

此复

仓单签发人签字及公章：_____

_____年_____月_____日

附件8

提货通知书

编号：_____

致_____（仓库）：

根据质押担保合同（合同编号：_____）和仓储监管协议（协议编号：

_____）的约定，经审查，本行同意_____公司前来办理贵公司签发的
_____号仓单的提货、出库手续，提货的经办人为_____，身份证号码：
_____。请予办理以下货品的提货、出仓和出库手续为盼。有关提货费用由
该公司支付，提货后贵公司对所提货物的监管责任自行终止。

名称	规格	单价	重量	数量	金额	仓（提单）号	备注

_____银行（预留印鉴）

_____年_____月_____日

提货通知书（回执）

编号：_____

致_____银行：

　　贵行的_____号提货通知书已经收悉。根据质押担保合同（合同编号：
_____）和仓储监管协议（协议编号：_____）的约定，和贵行签发的
第_____号提货通知书，本公司已按照贵行要求办理_____公司办理本公
司签发的_____号仓单的提货、出库手续。

　　此复

_____（仓库监管人预留签字/印鉴）

_____年_____月_____日

备注：本通知书一式两份，一份交监管仓库，一份由银行留存。

附件 9

单据交接通知书

编号：_____

根据_____号进口货物监管协议，_____银行_____分（支）行现将以下单据及其代表的货权交付给_____（物流公司），由（物流公司）办理通关、转运及仓储事宜。（物流公司）应在接到本通知之时起 24 小时之内完成单据的交接手续。

索引栏

提单号		货物编号	
进口合同号码		金额	
AB 号码		AB 金额	

单据清单：　　　　　　　　　　　　　到期日：

　　□海运提单　　/　No　　　　□发票　　　/　No

　　□装箱单　　　/　No　　　　□质量证明　/　No

　　□原产地证　　/　No　　　　□进口许可证　/　No

上述单据如未特别注明均为正本。

单据描述的货物为：

品种　　　规格　　数量　　包装　　重量

_____

_____

_____

_____

详见上述进口合同项下相关单据。

_____银行_____分（支）行（业务公章）

_____年____月____日

签收栏

_____银行_____分（支）行：

我公司确认收到本通知书所述的各项单据正本，并将按_____号进口货物监管协议履行相应的通关、转运及仓储等义务。正式出具仓单的时间预计为：_____年____月____日。

_____公司（××章）

_____年____月____日

厂商银合作协议（货物监管模式）

编号：＿＿＿＿＿＿＿

甲方：　　　　　（卖方）

乙方：　　　　　（买方/债务人/出质人）

丙方：银行（债权人/质权人）

鉴于：

1. 乙方拟与或已与甲方签订＿＿＿＿＿＿＿＿＿＿＿＿
（以下简称买卖合同），向甲方采购＿＿＿＿＿（以下简称货物）；

2. 为确保上述买卖合同的履行，乙方与丙方签订编号为＿＿＿＿＿的综合授信协议（以下简称授信协议），用于向甲方支付买卖合同项下的货款；

3. 为确保上述授信协议的履行，乙方与丙方签订编号为＿＿＿＿＿的最高额质押合同及相应单笔质押合同（以下简称质押合同），将甲方根据买卖合同交付的货物存入丙方指定仓库并将相应货物及仓单（如有）（统称质物）质押给丙方，作为乙方在授信协议及其项下的单笔业务合同项下对丙方所负债务的担保；

4. 为确保上述质押合同的履行，丙方拟指定＿＿＿＿＿监管质押货物，并指示乙方将货物存入＿＿＿＿＿仓库。

为加强银企合作，甲、乙、丙三方在平等自愿、协商一致的基础上，达成如下协议：

第一条　在下列先决条件完全满足的情况下，乙方可向丙方申请：①丙方向乙方发放封闭资金贷款；②丙方开立以甲方为收款人的银行承兑汇票，并将银行承兑汇票直接交付甲方，作为乙方向甲方支付买卖合同项下的货款。

（1）甲乙双方签订丙方认可的买卖合同。

（2）乙丙双方签订综合授信协议。

（3）乙丙双方签订流动资金贷款合同和银行承兑协议。

（4）乙丙双方签订最高额质押合同和质押合同。

（5）乙方、丙方与＿＿＿＿＿公司三方签订仓储监管协议或动产质押监管合作协议。

乙方根据本条向丙方所提申请，构成乙方对丙方不可撤销的授权，丙方根据该授权，即可将其根据乙方申请发放的贷款资金（及乙方自筹的相当于货款金额_____%的资金）或开立的银行承兑汇票直接付至甲方指定账户或交与甲方，作为乙方向甲方支付买卖合同项下的货款。

第二条 货物的发送（及/或）：提货凭证

为保障丙方及时收妥质押货物，甲、乙、丙三方约定，乙方委托丙方作为乙方不可撤销的代理人代理乙方收货。甲方安排买卖合同项下货物交付时必须按以下要求进行：

（1）收货人栏填写为：银行_____分行（代乙方收）。

（2）货物运输方式为_____，交货日期为_____，指定交货地（仓库）为_____。

买卖合同受本协议约束，本协议构成对买卖合同的补充、修改。如买卖合同中有关条款与本协议约定不符，以本协议的约定为准。

甲方在代办运输时，应当全面实际、诚实信用地履行上述约定，运输单据和凭证上所记载的收货人、货物运输方式、目的港/站的填写必须要符合以上规定。如甲方违反以上规定，向丙方承担连带赔偿或偿还责任。

第三条 如货款采用银行承兑汇票方式支付，甲方收到银行承兑汇票后，应签署附件所列格式的银行承兑汇票，收到确认函交与丙方。

第四条 甲方的连带偿还责任/甲方的退款责任

甲方对所收到的银行承兑汇票项下乙方的债务承担连带偿还责任，直至甲方按照本协议第二条规定履行了货物的发送责任。

甲方对所收到的银行贷款项下乙方的债务承担连带偿还责任，直至甲方按照本协议第二条规定履行了货物的发送责任。

甲方承诺：收到本协议项下的货款后，在_____天内完成买卖合同项下货物的发送。无论何种原因导致甲方未按约定履行或未完全履行买卖合同项下的交货义务，则甲方有义务按照丙方书面通知的要求将已收到但未履行发货义务相应部分的货款（银行承兑汇票或银行贷款）退回给丙方。

第五条 甲方声明和承诺

如甲方交付货物不符合买卖合同约定，甲方将为乙方根据本协议第一条对丙方所负债务向丙方承担连带偿还义务。

第六条 货物的回购

乙方违反其与丙方之间签订的银行承兑协议的/乙方违反其与丙方之间签订的借款合同的，甲方自愿将买卖合同项下乙方质押给丙方的剩余未提取货物以原销售合同约定价格的_____%予以回购，回购款的付款方式为电汇。甲方在收到丙方的回购通知，经核实无误后10个工作日内将款项足额汇至丙方指定的账户，甲方即取得相应货物的所有权，由此引起的一系列装卸、仓储费均由乙方承担，并且乙方自动放弃在甲方的_____保证金的回收权利。

第七条　声明和保证

（一）协议各方均为依法成立并合法存在的机构，有权以自身的名义、权利和权限从事本合同项下的业务经营活动，并以自身的名义签署和履行本合同。签署本合同所需的有关文件和手续已充分齐备及合法有效。

（二）甲乙双方保证其双方不存在资本控制和参与关系，在买卖合同签订之前无任何未决争议或债权债务纠纷。

（三）丙方在本协议项下发放的款项实行专款专用，未经丙方同意，不得用于甲乙双方买卖合同以外的其他任何约定。甲方根据本协议向丙方退还货款的责任是独立的，甲方和乙方之间、甲方和丙方之间的任何合同或者争议或任何条款的无效都不影响甲方的退款责任。

（四）甲方声明并保证其根据本协议第四条向丙方退款是无条件的，无须丙方先向乙方索偿或丙方先对乙方采取任何法律行动。

（五）签署本合同是各方自愿的，是各自真实意思的表示。

（六）各方将按照诚实信用原则履行本合同，并给予本合同各方必需的协助和配合。

第八条　为本协议第一条的目的，当融资发放方式为贷款时，甲方指定银行账户为：

开户银行：

户　　名：

账　　号：

当融资发放方式为银行承兑汇票时，汇票的交接方式为：

甲方指定人员前往银行签收，签收人姓名：_____，身份证号码：_____，联系电话：_____，传真机号码：_____。

丙方直接交付，交付方式为：_____由银行以_____形式将票据交付给甲方指定的人员，甲方接收人姓名：_____，身份证号码：_____，联系电话：_____。

上述内容的变更需以书面形式进行。

第九条　三方同意安排各自的工作人员对本协议项下货款的收取和货物的交付定期进行核对，甲方指定的人员：_____，联系方式：_____；乙方指定的人员：_____，联系方式：_____；丙方指定的人员：_____，联系方式_____。

第十条　违约责任

本协议任何一方违反本协议的任何约定义务，给守约方造成的损失，违约方负有赔偿责任。

第十一条 因本协议发生的争议，各方协商解决；协商不成的，采用下列第_____种方式解决：

1. 提交丙方所在地有管辖权的法院解决。

2. _____。

第十二条 本协议附件是协议不可分割的组成部分。

第十三条 本协议自三方当事人的法定代表人或授权代理人签字或盖章并加盖各方公章之日起生效。

第十四条 本合同一式三份，三方各持一份，均具同等法律效力。

甲方
法定代表人或委托代理人签字：
单位公章：
_____年_____月_____日

乙方
法定代表人或委托代理人签字：
单位公章：
_____年_____月_____日

丙方
法定代表人或委托代理人签字：
单位公章：
_____年_____月_____日

附件

银行承兑汇票收到确认函

编号：_____

银行：_____

作为编号为_____的厂商银合作协议项下的甲方，我公司已收到由_____公司（买方）签发、贵行承兑的、金额为_____（大写）元的银行承兑汇票，该银行承兑汇票的编号为_____。

特此确认。

_____公司（卖方）

（预留印鉴）

有权签字人：

年 月 日

仓储监管协议

（适用于动产质押—静态质押授信）

编号：_____甲方（债权人/质权人）：

住所：

负责人：

联系人： 电话：

乙方（债务人/出质人）：

住所：

法定代表人：

联系人： 电话：

丙方（仓储人/监管人）：

住所：

法定代表人：

联系人： 电话：

为保障甲方与乙方签署的_____号综合授信协议（以下简称授信协议）及其项下的单笔业务合同的履行，乙方愿以自己所有的存放于丙方仓库并由丙方进行保管的商品向甲方提供动产质押担保，并与甲方签订了相应质押担保合同。丙方愿意对存放于丙方仓库中的乙方质押给甲方的商品进行保管并按照本协议的约定承担监管义务与责任。现三方经平等协商，订立本协议。

第一条 综合授信协议、质押担保合同

乙方与甲方签订授信协议，约定甲方给予乙方最高授信额度人民币_____万元。

乙方在使用本授信额度时，由乙方提供甲方认可的质押担保，并签订相应

的授信业务合同和质押担保合同。

第二条　质物的监管方式

三方确认，采用以下第_____种监管方式：

一、丙方单独监管

在此种监管方式下，丙方开出保管凭证或进仓单或提货单或质物清单或其他书面凭证，并按照本协议进行监管。

二、甲方和丙方共同监管

在此种监管方式下，甲方委派指定人员和丙方共同监管质押给甲方的商品。有关进出库凭证由甲方和丙方各执一份，甲方指派的人员为_____，身份证号码为_____。

第三条　监管责任

质押期间，丙方对质押商品（以下简称监管的商品，含共同监管，下同）承担监管责任，包括：

一、按照合同法和本协议以及乙丙双方仓储保管合同妥善、谨慎处理监管的商品。

二、接受甲方对出质的查询，接受甲方对监管的商品的检查。

三、按照甲方签发的提货通知书办理监管的商品的提货、出仓、出库手续。

四、不受理乙方就已质押商品所对应的保管凭证或进仓单或提货单或质物清单或其他书面凭证的挂失手续。

五、受理甲方对监管的商品的提货和出仓、出库手续。

六、未经甲方签发提货通知书，丙方不得受理乙方对监管的商品提货、出仓、出库手续。

七、在共同监管方式下，会同甲方指定人员办理提货通知书项下监管的商品的提货或出库手续。

八、在监管的商品出现不利于甲方授信安全的情况时，及时通知甲方。

九、丙方在乙方质押物办理入库后，应在相关的质押物上粘贴质押标签（见附件6）。质押标签中质权人甲方以中文缩写"银行"作为标识。

十、依照合同法和本协议的约定，丙方应当承担的其他义务与责任。

丙方的监管责任在监管的相应商品提货、出库或出仓后终止。

第四条　进仓单或保管凭证的查询和出质的通知、确认

一、查询

（一）丙方有义务接受甲方对保管凭证或进仓单或提货单或质物清单或其他书面凭证的实地查询，并对查询属实的保管凭证或进仓单或提货单或质物清单或其他书面凭证承担真实性、有效性和合法性的责任。

（二）查询时，丙方在核实甲方指定人员的身份证后，填写一式两份的查复及出质确认书，加盖印章后退还一份给甲方人员，一份自存备查。

二、出质的通知和确认

如甲方接受乙方提供的监管的商品质押时，由甲方和乙方共同向丙方签发查询及出质通知书（见附件1），将商品出质的事实通知丙方。丙方应向甲方签发查复及出质确认书（见附件2），承诺对该查复及出质确认书上所列的质押标的依照本协议履行保管和监管职责。

第五条　印鉴和凭证

一、乙方和丙方签发保管凭证或进仓单或提货单或质物清单或其他书面凭证应加盖预留印鉴。

二、当丙方出具保管凭证或其他书面凭证时，丙方应将上述书面凭证原件交与甲方。

第六条　质物的提货出库手续

一、监管的商品的提货与出仓、出库，凭甲方签发的提货通知书（见附件3）办理。

二、提货通知书为甲方许可监管的商品的提货，或出仓、出库的唯一有效手续。

提货通知书的有效签章为甲方印章加甲方指定人员的亲笔签名。

甲方签发提货通知书的指定人员为：1. _____，其签字式样为_____。或2. _____，其签字式样为_____。

三、提货通知书上非甲方指定人员的亲笔签字和上述印章，监管的商品不得出仓、出库。丙方必须按照以上提货通知书上注明的各项要素给予乙方提货。若丙方违反以上规定给乙方提货的，应当对甲方承担连带赔偿责任。

四、同一份保管凭证或进仓单或提货单或质物清单或其他书面凭证分次提货时，丙方应在自有的内部账目中记载有关提货情况。货物全部提货完毕后，保管凭证或进仓单或提货单或质物清单或其他书面凭证自动失效，无须交回丙方注销。

五、乙方向甲方申请签发提货通知书时，必须事先在甲方存入等于提货价值的_____%的保证金或提前归还相应授信或提供以与提货价值相当的商品作为质押，同时出具提货申请书。乙方经甲方同意提货后由丙方给予甲方提货通知书回执（见附件4）。

补充或追加的保证金，为乙方偿还甲方授信的保证金。在相关授信到期前，乙方无权动用该保证金。补充或追加保证金的行为，构成甲乙双方对有关质押担保合同或者有关合同中保证金条款的自动修改，无须甲乙双方另行签订有关补充协议或补充合同，也无须乙方的特别授权。

乙方在甲方的保证金账户为_____。

第七条 仓储保管合同到期日先于主合同到期日的处理

乙丙双方签订的仓储保管合同到期日先于甲乙双方有关授信业务合同（主合同）履行期限的，可以按照下列办法处理：

一、乙方与丙方续签仓储保管合同，本协议书自动延期。

二、乙方提货，但以乙方偿清授信额度（或风险额度）为前提。

三、经甲方批准，乙方以新的商品作质押，代替监管的商品；乙方凭提货通知书办理提货。

四、甲方提货。

第八条 乙方、丙方的权利与义务

一、乙方应按照其与丙方的约定按时支付足额的仓储保管费用。

费用标准：

支付时间：

支付方式：

丙方同意，在监管期内其承担的仓储监管责任是独立的、无条件的，不以仓储保管费如期足额支付作为其承担仓储监管责任的条件，不得因乙方拒付或拖延支付仓储保管费而拒绝履行仓储监管责任或降低履行仓储监管责任的标准，也不得以此作为其未能履行仓储监管责任的抗辩和豁免的理由。

乙方如未按照本协议约定向丙方支付丙方因监管本协议项下质押货物应收取的相关仓储保管费用，丙方应书面通知甲方、乙方，乙方应当在收到丙方通知之日起_____日内付清所欠款项。在此期间，经与乙方协商，甲方可代乙方支付经核实欠交的相关费用。甲方代为支付的，乙方应在甲方代为支付之日起 3 日内将该款项及其利息（按日_____计算）支付给甲方。该代付款项作为乙方质押担保的授信协议项下主债权的组成部分，受质物的担保偿还。

二、丙方未履行对本协议项下的义务与责任给甲方造成损失的，应依法承担赔偿责任。

三、丙方同意放弃对乙方质押给甲方货物的留置权（各方同意_____【1. 适用；2. 不适用】本款约定）。

第九条 跌价的处理

在本协议生效期间，若出现保管凭证或进仓单或提货单或质物清单或其他书面凭证所记载的商品的市场价格跌价幅度超过质押生效时价格的_____%时，乙方应在_____个工作日之内将市场价格与质押生效时价格之间的差价补齐，补齐差价的方式为追加保证金或追加新的质押。逾期未补或未补足的，视为乙方对本协议及相关其他合同或协议的违约，甲方有权行使不安抗辩权，宣布授信额度提前到期，要求乙方提前偿还已使用授信额度；同时，甲方有权依法以拍卖或变卖的方式处置保管凭证或进仓单或提货单或质物清单或其他书面凭证所记载的商品，变卖或拍卖所得的款项用于提前清偿所担保的债权。

第十条 法律适用与争议解决

本协议适用中华人民共和国法律。

三方在履行本协议时产生的任何争议，适用授信协议中规定的方式解决。

第十一条 保险

保管期间，甲方有权要求乙方应当为质押的商品向甲方、丙方认可的保险人投保，保险费用由乙方负担。投保的险种、保险金额、保险期限应当符合甲方要求。保险的第一受益人为甲方，保险单和保险权益转让书由甲方保管。

第十二条 违约责任

一、一方违反本协议的约定，应当向守约方支付违约金或损害赔偿金。迟延履行给付金钱义务的，应当按照_____向守约方支付滞纳金。违反其他义务给守约方造成损失的，应当赔偿对方所遭受的包括但不限于本金、利息、罚息、可以预见的可得利益（商业利润）的损失。

二、乙方违反授信协议或者本协议，甲方有权宣布全部授信额度提前到期、停止乙方使用授信额度或削减授信额度，并有权采取相应的救济或补救措施，要求乙方及其担保人提前偿还已使用授信额度。

三、乙方、丙方串通损害甲方利益的，对授信协议项下的债务本息、费用承担连带责任；如丙方因监管不力造成质物短损、甲方质权落空或部分落空的，就质权落空或者质权落空的部分承担相应的赔偿责任。

第十三条 三方约定的其他事项

授信到期或提前到期，若乙方无法偿还，甲方有权对质押货物进行变卖以偿还授信本息及相关费用。签署本协议的同时，甲乙双方共同签署变卖协议。变卖过程中，乙方、丙方均应为满足甲方一切必需的要求而予以足够配合，以促进变卖成功实现。

乙方和丙方不得以其双方之间的任何约定或合同对抗本协议项下应履行的义务。

关于本协议的任何修改必须采用书面方式，由各方加盖公章生效。

乙方、丙方就本协议项下乙方质押给甲方的质物签订的有关仓储保管合同、协议的约定与本协议不一致，以本协议为准。

第十四条 协议的生效

本协议自三方当事人的法定代表人或授权代理人签字或盖章并加盖公章后生效。直至乙方在授信协议项下的全部债务清偿完毕后失效。

第十五条 本协议一式三份，三方各持一份，均具有同等法律效力。

第十六条 本协议附有以下附件，其为本协议不可分割的部分，与本协议正文有相同的效力。

1. 查询及出质通知书。

2. 查复及出质确认书。

3. 提货通知书。

4. 提货通知书（回执）。

5. 提货申请书。

6. 质押标签。

甲方（盖章）：

负责人或授权人签字：

乙方（盖章）：

法定代表人或授权人签字：

丙方（盖章）：

法定代表人或授权人签字：

_____年_____月_____日签订于_____

附件1

查询及出质通知书

编号：_____

致_____（监管人）：

贵公司同意为_____公司（以下简称出质人）存放于贵公司仓库或者场地的下列货物进行保管，并出具下列凭证。根据有关质押合同的规定，出质人的以下商品（明细见下表）已质押给_____银行_____分行，现将有关质押事实通知贵单位，并请贵单位核实以下商品是否已经存入贵单位的仓库或者场地，所对应的进仓单或保管凭证或质物清单是否由贵单位签发，以下如确认无误，请贵单位严格按照编号为＿＿＿＿＿号的仓储监管协议规定履行监管职责。

名称	规格	重量	数量	生产厂家	凭证号	单价

质权人：＿＿＿＿＿银行＿＿＿＿＿分行

出质人：＿＿＿＿＿

年　月　日

附件2

查复及出质确认书

编号：＿＿＿＿＿

致＿＿＿＿＿分行：

贵行与＿＿＿＿＿（以下简称出质人）共同签发的编号为＿＿＿＿＿的查询及出质通知书，我单位已收到。我公司同意为出质人存放于我公司仓库或者场地的下列货物进行保管，并出具下列凭证。我单位确认出质人持有的保管凭证/进仓单/提货单/质物清单/书面凭证确由我单位签发，保管凭证/进仓单/提货单/质物清单/书面凭证所对应的商品已经存放入我单位，我单位对该保管凭证/进仓单/提货单/质物清单/书面凭证的真实性、有效性负责。我单位已知晓以下商品（明细见下表）已质押给＿＿＿＿＿分行，我单位将严格按照＿＿＿＿＿号仓储监管协议的规定履行占有、保管和监管职责。

名称	规格	重量	数量	生产厂家	凭证号	单价

监管人签章：＿＿＿＿＿

年　月　日

附件 3

提货通知书

编号：_____

致_____（监管人）：

根据_____号仓储监管协议的约定，经审查，本行同意_____公司前来办理下列货物的提货、出库手续，提货的经办人为_____，身份证号码：_____。

请贵公司予以审核并办理以下货物的提货、出仓和出库手续为盼。有关提货费用由_____公司支付，提货后贵公司对所提货物的监管责任自行终止。

名称	规格	重量	数量	金额	凭证号	备注

_____银行_____分行（预留印鉴）

有权人签字：_____

年　月　日

附件 4

提货通知书（回执）

编号：_____

致_____银行_____分行：

根据贵行签发的_____号提货通知书和第_____号仓储监管协议的约定，本公司已办理_____公司以上提货通知书的提货、出库手续(明细见下表)。

名称	规格	重量	数量	金额	凭证号	备注

监管人（盖章）：_____

年　月　日

附件 5

提货申请书

编号：_____

致_____分行：

根据第_____号仓储监管协议的约定，本公司：（在选择项内打"√"）

□本公司已将共计_____万元的保证金/款项划入本公司在贵行开立的保证金账户上，该笔保证金作为编号为第_____号的综合授信协议项下债务的质押担保。

□已归还编号为第_____号贷款合同项下_____万元贷款。

□已归还编号为第_____号银行承兑协议项下_____万元银行承兑汇票款项。

□本公司以本公司持有的号码为_____，出票人为_____，金额为_____，收款人为_____的银行承兑汇票作为编号_____号的综合授信协议项下债务的质押担保。

□本公司以本公司持有的品名为_____，数量/重量为_____的货物作为编号_____号的综合授信协议项下债务的质押担保，具体内容见相关的质押合同。

现我单位向贵行申请办理存放于_____公司仓库的下列货物的提货、出库手续，提货的清单见下表，请予办理提货手续为盼。

名称	规格	重量	数量	金额	凭证号	备注

年　月　日

附件 6

质押标签

货主（出质人）	
质权人	银行

仓储监管协议

（适用于非标准仓单质押业务）

编号：_____

甲方（债权人/质权人）：
住所：
负责人：
联系人：　　　　　　　　　电话：

乙方（债务人/出质人）：
住所：
法定代表人：
联系人：　　　　　　　　　电话：

丙方（仓储人/监管人）：
住所：
法定代表人：
联系人：　　　　　　　　　电话：

为保障甲方与乙方签署的第_____号综合授信协议（以下简称授信协议）及其项下的单笔业务合同的履行，乙方愿以自己所有存放于丙方仓库中的商品所对应的仓单向甲方提供质押担保，并与甲方签订了相应质押担保合同。丙方愿意对存放于丙方仓库中的商品承担仓储义务，按照本协议的约定承担监管义务与责任。现三方经平等协商，订立本协议。

第一条 授信协议、质押担保合同

乙方与甲方签订授信协议，约定甲方给予乙方最高授信额度人民币_____万元。

乙方在使用本授信额度时，由乙方提供甲方认可的质押担保，并签订相应的授信业务合同和质押担保合同。

第二条 质物的监管方式

三方确认，采用以下第_____种监管方式：

一、丙方单独监管

在此种监管方式下，丙方开出商品仓单（见附件1），由乙方和丙方按照本协议的约定将仓单背书后质押给甲方。

二、甲方和乙方共同监管

在此种监管方式下，丙方开出商品仓单（见附件1），由乙方和丙方按照本协议的约定将仓单背书后质押给甲方。甲方委派指定人员和丙方共同监管质押给甲方的商品。有关进出库凭证由甲方和丙方各执一份，甲方指派的人员为：1. _____，身份证号码为 _____；2. _____，身份证号码为 _____。

第三条 监管责任

质押期间，丙方对上述商品仓单所记载的商品（以下简称监管的商品，含共同监管，下同）承担监管责任，包括：

一、按照合同法和本协议以及乙丙双方仓储保管合同妥善、谨慎保管所占有的商品。

二、接受甲方对仓单的查询，接受甲方对监管的商品的检查。

三、按照甲方签发的提货通知书办理所占有的商品的提货、出仓、出库手续。

四、不受理乙方就已质押仓单的挂失手续。

五、受理甲方对监管的商品的提货和出仓、出库手续。

六、未经甲方签发提货通知书，丙方不得受理乙方对监管的商品提货、出仓、出库手续。

七、在共同监管方式下，会同甲方指定人员办理提货通知书项下监管的商品的提货或出库手续。

八、在监管的商品出现不利于甲方授信安全的情况时，及时通知甲方。

九、依照合同法和本协议的约定丙方应当承担其他义务与责任。丙方的监管责任在所占有的相应商品提货、出库或出仓后终止。

第四条 仓单的查询和出质的确认

一、查询

（一）丙方有义务接受甲方对商品仓单的实地查询，并对查询属实的仓单承担真实性、有效性和合法性的责任。

（二）查询时，丙方在核实甲方指定人员的身份证后，填写一式两份的查复及出质确认书（见附件3），加盖公章后退还一份给甲方人员，一份自存备查。

二、出质的确认

如甲方接受乙方提供的监管的商品的质押时，由甲方和乙方共同向丙方签发查询及出质通知书（见附件2），丙方应向甲方签发查复及出质确认书，对该查复及出质确认书上所列的质押标的，丙方依照本协议履行监管职责。

第五条 背书

一、查询属实的仓单项下的货物用作乙方向甲方申请授信的质押担保时，应当办理质押仓单的背书手续。办妥质押手续后，仓单正本交由甲方保存，副本由丙方自存备查。

二、背书手续的式样为：乙方印鉴和丙方印鉴。

三、不符合以上背书要求的仓单，甲方不予接受。

四、乙方和丙方签发本协议其他附件文件的，应使用上述规定的印鉴。

第六条 质物的提货出库手续

一、监管的商品的提货与出仓、出库，凭甲方签发的提货通知书办理。

二、提货通知书为甲方许可监管的商品的提货、出仓、出库的唯一有效手续。

提货通知书的有效签章为甲方印章加甲方指定人员的亲笔签名。

甲方签发提货通知的指定人员为：1. _____，其签字式样为_____；2. _____，其签字式样为_____。

三、提货通知书（见附件4）上非甲方指定人员的亲笔签字和上述印章，监管的商品不得出仓、出库。丙方必须按照以上提货通知书上注明的各项要素给予乙方提货。若丙方违反以上规定给乙方提货的，应当对甲方承担连带赔偿或偿还责任。

四、仓单项下的商品提货后，所质押仓单自动失效，不必由丙方注销。各方对此无任何异议。

五、乙方向甲方申请签发提货通知书时，必须事先在甲方存入等于提货价值的_____%的保证金或提前归还相应授信或提供以与提货价值相当的商品仓单作为新的质押，同时出具提货申请书（见附件6）。乙方提货后由丙方给予甲方提货通知书回执（见附件5）。

补充或追加的保证金，为乙方偿还甲方授信的保证金。在相关授信到期前，乙方无权动用该保证金。补充或追加保证金的行为，构成甲乙双方对有关质押担保合同或者有关合同中保证金条款的自动修改，无须甲乙双方另行签订有关补充协议或补充合同，也无须乙方的特别授权。

乙方在甲方的保证金账户为_____。

第七条 仓储合同或仓单记载的提货日先于主合同到期日的处理

乙丙双方签订的仓储保管合同或仓单记载的提货日先于甲乙双方有关授信业务合同（主合同）履行期限的，可以按照下列办法处理：

一、乙方提货，但以乙方偿清授信额度（或风险额度）为前提。

二、经甲方批准，乙方以新的仓单或新的商品作质押，代替监管的商品；乙方凭仓单、进出库凭证和提货通知书提货。

三、甲方提货。

第八条　乙方、丙方的权利与义务

一、丙方有权要求乙方按双方之间的约定向其支付仓储费用，乙方应按照双方之间的约定支付仓储费用。

费用标准：

支付时间：

支付方式：

丙方同意，在监管期内其承担的仓储监管责任是独立的、无条件的，不以仓储保管费如期足额支付作为其承担仓储监管责任的条件，不得因乙方拒付或拖延支付仓储保管费而拒绝履行仓储监管责任或降低履行仓储监管责任的标准，也不得以此作为其未能履行仓储监管责任的抗辩和豁免的理由。

乙方如未按照本协议约定向丙方支付丙方因监管本协议项下质押货物应收取的相关仓储保管费用，丙方应书面通知甲方、乙方，乙方应当在收到丙方通知之日起＿＿＿＿日内付清所欠款项。在此期间，经与乙方协商，甲方可代乙方支付经核实欠交的相关费用。甲方代为支付的，乙方应在甲方代为支付之日起 3 日内将该款项及其利息（按日＿＿＿＿计算）支付给甲方。该代付款项，作为乙方质押担保的授信协议项下主债权的组成部分，受质物的担保偿还。

二、丙方未履行对本协议项下的义务与责任给甲方造成损失的，应依法承担赔偿责任。

三、丙方同意放弃对仓单项下货物的留置权（各方同意＿＿＿＿【1. 适用；2. 不适用】本款约定）。

第九条　跌价的处理

在本协议生效期间，若出现仓单所记载的商品的市场价格跌价幅度超过质押生效时价格的＿＿＿＿％时，乙方应在＿＿＿＿个工作日之内将市场价格与质押生效时价格之间的差价补齐，补齐差价的方式为追加保证金或追加新的质押。逾期未补或未补足的，视为乙方对本协议及相关其他合同或协议的违约，甲方有权行使不安抗辩权，宣布授信额度提前到期，要求乙方提前偿还已使用授信额度；同时，甲方有权依法以拍卖或变卖的方式处置仓单所记载的商品，变卖或拍卖所得的款项用于提前清偿所担保的债权。

第十条　法律适用与争议解决

本协议适用中华人民共和国法律。

三方在履行本协议时产生的任何争议，适用授信协议中规定的方式解决。

第十一条　保险

仓储期间，甲方有权要求乙方应当为质押仓单记载的商品向甲方、丙方认可的保险人投保，保险费用由乙方负担。投保的险种、保险金额、保险期限应当符合甲方要求。保险的第一受益人为甲方，保险单和保险权益转让书由甲方保管。

第十二条　违约责任

一、一方违反本协议的约定，应当向守约方支付违约金或损害赔偿金。迟延履行给付金钱义务的，应当按照_____向守约方支付滞纳金。违反其他义务给守约方造成损失的，应当赔偿对方所遭受的包括但不限于本金、利息、罚息、可以预见的可得利益（商业利润）的损失。

二、乙方违反授信协议或者本协议，甲方有权宣布全部授信额度提前到期、停止乙方使用授信额度或削减授信额度，并有权采取相应的救济或补救措施，要求乙方及其担保人提前偿还已使用授信额度。

三、乙方、丙方串通损害甲方利益的，对授信协议项下的债务本息、费用承担连带责任；如丙方因监管不力造成质物短损、甲方质权落空或部分落空的，就质权落空或者质权落空的部分承担相应的赔偿责任。

第十三条　三方约定的其他事项

授信到期或提前到期，若乙方无法偿还，甲方有权对质押货物进行变卖以偿还授信本息及相关费用。签署本协议的同时，甲乙双方共同签署变卖协议。变卖过程中，乙方、丙方均应为满足甲方一切必需的要求而予以足够配合，以促进变卖成功实现。

乙方和丙方不得以其双方之间的任何约定或合同对抗本协议项下应履行的义务。

关于本协议的任何修改必须采用书面方式，由各方加盖公章生效。

乙方、丙方就本协议项下仓单对应质物签订的有关仓储保管合同、协议的约定与本协议不一致，以本协议为准。

第十四条　协议的生效

本协议自三方当事人的法定代表人或授权代理人签字或盖章并加盖公章后生效。直至乙方在授信协议项下的全部债务清偿完毕后失效。

第十五条　乙方、丙方保证如下：

一、丙方确保自身具有仓储经营资格，能够出具仓单。

二、乙方、丙方业已明确知晓本协议书的内容，甲方业已采取足够的措施提醒乙方、丙方理解本协议书的内容。

第十六条 本协议一式三份，三方各持一份，均具同等法律效力。

第十七条 本协议附有以下附件，其为本协议不可分割的部分，与本协议正文有相同的效力。

1. 仓单

2. 查询及出质通知书

3. 查复及出质确认书

4. 提货通知书

5. 提货通知书（回执）

6. 提货申请书

甲方（盖章）：

负责人或授权人签字：

乙方（盖章）：

法定代表人或授权人签字：

丙方（盖章）：

法定代表人或授权人签字：

_____年_____月_____日签订于_____（分行所在地）

附件1

有限公司仓单

出单人：_____   出单日：_____   编号：_____

货主名称		入库验收单号	
品名		商标	
生产厂（产地）		规格、型号	
吨数		台数、件数	
生产日期		提货/出库日期	

续表

入库日期		提货/出库吨数	
货位号（仓储位号）		首期仓储付至	
仓库地址		电话/传真	
出库/提货记录			

制单：_____ 公司盖章：_____

审核：_____ 法定代表人：_____

日期：_____

背书记录：

持单人背书	出单人背书	持单人背书 经手人： 年 月 日	出单人背书 经手人： 年 月 日

附件2

查询及出质通知书

编号：_____

致_____（监管人）：

　　贵公司同意为_____公司（以下简称出质人）存放于贵公司仓库或者场地的下列货物进行保管，并出具下列凭证。根据有关质押合同的规定，出质人的以下商品（明细见下表）已质押给_____分行，现将有关质押事实通知贵单位，并请贵单位核实以下商品是否已经存入贵单位的仓库或者场地，所对应的进仓单或保管凭证或质物清单是否由贵单位签发，以下如确认无误，请贵单位严格按照编号为_____的仓储监管协议规定履行监管职责。

名称	规格	重量	数量	生产厂家	凭证号	单价

质权人：_____分行

出质人：_____

年 月 日

附件3

查复及出质确认书

编号：_____

致_____分行：

贵行与_____（以下简称出质人）共同签发的编号为_____的查询及出质通知书，我单位已收到。我公司同意为出质人存放于我公司仓库或者场地的下列货物进行保管，并出具下列凭证。我单位确认出质人持有的保管凭证/进仓单/提货单/质物清单/书面凭证确由我单位签发，保管凭证/进仓单/提货单/质物清单/书面凭证所对应的商品已经存放入我单位，我单位对该保管凭证/进仓单/提货单/质物清单/书面凭证的真实性、有效性负责。我单位已知晓以下商品（明细见下表）已质押给_____分行，我单位将严格按照_____号仓储监管协议的规定履行占有、保管和监管职责。

名称	规格	重量	数量	生产厂家	凭证号	单价

监管人签章：_____

年　月　日

附件4

提货通知书

编号：_____

致_____（监管人）：

根据_____号仓储监管协议的约定，经审查，本行同意_____公司前来办理下列货物的提货、出库手续。

请贵公司予以审核并办理以下货物的提货、出仓和出库手续为盼。有关提货费用由_____公司支付，提货后贵公司对所提货物的监管责任自行终止。

名称	规格	重量	数量	金额	凭证号	备注

_____分行（预留印鉴）

有权人签字：_____

年　月　日

附件5

<h2 align="center">提货通知书（回执）</h2>

编号：_____

致_____分行：

　　根据贵行签发的_____号提货通知书和第_____号仓储监管协议的约定，本公司已办理_____公司以上提货通知书的提货、出库手续（明细见下表）。

名称	规格	重量	数量	金额	凭证号	备注

监管人（盖章）：_____

年　月　日

附件6

<h2 align="center">提货申请书</h2>

编号：_____

致_____分行：

　　根据第_____号仓储监管协议的约定，本公司（在选择项内打"✓"）：

　　□本公司已将共计_____万元的保证金/款项划入本公司在贵行开立的保证金账户上，该笔保证金作为_____编号为_____的授信协议项下债务的质押担保。

　　□已归还编号为_____的贷款合同项下_____万元贷款。

　　□已归还编号为_____的银行承兑协议项下_____万元银行承兑汇票款项。

　　□本公司以本公司持有的号码为_____，出票人为_____，金额为_____，收款人为_____的银行承兑汇票作为编号为第_____号的授信协议项下债务的质押担保。

　　□本公司以本公司持有的品名为_____，数量/重量为_____的货物作为编号为第_____号的授信协议项下债务的质押担保，具体内容见相关的质押合同。

　　现我单位向贵行申请办理存放于_____公司仓库的下列货物的提货、出库手续，提货的清单见下表，请予办理提货手续为盼。

名称	规格	重量	数量	金额	凭证号	备注

年　月　日

仓储监管协议

（适用于动产质押/动态质押授信）

编号：_____

甲方（债权人/质权人）：

住所：

负责人：

联系人：　　　　　　　　电话：

乙方（债务人/出质人）：

住所：

法定代表人：
联系人：   电话：

丙方（仓储人/监管人）：
住所：
法定代表人：
联系人：   电话：

为保障甲方与乙方签订的＿＿＿＿＿＿号综合授信协议及其项下的具体业务合同、担保合同（以下统称为授信协议）的履行，经平等协商，依法订立本协议。

第一条　质物规定

一、乙方提供为甲方所认可的质物，作为甲方所提供授信的质押担保，由丙方提供保管服务，并按照本协议进行占有，履行保管和监管责任。

二、质物为乙方合法所有的商品，乙方应当提供足以证明质物所有权及数量、质量（品质）的资料（包括但不限于购销合同、增值税发票、报关单、货运单、质量合格证书、商检证明等），并对所提供资料的真实性、有效性负责。若因质物所有权的瑕疵，给甲方或丙方造成损失的，由乙方承担赔偿责任。质物有隐蔽瑕疵造成甲方或丙方损害的，乙方应当承担赔偿责任。

三、乙方应保证所提供质押物不存在任何法律上的瑕疵，包括但不限于无税务、海关、工商、商检以及环保等方面的法律瑕疵。若质押物出现上述法律上的瑕疵，甲方有权立即停止乙方授信额度的使用，并要求乙方以及担保人立即偿还已使用的授信额度。

四、质物以质物清单（见附件1）列明的为准。

五、质物在每次入库时、每次办理提货及换货前，均须乙方、丙方共同签发质物清单，并自动成为授信协议与本协议项下的质物与附件，无须另行签署补充协议。质物清单与授信协议不符的，以质物清单为准，并构成对授信协议中相关内容的自动变更。质物清单须传真至甲方，传真机号码为（区号）＿＿＿＿＿＿和＿＿＿＿＿＿，质物清单的原件应在三天内交存甲方。

六、在全部偿清授信协议项下的债务前，不论乙方是否置换、提货，质物的价值不得低于质物最低价值，质物最低价值由甲方、乙方向丙方出具的查询及出质通知书（见附件2）确定。

七、对质物的占有、监管，不影响、不抵消或不妨碍甲方依据授信协议而享有的债权人的全部权利与地位。本协议项下乙方义务的履行和责任的承担，并不意味着当然地豁免、降低、减少、抵消乙方在授信协议项下的义务、乙方所提供的其他担保责任和乙方的保证担保人的义务和责任。

第二条 占有和监管

一、乙方同意将交由丙方保管的货物质押给甲方，丙方同意在自有的仓库或者场地为乙方进行保管，并按照本协议的规定履行保管和监管责任。

二、自查询及出质通知书到达丙方之日起，质物移交至甲方。甲方采用间接占有的方式监管质物，由丙方直接占有质押物。乙方需保证配合丙方的占有、监管。

三、丙方确认，丙方对存放监管质物的场地或者仓库拥有完全的、排他的使用权或者所有权，不存在任何法律上的瑕疵。若由于存放监管质押物的场地或者仓库存在法律上的瑕疵造成甲方的质权落空或者对甲方质权产生不利影响的，丙方应承担相应的赔偿责任。

四、在监管期间，丙方承担如下监管义务与责任：

（一）按照合同法和本协议以及乙丙双方仓储保管合同妥善、谨慎处理质物，在质物出现不利于甲方授信安全的情况时，及时通知甲方。

（二）接受甲方对质物的勘验、检查、查询，出具质物清单。

（三）按照甲方的书面指示和本协议的约定给予乙方提货或换货，办理甲方对质物的提货。

（四）审核质物（包括进出库的质物）的价值、数量、质量，保证提货、换货后的质物最低价值符合本协议第一条第六款的规定。

（五）每日上午 10 时前将监管的质物的进出库和库存的电子数据传送给甲方，并自行做好数据备份，在监管人员变动时及时通知甲方。

（六）建立完善的出入库台账登记记录，登记、核实乙方提货或换货后的质物最低价值是否符合本协议第一条第六款的规定。

（七）在乙方质押物办理入库后，在相关的质押物上粘贴质押标签。质押标签中质权人甲方以中文缩写"银行"作为标识。

（八）依照本协议的约定、合同法或行业惯例应当承担的其他义务与责任。

五、丙方违反上述约定造成甲方质权落空或质物价值不足的，承担相应的赔偿责任。如处于丙方占有、监管下的质物的最低价值不符合第一条第六款的规定，丙方就错提的部分或者就质物的最低价值不足部分承担相应的赔偿责任。

六、占有、监管的存续期间，从质物交付丙方占有、监管时开始计算，至乙方全部清偿授信协议项下的债务时终止。

七、占有监管期间，乙方应当按约定向丙方支付仓储保管费用。

费用标准：

支付时间：

支付方式：

丙方同意，在监管期内其承担的仓储监管责任是独立的、无条件的，不以仓储保管费如期足额支付作为其承担仓储监管责任的条件，不得因乙方拒付或拖延支付仓储保管费而拒绝履行仓储监管责任或降低履行仓储监管责任的标准，也不得以此作为其未能履行仓储监管责任的抗辩和豁免的理由。

乙方如未按照本协议约定向丙方支付丙方因监管本协议项下质押货物应收取的相关仓储保管费用，丙方应书面通知甲方、乙方，乙方应当在收到丙方通知之日起_____日内付清所欠款项。在此期间，经与乙方协商，甲方可代乙方支付经核实欠交的相关费用。甲方代为支付的，乙方应在甲方代为支付之日起3日内将该款项及其利息（按每日_____计算）支付给甲方。该代付款项，作为乙方质押担保的授信协议项下主债权的组成部分，受质物的担保偿还。

八、丙方传送给甲方的质物的电子数据为本协议及质物清单的一种形式，该电子数据在到达甲方电子数据接收系统时构成本协议及授信协议的组成部分。甲方接受该电子数据的指定邮箱为_____。

九、丙方指定其工作人员_____（电话为_____）为本协议项下相关事务的联系人，该工作人员的相关行为即认为是丙方的行为。

十、是否按照本条规定在质押物上粘贴质押标签，并不影响有关质押的生效。即使没有在质押物上粘贴质押标签，有关质押仍然有效。

第三条 出质通知与印鉴式样

一、质物开始出质时，甲方、乙方向丙方发出查询及出质通知书（见附件2），将质物出质的事实通知丙方，丙方收到后会同乙方签发质物清单。

二、查询及出质通知书的印鉴式样为

甲方：　　　　　　　　　　　　乙方：

乙方、丙方签发质物清单的印鉴式样为

乙方：　　　　　　　　　　　　丙方：

三、上列印鉴式样的规定，同样适用于本协议所列的附件。

四、质物清单同样构成乙方、丙方对质押的确认。

五、粘贴质押标签的质押物皆为乙方所有的，并质押给甲方的质押物。未粘贴质押标签的质押物，若属于有关质押合同及其附件（包括但不限于质物清单、质物进仓单）规定的质押物的，仍然属于质押给甲方的质押物。

第四条　提货规定

一、质物的实际价值超出质物最低价值的，乙方就超出部分提货或者换货时，无须追加或补充保证金，可直接向丙方办理提货或换货，丙方应当严格按照本协议的约定予以办理，并保证提货或换货后处于丙方占有、监管下的质物价值始终不得低于质物的最低价值。

二、质物的实际价值等于质物的最低价值的，乙方应当事先提出提货申请书（见附件3），并追加或补充保证金（打款赎货）或者向甲方事先提供与所提质物价值等值的质物交付丙方占有、监管（以货换货），经甲方同意后凭甲方签发的提货通知书（见附件4），向丙方办理提货。

三、补充或追加的保证金数额所代表的提货价值，按照担保率的倒数关系计算，即提货价值＝补充或追加的保证金数额 × 1/担保率。

四、质物的实际价值等于质物的最低价值时，甲方签发的提货通知书为乙方（含乙方的指定人，下同）办理提货及质物出仓、出库的唯一有效凭证。没有甲方签发的提货通知书，乙方不得提货，丙方不得给予乙方提货，否则构成乙方在授信协议和本协议项下的违约行为，甲方有权采取包括但不限于宣布授信提前到期、停止乙方使用授信、要求乙方偿还授信、支付违约金、资产保全、仲裁或者诉讼等措施。

五、以上各款中质物的最低价值适用本协议第一条第六款的约定。

六、甲方签发提货通知书的有效签章为盖章加指定人员亲笔签名，盖章式样为

甲方签发提货通知书的指定人员为

（1）_____，签字式样为_____。

（2）_____，签字式样为_____。

非甲方指定人员的亲笔签字和上述印鉴，质物不得出仓、出库。如甲方指定人员外出无法在提货通知书签字时，甲方需提供签名后补说明书给乙方和丙方。丙方违反上述规定给予乙方提货的，承担相应的赔偿责任。

甲方签发提货通知后，应以传真方式向丙方发送，发送传真的传真机号码为（区号）_____和_____。丙方在收到提货通知书传真件后，应核对有关印鉴、签字、传真机号码，并可与甲方指定人员_____（电话：_____、区号：_____）进行电话核实。核实无误后，准予办理乙方的提货。甲方应在5个工作日内将提货通知书原件交与丙方。丙方在收到甲方的传真后，应立即对乙方在丙方的库存做出账务处理，减少丙方占有监管的质押物的数量，增加乙方非质押货物的数量。在乙方实际向丙方提取货物时，丙方应向乙方交付解除质押的货物。其余丙方占有监管的未解除质押货物，丙方不得向乙方交付。

七、丙方按照甲方提货通知书在给予乙方提货后签发提货通知书回执（见附件5），并送达甲方。

第五条　价格规定

一、质物价格按照甲方、乙方送达给丙方的查询及出质通知书、质物价格确定/调整通知书（见附件6）列明的价格确定，甲方有权根据市场价格的变化和本协议的约定做向上或者向下的调整。

二、当质物的现时市场价格与质押生效时确定的质押物价格相比较涨幅大于_____时，质物价值可以予以调整；就超出质物最低价值部分的质物，乙方可向甲方申请按照本协议有关规定办理提货。

三、当质物的现时市场价格与质押生效时确定的质押物价格相比较跌幅大于_____%时，不论甲方是否通知，乙方应在_____日内按照市价跌幅的比率追加保证金或追加质物；逾期未补或未补足的，视为乙方在整个授信额度项下的违约，甲方有权行使不安抗辩权，宣布授信额度提前到期，并要求提前偿还已使用额度。

第六条　其他约定

一、占有监管期间，甲方有权要求乙方办理质物的保险，保险费用由乙方负担；保险的第一受益人为甲方，保险单和保险权益转让书由甲方保管；投保的险种为企业财产基本险和甲方认为必要的其他险别，投保的价值不低于质物的价值，保险期限不得低于授信到期期限后3个月，并在偿清授信协议项下的债务前连续办理保险；发生保险事故时，乙方、丙方应当及时通知甲方；保险赔偿金直接用于偿还授信本息费用。

二、甲方对乙方、丙方在本协议或授信协议项下的任何违约或延误行为施以宽容、宽限或延缓执行甲方享有的权利或权力，均不能损害、影响或限制甲方依本协议、授信协议和有关法律规定应享有的一切权益、权利和权力，不能作为甲方对任何破坏本协议行为的许可或认可，也不能视为甲方放弃对现有或将来违约行为采取行动的权利。

三、本协议项下的一切争议、纠纷，按照下列第_____项方式解决：

（一）向甲方住所地有管辖权的人民法院提起诉讼；

（二）向_____仲裁委员会申请仲裁。

四、本协议中担保率是指风险敞口/质物价值×100%，风险敞口是指甲方在授信协议项下的主债权总额减去金钱、存款单、银行承兑汇票质押部分后的余额。

五、授信到期或提前到期，若乙方无法偿还，甲方有权对质押货物进行变卖以偿还授信本息及相关费用。签署本协议的同时，甲乙双方共同签署变卖协议。在变卖过程中，乙方、丙方均应为满足甲方一切必需的要求而予以足够配合，以促进变卖成功实现。

六、其他

（一）关于本协议的任何修改必须采用书面方式，由各方加盖公章生效。

（二）乙方、丙方就本协议项下乙方质押给甲方的质物签订的有关仓储保管合同、协议的约定与本协议不一致，以本协议为准。

（三）丙方同意放弃对乙方质押给甲方货物的留置权（各方同意_____【1. 适用；2. 不适用】本项约定）。

_____

_____

第七条 *声明与保证*

一、三方为具有完全民事权利能力和民事行为能力的民事法律主体。

二、三方签署本协议是自愿的，是自身的真实意思表示。乙方、丙方已知悉本协议的全部内容和条款，并清楚地认识到签署和履行本协议的法律后果，甲方已采取合理方式提请注意本协议的全部条款和内容。

三、乙方保证质物为乙方合法所有的财产，在订立本协议前或订立本协议后不被抵押、质押、租赁给其他人，也不存在其他影响或妨碍甲方质权的其他情况。

四、三方诚实信用地履行本协议，并为他方行使本协议权利提供必要、充分的协助与配合。

五、乙方、丙方不得以其双方之间的任何约定或其内部权限的限制来对抗本协议项下义务的履行或者对本协议的效力提出异议。

第八条　违约责任

一、一方违反本协议的约定，应当向守约方支付违约金或损害赔偿金。迟延履行给付金钱义务的，应当按照_____向守约方支付滞纳金。违反其他义务给守约方造成损失的，应当赔偿对方所遭受的包括但不限于本金、利息、罚息、可以预见的可得利益（商业利润）的损失。

二、乙方违反授信协议或者本协议，甲方有权宣布全部授信额度提前到期，停止乙方使用授信额度或削减授信额度，并有权采取相应的救济或补救措施，要求乙方及其担保人提前偿还已使用授信额度。

三、乙方、丙方串通损害甲方利益的，对授信协议项下的债务本息、费用承担连带责任；如丙方因监管不力造成质物短损、甲方质权落空或部分落空的，就质权落空或者质权落空的部分承担相应的赔偿责任。

第九条　协议生效

一、本协议于三方当事人的法定代表人或授权代理人签字或盖章并加盖公章后生效，至乙方偿清授信协议项下的债务时终止。

二、下列文件作为本协议的附件，为本协议不可分割的组成部分：

1. 质物清单（附质押确认回执）。

2. 查询及出质通知书。

3. 提货申请书。

4. 提货通知书。

5. 提货通知书回执。

6. 质物价格确定/调整通知书。

7. 质押标签。

三、本协议中手写文字与印刷文字具有同等效力。

四、本协议一式三份，每方各执一份，每份均具同等的法律效力。

甲方：_____银行_____分行　　　乙方：

负责人或授权人签字：　　　　　　　　法定代表人或授权人：

丙方：

法定代表人或授权人：

_____年_____月_____日签订于_____

附件1

质物清单（附质押确认回执）

编号：_____

致_____银行_____分行：

出质人将下表货物存入监管人拥有所有权/合法使用权的仓库/场地，并由监管人进行保管。监管人同意对上述货物进行保管，并按照相关协议履行监管责任。

出质人将下表货物质押给贵行，并对质物的真实性、合法性负责。该质物已经交付给贵行指定的监管人占有、保管、监管，作为编号为_____的综合授信协议项下债务的质押担保，本质物清单为编号为_____的质押合同不可分割的附件，并构成对上述质押合同中质押标的的变更。

出质人保证，在监管期间质物的最低价值/最低数量始终不低于人民币_____万元或者_____吨，当质物的实际价值/实际数量等于质物的最低价值/最低数量时，出质人保证按照仓储监管协议的约定办理提货手续。

名称	规格	重量	数量	生产厂家	凭证号	单价

出质人签章（预留印鉴）：　　　　　　　　　　　　　年　月　日

本公司业已收到贵行与出质人共同签发的编号为_____的查询及出质通知书，并确认本公司同意为出质人存放于我公司拥有所有权/合法使用权的仓库/场地的货物（详见上表）进行保管，已知晓我公司保管的出质人的货物（详见上表）质押给贵行。上述质押物确已在本公司的占有、保管、监管之下。本公司将严格按照编号为_____的仓储监管协议的规定履行占有、保管、监管责任。

在我公司监管期间，质物的最低价值/最低数量始终不得低于人民币_____万元或者_____吨，在质物的实际价值/实际数量等于质物的最低价值/最低数量时，保证按照仓储监管协议的约定为出质人（及其指定人）办理提货手续。

本质物清单构成对质押的确认。

监管人签章（预留印鉴）：　　　　　　　　　　　　　年　月　日

附件2

查询及出质通知书

编号：_____

致_____（监管人）：

贵公司同意为_____公司（以下简称出质人）存放于贵公司的仓库或者场地的下列货物进行保管，并按照编号为_____的仓储监管协议的规定履行监管责任。现出质人将上述货物质押给质权人_____分行，请贵单位核实清单中的货物是否处于贵公司的占有和监管制之下，并严格按照仓储监管协议履行监管责任；在监管期间，质物的最低价值/数量始终不低于人民币_____万元或者_____吨，在质物的实际价值/实际数量等于质物的最低价值/最低数量时，保证按照仓储监管协议的约定为出质人办理提货手续。

名称	规格	重量	数量	生产厂家	凭证号	单价

质权人：_____银行_____分行
出质人：_____
____年____月____日

附件3

提货申请书

编号：_____

致_____分行：

根据_____号仓储监管协议的约定，本公司（在选择项内打"✓"）：

□本公司已将共计_____万元的保证金/款项划入本公司在贵行开立的保证金账户，该笔保证金作为编号为_____的综合授信协议项下债务的质押担保。

□已归还编号为_____的贷款合同项下_____万元贷款。

□本公司以本公司持有的号码为_____，出票人为_____，金额为_____，收款人为_____的银行承兑汇票作为编号为_____的综合授信协议项下债务的质押担保。

□已归还编号为_____的银行承兑协议项下_____万元银行承兑汇票款项。

按照约定，现申请办理如下质押物的提货手续：

名称	规格	重量	数量	金额	相关凭证号	备注

此次提货的价值为_____万元，提货经办人为_____，身份证号码为_____。

出质人：_____（预留印鉴）

年　月　日

附件4

提货通知书

编号：_____

致_____：

根据_____号仓储监管协议的约定，本行同意_____公司前来办理下表中质物的提货、出库手续，提货的经办人为_____、身份证号码：_____。请贵公司予以审核并办理以下货品的提货、出仓和出库手续为盼。有关提货费用由_____公司支付，提货后贵公司对所提货物的监管责任自行终止。

名称	规格	重量	数量	生产厂家	凭证号	单价

本次提货后，质物的最低价值为_____万元，或者最低数量为_____，并构成对授信协议项下质押担保的质物的变更。

_____银行_____分行（预留印鉴）

_____年_____月_____日

附件5

提货通知书（回执）

编号：_____

致_____分行：

贵行签发的_____号提货通知书已经收悉。根据编号为_____的仓储监管协议的约定，本公司已办理贵行签发提货通知书的提货、出库手续，提货人为_____公司。本次提货明细如下表。

名称	规格	重量	数量	生产厂家	凭证号	单价

本次提货后，质物的最低价值为_____万元或者最低数量为_____。

监管人：_____（预留印鉴）

_____年_____月_____日

附件6

质物价格确定/调整通知书

编号：_____

致_____（监管人和出质人）：

根据编号为_____的仓储监管协议的规定，现将确定的质物价格或者调整后的价格通知给贵公司，请按照下表确定的质物价格执行。

名称	规格	生产厂家	单价（元）

特此通知！

质权人（盖章）：

年　月　日

附件 7

质押标签

货主（出质人）	
质权人	银行

附件 8

变卖协议

甲方（债权人/质权人）：

乙方（债务人/出质人）：

鉴于：

甲方授予乙方最高授信额度_____万元，期限为一年（具体内容见编号为_____的综合授信协议及其项下编号为_____的具体授信业务合同，统称主合同）。为担保主合同的履行，乙方与甲方签订了编号为_____的质押合同（以下简称质押合同）。现经甲方、乙方平等协商，达成如下协议：

一、当发生主合同、担保合同约定的甲方实现质权的情形时，甲方将就质押合同项下的质押物进行变卖，乙方对甲方采取的一切符合本协议的行为均表示同意、予以认可且无任何异议。

二、甲方在变卖乙方质押物时，价格应不低于甲方所在地公开市场最低价格的_____％。

三、甲方按照本协议所签订的质押物变卖协议，乙方皆承认其法律效力。

四、甲方变卖质押合同项下质押物后，变卖所得款项用于偿还乙方在甲方的所有债务。

五、甲方变卖质押合同项下质押物时，乙方应支付相关费用。

六、本协议自各方盖章之日起生效。

七、关于本协议的任何纠纷，按照主合同及质押合同的规定履行。

甲方（盖章）：
负责人或授权人签字：

乙方（盖章）：
法定代表人或授权人签字：
　　　　　　　年　　月　　日签订于＿＿＿＿＿＿＿（分行所在地）

八、封闭式现货市场质押业务

【产品定义】封闭式现货市场质押模式是指在"一家银行、一户监管机构、一个市场"组成的24小时封闭运行的监管模式下，由市场推荐的出质人将其存放在现货市场的货物质押给银行，以获得融资的动态质押模式的现货质押业务。

【各方职责】

1. 借款人职责。借款人应保证是出质货物唯一的所有权人，同时应将动产总量控制范围内的全部货物和每批进入监管场地的货物全部质押银行。

2. 钢材市场职责。

（1）向银行推荐合格的商户作为授信出质人，并提供相应担保措施。

（2）保证能提供正确、便捷的数据服务，最终实现与银行端口对接。

（3）严格执行出入库管理制度，监控每单货物的进出库，并在系统内及时登记。

（4）完善堆场的物理建设，库位标识清楚，吊牌等醒目放置。

（5）确保货物按各家联保户独立集中堆放，且堆放整齐。

（6）配合监管方××储运公司做好日常监管工作。

（7）每日按出质人提供库存清单，内容包括但不限于出质人名称、品种、规格、数量、重量、库位。其中出质人名称应为"××企业（银行）"，每日库存清单须由市场盖章确认。

（8）出账前，市场须提供仓库货位平面图、标明质押物区域，并与监管公司共同确认。若货位发生变动，必须重新出具货位平面图并确认。

3. 储运公司职责。

（1）收到银行质物种类、价格、最低要求通知书（代出质通知书）的传真件后，凭所附的出质人提供的拟质押物清单核库，盘点完毕后，与出质人双方共同确认质押物的情况，向银行出具质物清单（将经过核对无误的出质人提供的拟质押物清单作为附件，必须双方加盖骑缝章）。

如银行在核库过程中发现实际质押物与储运公司提供的质物清单不符，将要求出质人重新提供拟质押物清单，并重新核库，重新出具质物清单（将经过核对无误的出质人提供的拟质押物清单作为附件，必须双方加盖骑缝章）。

（2）现场监管人员根据仓库实际情况，绘制库位图，结合出质人提供的拟质押物清单，对所有货位的货物进行逐一盘点，并登录在库位图上。

（3）监督市场对五户联保出质人的货物进行独立堆放，但按出质人签发库位图、质押物明细和质物清单。

（4）每日对库存发生变化的质押物进行详细盘点，核对进出库数据是否与库存数量相符。

（5）每日上午10时出具相关监管质物的进出库和库存的质押物明细，并签章后传送给银行，同时自行做好数据备份留档。

（6）每月组织一次全面盘点，对仓库内所有质押物逐一盘点，确保账物相符。

（7）监管人员必须协助银行货权质押中心的查库工作，做到随叫随到，及时提供查库当天质押物清单和库位图。

（8）当出质人库存货物有新增或出库时，除传真质押物库存清单，监管方应跟踪装、卸车情况并实时登记质押物变动的货位。装、卸车后，监管人员应立即对发生变化的货位进行盘点，及时更新库位图，并向银行重新出具质押物明细。

（9）监管人员必须2人以上24小时入驻市场，进行全天候无缝隙监管。

（10）如申请人申请赎货后，突破了银行要求的最低数量，则银行签发的提货通知书为出质人办理提货及质物出仓、出库的唯一有效凭证。

4. 银行职责。

（1）收集出质人提交的证明质押物货权、质量等相关资料，与原件及质物种类、价格、最低要求通知书（代出质通知书）内容进行核对，在核库的现场与分行货权质押中心交接材料。

（2）协同分行货权质押中心对质物清单进行全面核查。

（3）应根据银行授信后管理要求及业务的运行情况定期自行组织查库，并填制银行核库（查库）通知/报告书存档备查，如发现问题应及时向分行货权质押中心书面反馈。

（4）出质人要求打款赎货时，应根据出质人提交的提货申请书上的质物数量进行核价，并计算质押率和确认提货量。

（5）根据借款人提出的出质申请，对借款人出具的拟质押物清单进行全面核查。

（6）每月组织不少于两次的查库，并填制银行核库（查库）通知/报告书，及时反馈查库中发现的问题。

（7）出质人申请赎货时，应严格审核相关资料，在货权质押业务提货审批表上签署意见，履行完毕审批程序后，向指定监管人员签发提货通知书。

【产品优势】

在本业务模式下，最终将实现整个市场的货物均是银行质押物，从而形成一个相对封闭运行的动态质押业务流程，确保质押物独立控制。

【业务流程】

1. 银行与借款人群体及仓储公司商议融资模式，协商相关协议条款。银行对借款人经营状况进行审核，核定每个借款人的授信额度，约定担保方式为现货质押。

2. 借款人各自提出启用授信额度申请，提前 3 个工作日安排货物进入监管库。

3. 在监管方和银行核库前，借款人需积极配合先行将证明质押物货权、质量等的相关资料，如购销合同（如与代理商签订的合同需提交该代理商代理资格授权证明）、增值税发票、运输单据、入库单及厂商出具的产品质量证明书和免检证书（如需要还应提供银行认可的第三方检验机构出具的质检证书）等一并提交给银行和监管机构。如钢材供应方不能随货及时交付增值税发票，则增值税发票必须在合同签订日后 1 个月内补交到银行经营机构。在新增质押物时，如借款人暂时不能提供上述单据，必须向银行提供由市场出具的入库单（需盖章），后补资料最晚 3 个月内补齐，逾期未补齐的，银行有权终止合作。

4. 银行在质物种类、价格、最低要求通知书（附上出质人出具的拟质押物清单作为附件），盖章（包括骑缝章）后先传真给储运公司，正本后补，在收到质物清单（将经过核对无误的出质人提供的拟质押物清单作为附件，必须双方加盖骑缝章）后，协同储运公司进行核库，如核库正确，则将正本质物种类、价格、最低要求通知书补交储运公司。

5. 获得银行融资后，如借款人在银行要求的最低数量之上，就超出部分申请提货或者换货时，无须追加或补充保证金，可直接向监管方申请办理提货或换货。

6. 如借款人申请赎货后，货物数量突破银行要求的最低数量时，借款人应事先向银行提出提货申请，并填写提货申请书，经银行同意后签发提货通知书，向监管方办理提货。

7. 出质人赎货方法分为以下两种：

（1）追加或补充保证金（打款赎货）。

（2）向银行事先提供与质物种类、价格、最低要求通知书要求相符的质物（以货换货）。

8. 出质人新增最低数量以上质押物入库或因跌价进行补货或最低数量以下换货时，也需向银行提供与首次出质时相同的证明质押物货权、质量等的相关资料。

【风险控制】

1. 如银行在核库过程中发现实际质押物与储运公司提供的质物清单不符，将要求出质人重新提供拟质押物清单，并由其重新核库，重新出具质物清单（将经过核对无误的出质人提供的拟质押物清单作为附件，必须双方加盖骑缝章）。

2. 以新增质押物替换保证金操作。

（1）出质人向银行提出以货换保证金的书面申请。

（2）出质人参照首次出质流程向监管方及银行申请核库。

（3）各方核库结束后，银行审核出质人申请，并进行核价。

（4）银行核价审核通过后，发出退回保证金通知书。

通常以新增质押物替换保证金不超过质押物价值的30％，且新货必须为畅销品，防止借款人通过这种方式弃货。

3. 跌价补偿。如质押物市价跌幅超过核定价格的5％，银行向出质人发出补款/补货通知单，此时出质人应及时在银行规定的日期内按照银行规定的数额补款或补货。如申请人未按约定补款或补货，银行有权宣布授信提前到期，并有权处置质押货物。其中应补款项或补充货物的计算公式如下：

应补保证金＝目前授信敞口－质押物市价×库存质押物数量×初始质押率

应补货物数量＝〔（目前授信敞口/初始质押率）－（质押物市价×库存质押物数量）〕/质押物市价

4. 提货。如出质人需在质押物最低库存下提货，则需向经营机构提交提货申请书（监管协议），由经营机构初步核价、计算质押率和确认提货量，并向指定保证金账户划入一定金额的保证金（如需），具体计算方法如下：

（1）如在提货当日质押物市价涨幅超过核定价格的5%，则可按如下公式计算提货数量：

可提货物数量＝［质押物市价×库存质押物数量×初始质押率－风险敞口］/质押物市价

（2）如所需提货数量超过可提货数量，则超过部分需按以下公式支付赎货保证金：

需支付保证金＝提货数量×质押物市价×初始质押率

【营销建议】 针对交易比较集中的粮油市场、煤炭市场、建材市场等中小经销商，超过3家中小企业即可组成联保群体，对在银行的授信额度共同担保。通常，银行可以直接营销其中经营规模较大的经销商，由其牵头说服其他经销商参与该项融资业务。

【协议文本】

联保协议

甲方：××银行

乙方：××仓储管理有限公司

丙方（联保人）：
1. A公司
2. B公司
3. C公司
4. D公司
5. E公司

为支持企业的发展，活跃地方经济，甲、乙、丙三方从各自业务经营与发展的要求出发，本着平等、诚信、自愿、互利的原则，经充分协商达成以下协议：

一、丙方5家企业自愿组成联保体，本协议签订前，甲方分别给予丙方各成员企业一定授信额度，并根据具体批复签订或将签订各自的综合授信协议、最高额质押合同、质押合同等主从合同。

二、联保体中的任何一成员向甲方申请信贷业务时，在具体授信中已有的担保方式之外，再由丙方连带共同提供连带责任保证，即丙方任何一家成员企业如出现违约，甲方既可以要求该成员企业履行债务，也可以要求丙方其他任何一家成员企业承担全部保证责任，保证期间为具体信贷业务合同约定的主债务履行期届满之日起两年。

三、联保体成员一致同意交纳风险保证金，丙方中的具体借款人在各自授信启用前按不低于授信敞口的10%交存风险保证金（如遇授信额度调整，保证金应相应调整，但比例始终不得低于授信敞口的10%），该保证金统一交存于乙方在甲方的保证金账户上，并委托甲方进行监管，在协议生效和履行期间不得提前支取。

四、协议履行期间丙方任一成员出现借款逾期、银行承兑汇票垫款、保函赔付、欠息等违约情况，丙方和乙方同意授权甲方有权从乙方保证金账号内直接扣划资金归还逾期贷款本金和利息。

五、本协议与丙方各成员企业及其保证方与甲方签订的具体主从合同具有同等法律效力，授信主从合同因任何原因无效或被撤销均不影响本协议的效力。

六、如丙方有成员企业要退出或加入，具体事宜由甲、乙、丙三方协商确定。

七、本协议有效期限为_____年____月____日至丙方所有成员企业在甲方授信结清时。

八、本协议经甲、乙、丙三方法定代表人（授权人）签字并加盖公章后生效。

九、本协议一式七份，甲方一份，乙方一份，丙方成员各执一份，其法律效力相同。

甲方：
　　××银行（公章）
　　负责人（授权人）签字：

乙方：
　　××仓储公司（公章）
　　法定代表人（签字）：

丙方：
　　1. 联保人：A公司（公章）
　　　法定代表人（签字）：
　　2. 联保人：B公司（公章）
　　　法定代表人（签字）：

3. 联保人：C 公司（公章）

　　法定代表人（签字）：

4. 联保人：D 公司（公章）

　　法定代表人（签字）：

5. 联保人：E 公司（公章）

　　法定代表人（签字）：

　　说明：以下协议文本适用于石油交易所、金属交易所、煤炭交易中心、粮食交易中心等大宗商品模式。

××银行"××商品交易中心特定交易仓单质押供应链融资业务"四方协议

甲方：××商品交易中心

地址：

法定代表人：

开户行：

账号：　　　　　　　　　　　电话：

乙方：（中标交易商）

地址：

法定代表人：

开户行：

账号：　　　　　　　　　　　电话：

丙方：××银行

地址：

负责人：　　　　　　　　　　电话：

丁方：（商品储备仓库）

地址：

法定代表人：

开户行：

账号：　　　　　　　　　　　电话：

鉴于：

1. 乙方拟与或已与甲方签订商品竞价交易合同（以下简称买卖合同），向甲方采购＿＿＿＿（以下简称货物）。

2. 为确保上述买卖合同的履行，乙方与丙方签订编号为＿＿＿＿的综合授信协议（以下简称授信协议），用于向甲方支付买卖合同项下货款。

3. 为确保上述授信协议的履行，乙方与丙方签订编号为＿＿＿＿的质押合同（以下简称质押合同），将丁方签发的本合同所指仓单质押给丙方，作为乙方在授信协议及其项下的单笔业务合同项下对丙方所负债务的担保。

4. 根据本合同规定，丁方所有出库行为均需依照甲方和丙方共同签发的出库单予以出库。

基于此，为协助甲方开展销售，规范本业务过程中的行为，保护各当事人的合法权益，根据《中华人民共和国担保法》及有关法律、法规规定，并结合××商品交易中心运营和管理的实际情况，经甲、乙、丙、丁四方友好协商，就开展××商品交易中心特定交易仓单质押供应链融资业务达成如下协议：

第一条　本合同中所用术语含义

（一）××商品交易中心特定交易仓单质押供应链融资业务（以下简称仓单质押业务）是指在甲方挂牌拍卖存于丁方库存商品时，乙方中标后根据中标仓单的中标货值向丙方提出申请，丙方在完成内部审批流程及乙方满足丙方的要求包括但不限于在丙方指定账号存入仓单交易金额的30%的保证金后，向乙方发放的短期流动资金贷款，对于该款项乙方只能专项用于所中标仓单项下向甲方支付仓单对应货款，甲方收款账号为甲方在丙方开立的监管账户。同时，乙方应将商品销售回款存入乙方在丙方开立的监管账户，乙方可根据销售回款金额扣除融资利息的余额向甲方及丙方提出对应金额的提货申请，甲方和丙方可根据申请共同签发出库单，丁方按照出库单的要求向乙方发货。如此循环操作，直至乙方结清其在丙方的流动资金贷款。如乙方在中标及获得丙方的流动资金贷款后未按照合同履行义务，则在贷款到期之日甲方有义务按照丙方书面通知的要求将已收到但未履行发货义务的相应部分的货款（银行贷款）退回给丙方。

（二）保证金是指在对应的短期贷款项下，乙方向丙方交存的备付金，丙方据此确定与甲方共同通知向乙方发货的数量。

（三）出库单是指在乙方申请下，丙方根据乙方交存保证金的数额与甲方共同向丁方开具的凭以发货的凭据。

第二条　申请仓单质押业务

在下列先决条件完全满足的情况下，乙方可向丙方申请发放流动资金贷款；丙方审查同意后，将向乙方发放流动资金贷款，并将贷款资金直接付至甲方，作为乙方向甲方支付买卖合同项下的货款：

1. 甲乙双方签订丙方认可的买卖合同。

2. 乙丙双方签订综合授信协议。

3. 乙丙双方签订流动资金贷款合同。

4. 乙丙双方签订质押合同。

5. 乙方在丙方指定的监管账户存入交易金额30%的保证金。

6. 丁方签发的仓单正本原件交付丙方质押。

7. 其他丙方所要求的资料。

乙方根据本条向丙方所提申请，构成乙方对丙方不可撤销的授权，丙方根据该授权，即可将其根据乙方申请发放的贷款资金（及乙方自筹的相当于贷款金额的30%的资金）直接付至甲方在丙方开立的监管账户，作为乙方向甲方支付买卖合同项下的货款。

第三条 货物的发送提货凭证

为保障丙方资金安全，甲、乙、丙、丁四方约定，丙方委托丁方作为丙方不可撤销的代理人代理丙方管理仓单对应的货物，丁方安排买卖合同项下货物交付时必须按本协议附件的提货通知书的格式，同时在核实甲方和丙方以下预留印鉴后方可以出货：

甲方预留印鉴　　　　　　　　　　　丙方预留印鉴

买卖合同受本协议约束，本协议构成对买卖合同的补充、修改。如买卖合同中有关条款与本协议约定不符的，以本协议的约定为准。

在代办出货手续时，丁方应当全面实际、诚实信用地履行上述约定，如实按照甲方和丙方共同签发的提货通知书予以出库，如丁方违反以上规定，则向丙方承担连带赔偿或偿还责任。

第四条 甲方的退款责任

甲方承诺：收到本协议项下的货款后，在未接到丙方对监管账户资金解冻指令后不得以任何方式动用该货款，无论何种原因导致乙方未按约定履行或未完全履行本合同义务，甲方有义务按照丙方书面通知的要求将已收到但未履行发货义务的相应部分的货款（银行贷款）退回给丙方，否则丙方有权直接从甲方在丙方开立的账户中进行扣划。

第五条 仓单质押业务项下短期流动资金贷款流程描述

（一）资金流

1. 用途：贷款专项用于向甲方支付货款。

2. 融资发放：本业务融资比例不超过中标货值的70%，首次交存保证金比例最低为30%，金额为_____，期限不超过_____天。丙方在融资两个工作日内将融资资金直接支付到甲方在丙方开立的监管账户中（该监管账户须满足会计结算要求和丙方控制资金的需求）。

3. 提货后销售回款：乙方按照初始保证金金额扣除融资利息的余额，可以提取相应数量标的物进行销售，销售回款必须回到其在丙方开立的监管账户，用于偿还该笔业务到期短期贷款款项，否则丙方将不为其办理下一笔出货手续。

4. 乙方归还全部到期短期贷款款项后，丙方为甲方出具相应资金的解冻通知书。

（二）物流

1. 乙方每次提取仓单项下的货物时，需向丙方提出申请，并填写提货申请书，同时向乙方在丙方开立的保证金账户中存入相当于该次提货金额的保证金。首次保证金可以用于第一次提货申请。

2. 丙方核对乙方交存的保证金数额与提货申请书中的提货金额相符后，根据交存保证金的数额在一个工作日内与甲方向丁方共同发出出库单。丙甲方累计通知发货的金额不能超过乙方在丙方开立的保证金账户中保证金与首次保证金余额之和。

3. 丁方收到出库单后，并按照通知金额向乙方发货。

4. 甲丙方共同出具的出库单是丁方向乙方发货的唯一凭证。丁方保证其向乙方发货只凭甲丙方共同开具的出库单，并严格按照出库单的内容发货，其累计实际发货金额不能超过甲丙方累计通知发货金额。若丁方未按甲丙方出具的出库单所规定的金额发货，丁方和乙方之间由此产生的纠纷与丙方无关，丙方对丁乙双方的损失不承担任何责任。

5. 乙方收到丁方的发货后，应向丙方出具货物收到告知函。

6. 为了确保提货环节的准确无误，甲、乙、丙、丁四方约定：

（1）指定专人负责联系和操作本合同项下的业务。如有变动，应当立即书面通知对方，在对方收到书面通知之前，原经办人员所办理的业务仍然有效。

（2）各方在业务发生前预留印鉴和签字样本，业务办理过程中，收到提货申请书、出库单、货物收到告知函等文件后，应认真核对印鉴和签字是否与预留样本相符，并对核对结果负责。

（3）出库单、货物收到告知函等重要文件应派专人直接送达。不能专人直接送达的，应采用快递方式传递，同时应电话通知对方指定联系人，确认出库单细节的真伪。

7. 甲、乙、丙、丁四方应视提货发生频率定期对账（但每月不能少于一次），任何一方都应无条件地予以配合。四方如出现核对不一致的情况，应立即停止办理发货手续，查明原因并解决后，由丙方书面发送各方并经确认后方可重新开始办理发货手续。

8. 丙方有权对仓单项下在库商品进行查库核库。

第六条 丁方声明和承诺：如丁方未按照本合同约定，交付货物不符合本合同约定的交易流程，则丁方将为乙方根据本协议第一条对丙方所负债务向丙方承担连带偿还义务。

第七条 声明和保证

（一）协议各方均为依法成立并合法存在的机构，有权以自身的名义、权利和权限从事本合同项下的业务经营活动，并以自身的名义签署和履行本合同。签署本合同所需的有关文件和手续已充分齐备及合法有效。

（二）甲乙双方保证其双方不存在资本控制和参与关系，在商品竞价交易合同签订之前无任何未决争议或债权债务纠纷。

（三）甲方向丙方退还差额款项的责任是独立的，甲方和乙方之间、甲方和丙方之间、甲方和丁方之间的任何合同或者争议或任何条款的无效都不影响甲方的退款责任。

（四）甲方声明并保证其向丙方退回差额款项是无条件的，无须丙方先向乙方索偿或丙方先对乙方采取任何法律行动；产品质量、商品价格、交货期限、购销合同等变动不影响甲方无条件退回差额款项的义务。

（五）签署本合同是各方自愿的，是各自真实意思的表示。

（六）各方将按照诚实信用原则履行本合同，并给予本合同各方必需的协助和配合。

第八条 违约责任

任何一方违反本合同的任何条款（包括声明和保证条款）均构成本合同项下的违约行为，对于其违约行为给守约方造成损失，应负责赔偿，赔偿损失的范围包括但不限于本金、利息、罚息、可以预见的可得利益及实现债权的所有费用。

第九条 其他约定

第十条 争议解决

本合同项下的和本合同有关的一切争议、纠纷均由各方协商解决，协商不成的，应向丙方所在地的人民法院提起诉讼。

第十一条　合同生效

本合同经各方授权代表签字并加盖公章后，于丙方向乙方发放短期贷款之日起生效。

第十二条　合同文本及附件

本合同涉及的附件是合同不可分割的组成部分。

本合同一式四份，每方各执一份，每份具有同等法律效力。

甲方（公章）：　　　　　　　　乙方（公章）：

法定代表人（授权代表）：　　　法定代表人（授权代表）：

丙方（公章）：　　　　　　　　丁方（公章）：

法定代表人（授权代表）：　　　法定代表人（授权代表）：

　　　　　　　　　　　　　　　　　　　　年　月　日

第三节　重点行业寻找供应链融资客户示范

一、电力行业

【寻找客户依托】

寻找电力行业的中小客户应当首先找到核心客户，电力行业的核心客户是电网公司、发电集团。主要客户是两大电网公司（国家电网公司、南方电网公司）、五大发电集团（华能、华电、电投、大唐、国电）及广东核电/中国核工业集团公司、国华电力、国家投资、长江电力等特大型电力集团公司，以及实力较强的地方电力集团，如山东鲁能集团、山西地方电力集团等。

【目标客户】

应当重点关注与电力行业搭建电力产业链的上游——电力设备供应商、电煤供应商等。

【点评】

　　上游供应商往往为较容易切入的环节，同时贡献值较大。国家电网的供应商为电缆制造商、开关设备供应商、钢材供应商、施工承包商等，这类客户一般规模较小，由于资金被占压，需要流动资金。

【示范：通过国家电网公司寻找其供应商名单】

首先登录国家电网公司网站（http：//www. sgcc. com. cn），然后找到国家电网公司招投标管理中心/电力招投标/中标信息，在中标信息栏可以找到众多的国家电网公司中标企业。

以下是找到的部分电力设备供应企业名单：西安电力机械制造公司/大连第一互感器有限责任公司/西门子（杭州）高压开关有限公司/北京华美煜力电力技术有限公司/河南嵩声电缆有限公司。

【点评】

这种按图索骥进行关联寻找，往往效果很好。以上中标公司已经经过国家电网公司的初步筛选，为优中选优合格的供应商，客户经营风险基本可以排除，银行可以从客户的财务指标角度再次进行筛选。这种方式，银行选择客户的目的性较强，有明确的合作思路，自然成功率会提高。电力行业属于资金密集型行业，单笔交易金额巨大，非常适合银行进行深度拓展。

【案例】

陕西华印电力设备有限责任公司融资

1. 企业基本情况。陕西华印电力设备有限责任公司经营主要是围绕电力系统的改造项目，引进国外电力设备和国内知名品牌为电力系统进行配套，公司属于民营企业。公司主营收入3 900万元，净利润达261万元。公司盈利能力较强，建立了较为稳定且资金实力较强的客户群体，付款情况较好。由于电力从安装到调试，客户付款周期相对较长，一般先支付10%左右的质保金，1年后付全款，资金量占用较大。

陕西华印电力设备有限责任公司供应商包括美国GE公司、日本工装自控有限公司、德国OBO防雷系统公司，这些供应商都是在电工领域的国际知名企业，产品市场占有率极高。

2. 银行切入点分析。根据该客户的需求，银行设计了如下银行金融服务方案。经过咨询，××电网公司愿意提供承诺，销售付款到融资银行指定账户。经过分析陕西华印电力设备有限责任公司与××电网公司结算规律，签订合同后一般首付30%，签订合同大约2个月后货物可以进口到港，发运至××电网公司安装完毕，整个回款周期约4个月。银行提供6个月的银行承兑汇票即可以满足企业的需要，并与企业的现金结算规律一致。

3. 银企合作情况。××电网公司与陕西华印电力设备有限责任公司签订了 500 万元的供货合同，陕西华印电力设备有限责任公司与美国××（中国）有限公司签订了 400 万元的设备购买合同。根据该公司与美国××（中国）有限公司的购销合同，某银行向陕西华印电力设备有限责任公司提供 400 万元的银行承兑汇票，期限为 6 个月，120 万元保证金，由其定向从美国××（中国）有限公司购买产品。

二、油品行业

【寻找客户依托】

可以依托国内的重点石油集团。国内石油集团一般是"3 + 2"的格局，三大石油公司——中国石油化工集团、中国石油集团、中国海洋石油集团，以及两家强势的大型国有石油公司——珠海振戎集团、中国中化集团。珠海振戎集团有时被大家忽略，其实该公司非常有实力，公司主营业务为政府项下的原油进口业务，除主营业务外，还涉足石油产品的贸易业务，包括燃料油及成品油的进口贸易、液化石油气的进口及批发零售业务。

【目标客户】

应当重点关注与石化行业搭建石化产业链的上下游企业，上游——石化设备供应商、钢管供应商等；下游——成品油批发企业。上下游企业往往属于较容易切入的环节，同时资金量较大，对银行贡献值较大。

【下游中小客户示范】

国家商务部公布了成品油批发企业经营资质调整名单，新增 5 家成品油批发企业，即中石化中化成品油销售有限公司、陕西东方石化有限公司、大连铭源石油化工有限公司、大连保税区奥威尔国际贸易商社、北京远东宏博石油产品有限公司。这一类石油经销商数量庞大，非常值得深入拓展。

【上游客户寻找示范】

登录中国石油物资装备网 http：//www.cpmec.com.cn，可以选择优质的供应商作为营销的对象，如上海良工阀门厂/北京航天科智科技有限公司/中国化学工程第三建设公司。

【点评】

油品行业属于典型的资金密集型行业，同时资源具有稀缺性，属于市场紧俏物资，大宗交易商品，变现性较好。

【案例】

案例1　　　　　　　　大连西太平洋石化有限公司经销商融资

1. 企业基本情况。大连亨福石油公司注册资本为3 000万元人民币，总资产达9 500万元，公司主营业务收入8 315万元，毛利润率为5.68%，实现净利润177万元。公司主要从大连西太平洋石化有限公司购进石油，销售给大型炼化公司，如上海天峰等。大连西太平洋石化有限公司为特大型石化产品经销集团，实力较为雄厚。

2. 银行切入点分析。大连亨福石油公司为大连西太平洋石化有限公司主要的燃料油经销商，公司经销的产品燃料油变现性较好，可以作为质押。某银行设计以燃料油作为质押，提供燃料油仓单质押融资。

3. 银企合作情况。以燃料油仓单作为质押，质押率为70%，某银行提供3 000万元银行承兑汇票。

案例2　　　　中新燃料物资经营有限公司——直客式石油供应链融资

1. 企业基本情况。

（1）基本情况。中新燃料物资经营有限公司是民营企业，注册资本为人民币500万元，资产总额达1.4亿元。公司经营范围主要是购销、代销、经营海洋石油、燃料油等。经过在海洋石油、燃料油供销领域多年经营，公司发展迅速，规模增长较快，盈利能力较强，建立了强大的渠道优势，从原油、燃料油批发到终端零售整个产业链，公司销售网络覆盖华北、华东地区，在环渤海地区天津、大连、青岛等城市，华东地区宁波、上海、杭州等城市布局有销售网络。

（2）经营模式。公司销售原油路线非常清晰，从原油供给到销售，采购和销售对象固定，即从中国海洋石油总公司下属××公司购买重质海洋原油，然后销售给世界500强的大新石化股份有限公司。中国海洋石油总公司下属××公司按月给中新燃料物资经营有限公司安排销售计划，供货相对稳定；中新燃料物资经营有限公司是下游单位大新石化股份有限公司所需的重质海洋原油主要供应商。中新燃料物资经营有限公司作为中国海洋石油总公司下属××公司的销售商、大新石化股份有限公司的供应商，三家公司已经形成了稳定的供销关系。

上游客户介绍：中国海洋石油总公司是我国三大石油集团之一，负责海洋石油的开发利用，公司总部设在北京，是我国特大型集团之一，产品质量稳定，履约能力较强。

下游客户介绍：大新石化股份有限公司是世界500强在华投资企业，特大型石化经营企业，公司现有仓储能力45万立方米/年，原油管输能力950万吨/年，成品油及化工产品管输能力445万吨/年，公司在环渤海地区建立有国内规模较大的原油、成品油、石油焦仓储基地，公司总资产达38.06亿元，年实现销售收入25亿元。

（3）结算模式。中新燃料物资经营有限公司从中国海洋石油总公司下属××公司购买原油，结算方式采用预付款结算，即中国海洋石油总公司下属××公司排定销售计划给中新燃料物资经营有限公司后，双方签订购销合同，中新燃料物资经营有限公司全额预付款给中国海洋石油总公司下属××公司，中国海洋石油总公司下属××公司收到货款后发货；中新燃料物资经营有限公司与大新石化股份有限公司签订购销合同，原油到锦州港卸货验收合格后，大新石化股份有限公司现款全额付给中新燃料物资经营有限公司，结清业务。

2. 银行切入点分析。困扰中新燃料物资经营有限公司发展规模的主要因素是资金不足。目前，该公司自有资金流只能够维持每月采购8 000万元左右的海洋原油，与公司销售潜力相比，自有资金明显不足。

经营分析：中新燃料物资经营有限公司经营风险很小。中新燃料物资经营有限公司处在中国海洋石油总公司下属××公司与大新石化股份有限公司之间，该公司采用以销订购模式，在向中国海洋石油总公司下属××公司订购原油前，该公司与大新石化股份有限公司已经签订销售合同，并将销售价格锁定（不包括仓储、油船运输等所有费用），因此，该公司原油销售业务所有风险及费用全部转移给了大新石化股份有限公司，而该公司只赚取中间差价，收益稳定，虽微利但量较大，因而整体利润并不低。由于中国海洋石油总公司下属××公司较为强势，中新燃料物资经营有限公司一般先开立银行承兑汇票，买方付息代理贴现后将全款汇入中国海洋石油总公司下属××公司账户。

中新燃料物资经营有限公司应收账款、应付账款周转很快。另外，中新燃料物资经营有限公司对原油不进行仓储保管，采购后直接销售给锦州石化，因此公司没有库存，存货周转很快，该公司经营特点决定其有较强营运能力。

3. 银企合作情况。

（1）授信方案（见表2－3）。

表2－3　　中新燃料物资经营有限公司供应链融资授信方案

授信资源描述	授信工具	银行承兑汇票	期限	1 年	金额	1 亿元
保证金比例	15%	敞口	8 500万元	担保方式	商务履约	
授信模式	"1＋N"供应链融资					

续表

核心企业	中国海洋石油总公司下属××公司及大新石化股份有限公司
承贷企业	中新燃料物资经营有限公司
银行收益	银行承兑汇票手续费：1亿元银行承兑汇票额度，一年可以签发2次，赚取10万元手续费 贴现利息收入：平均贴现利率按照贷款利率约6%，一年2亿元票据，可以获得600万元左右的贴现利息收入 存款收益：15%的保证金，再加上销售回款存款，在银行平均存款在1.5亿元左右
融资合理性分析	中新燃料物资经营有限公司已经与大新石化股份有限公司签订供货协议，供货金额约1.2亿元，相对于该公司前一年度的供货金额增长20%左右，增长金额合理，融资需要符合商务规律
风险描述	整个供应链融资方案的履约风险依托在中国海洋石油总公司下属××公司及大新石化股份有限公司，两公司实力较强，履约风险较小，银行提供融资风险可控
法律文本	三方合作协议已经由法律部门审定
前期条件	授信额度为1亿元人民币，品种为银行承兑汇票，保证金比例为15%，收款人限定为中国海洋石油总公司下属××公司，并由中新燃料物资经营有限公司代理中国海洋石油总公司下属××公司在银行办理贴现 中新燃料物资经营有限公司对大新石化股份有限公司提出修改收款账户变更函，收款账户变更为融资银行 中新燃料物资经营有限公司出具扣划资金授权函，授权银行可以随时扣划大新石化股份有限公司支付的货款

（2）业务流程：

①中新燃料物资经营有限公司与中国海洋石油总公司下属××公司签订原油采购合同，中新燃料物资经营有限公司与大新石化股份有限公司签订原油供应合同。

②中新燃料物资经营有限公司存入1 500万元保证金，办理定期存款为6个月，银行为中新燃料物资经营有限公司办理1亿元的银行承兑汇票，期限为6个月。

③中新燃料物资经营有限公司与中国海洋石油总公司下属××公司及银行签订代理贴现三方协议，代理中国海洋石油总公司下属××公司在银行办理贴现。银行通过买方付息代理贴现方式直接将贴现后款项1亿元划给中国海洋石油总公司下属××公司。

④中国海洋石油总公司下属××公司收到1亿元货款后，发出成品油提单给中新燃料物资经营有限公司，中国海洋石油总公司下属××公司与中新燃料

物资经营有限公司在油库罐边交货。中新燃料物资经营有限公司负责原油装船，中新燃料物资经营有限公司与大新石化股份有限公司船边交货。

⑤货到锦州港后，大新石化股份有限公司入库后8天，大新石化股份有限公司付款至中新燃料物资经营有限公司在银行开立的指定账户。银行扣划资金进入保证金账户，存为3个月定期存款，用于银行承兑汇票的解付。详见图2-7。

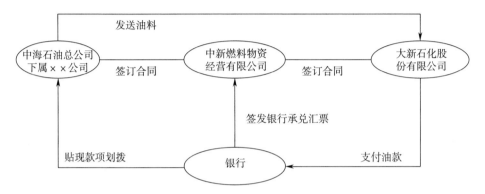

图2-7　中新燃料物资经营有限公司直客式石油贸易商融资流程

（3）使用产品：

①银行承兑汇票。使用银行承兑汇票保证中新燃料物资经营有限公司的货款支付，银行可以吸收可观的保证金存款，同时借助银行承兑汇票实现关联营销。

②代理贴现。通过代理贴现方式，银行可以获得贴现利息收益，扩大银行承兑汇票的综合收益贡献度。

③买方付息票据贴现。通过买方付息票据，买方承担银行承兑汇票贴现利息，使得商务付款效果同现款。

④定期存款。银行将中新燃料物资经营有限公司从大新石化股份有限公司收到的销售回款全部存为3个月定期存款，为中新燃料物资经营有限公司获得一定的理财收益。

本次授信风险可控，收益可观，银行授信启用后，该公司销售原油资金将全部在银行运转，预计可为银行带来5 000万元存款。开票后，银行负责代理贴现，可获得贴现利息收入，中间业务收入近100万元。风险与收益配比较为平衡。

【点评】

客户经理应当习惯将银行承兑汇票与买方付息票据及代理贴现捆绑销售，有效地扩大本行签发银行承兑汇票的综合贡献度。单纯办理银行承兑汇票业务的收益太低，承担的风险太大。

4. 融资方案的风险控制要点

（1）风险控制核心。本方案的风险控制核心在于实力强大的终端买家——大新石化股份有限公司，大新石化股份有限公司履约能力较强，商业信誉较好，同时，银行牢牢控制货权，整个方案履约风险可控。

（2）履约风险及其防范。该业务特点是银行先将贴现款项汇入中国海洋石油总公司下属××公司指定账户，中国海洋石油总公司下属××公司履行发货责任，履约风险为中国海洋石油总公司下属××公司能否按照合同约定在收到款项后及时发货。

在银行与中国海洋石油总公司下属××公司签订的三方合作协议中明确规定：如中国海洋石油总公司下属××公司在收到银行贴现款项后不能发货，则应将款项退回中新燃料物资经营有限公司在银行的指定账户。

考虑中国海洋石油总公司下属××公司为国内特大型企业集团，履约能力较好，银行确信该公司可以保证整个商务交易的完整执行。

（3）运输环节风险及其防范。该业务的特点为油品装船后物权即转移给大新石化股份有限公司，大新石化股份有限公司负责租船运输，一旦发生运输意外，保险理赔即成为业务风险之一。

与大新石化股份有限公司签订的三方合作协议中明确规定，如果在运输途中出险，大新石化股份有限公司必须在出险后10日内将货款金额先行支付到中新燃料物资经营有限公司在银行开立的账户中。同时，要求大新石化股份有限公司向合格的大型保险公司投保财产险。

该业务的特点是上下游企业均为国有特大型石油企业，没有中间环节，油品装船货权即转移给下游企业（大新石化股份有限公司），相当于中国海洋石油总公司下属××公司直接销售给大新石化股份有限公司。中新燃料物资经营有限公司实际是在买卖单据。银行只要可以牢牢掌控物流，通常可以控制风险。

5. 银行收益测算。本次授信将为银行带来极为可观的收益，包括：

（1）保证金存款。15%保证金（15%×10 000万元=1 500万元）可以在2个月承兑期间内存放在银行，大新石化股份有限公司将在银行开出银行承兑汇票后30~40天付款，届时将变成100%保证金银行承兑汇票。

（2）中间业务收入。

① 银行承兑汇票手续费：单笔银行承兑汇票手续费 = 10 000 万元 × 0.05% = 5 万元。

② 保险公司保费分成：保险公司的保费，银行参与一定的分成。

（3）贴现利息收入。2 个月买方付息银行承兑汇票，贴现利息收入 = 10 000 × 2 × 6%/6 = 200 万元（按照 6% 的贴现利率测算）。

（4）无形收益。通过本次授信，银行将成功与中国海洋石油子公司及大新石化股份有限公司建立业务关系，为银行下一步开展石化业务打下了良好的基础。

附件

<h2 style="text-align:center">三方合作协议文本（示范）</h2>

甲方：中国海洋石油总公司下属××公司

地址：

法定代表人：

电话：

乙方：中新燃料物资经营有限公司

地址：

法定代表人：

电话：

丙方：××银行

地址：

法定代表人：

电话：

为发展彼此长期、稳定、互惠的合作关系，在充分协商的基础上，本着自愿、平等、互利、守信的原则，甲、乙、丙三方达成如下合作协议：

一、乙方是甲方重质燃料油供应商，甲乙双方就单笔业务签订购销合同。

二、丙方是甲乙双方结算业务唯一的主办银行，乙方须在丙方开立一般结算账户和保证金账户，丙方负责为甲乙双方提供相关的金融产品、服务支持。

三、甲方负责办理油品运输手续，签订运输合同，并书面通知丙方所租船号、船期等。

四、甲方所租船只必须是××海运集团油品运输船只（通常约定为中国海运集团或中国远洋运输集团、中国外运集团等），运输过程中保险由甲方负责办理，出现火灾等保险理赔时，甲方须按运输船只装载购销合同货物金额在出险日起十日内先行付款给乙方在丙方开立的保证金账户，账号：_____，户名：中新燃料物资经营有限公司。

五、甲方所购油品在购销合同约定的起始港装船后到购销合同指定目的港卸货前，发生任何问题由甲方负责。

六、甲方收货按购销合同验收无误后，须按时付款给乙方在丙方开立的保证金账户，账号：_____，户名：中新燃料物资经营有限公司。

七、在本合作协议有效期内，甲乙双方签订的购销合同及其他协议不能与本合作协议内容相抵触，发生抵触部分内容以本协议为准。

八、本合作协议有效期为一年，到期经三方协商可续签。在协议有效期内，如遇国家重大政策调整而无法按照现行方式继续合作，甲、乙、丙三方应根据实际情况友好协商解决。

九、本协议一式三份，甲、乙、丙三方各执一份。

甲方：中国海洋石油总公司下属××公司
　　　法定代表人或者授权签字人：

乙方：中新燃料物资经营有限公司
　　　法定代表人或授权签字人：

丙方：××银行
　　　法定代表人或授权签字人：

年　　月　　日

案例3　　　　　　南京市天石化工有限公司——成品油提单融资

1. 企业基本情况。南京市天石化工有限公司注册资本为5 000万元，年营业额为5亿元，是江苏省规模较大从事石油经销的民营企业，经营范围包括委托进口燃料油、委托加工燃料油、批发零售成品油等。公司现有员工15人，主要从中石油××公司采购成品油，然后销售给下游用油客户，年累计销售成品油约350万吨。

公司采购成品油主要销售给辽宁中舶化工船运有限公司，辽宁中舶化工船运有限公司是特大型国有企业，注册资本达12亿元，年营业额高达90亿元，该公司与辽宁中舶化工船运有限公司建立了长期合作关系，南京市天石化工有限公司占该公司原油份额的10%。中石油××公司为中国石油天然气集团下属企业，公司总资产高达230亿元，年销售额达320亿元。公司主要在长江三角洲销售油料。

2. 银行切入点分析。

（1）借款人分析。

经营效率	存货周转天数（天）	5.44
	应收账款周转天数（天）	4.39
	应付账款周转天数（天）	74.09
	总资产周转率（%）	190.85

通过报表分析可以得知：南京市天石化工有限公司盈利水平较稳定；存货及应收账款周转水平较好，营运效率高。公司应收账款较少，周转速度快；存货周转速度快，无对外担保和其他或有债务。

某银行了解到，辽宁中舶化工船运有限公司是非常优质的客户，与南京市天石化工有限公司有着长达近5年合作关系，南京市天石化工有限公司履约记录一直良好。南京市天石化工有限公司希望在银行获得授信额度，以便扩大其进口能力。银行如果提供5 000万元进口信用证额度，放大其经营运作能力的10%，放大金额的提货辽宁中舶化工船运有限公司可以全部接纳。

本次授信风险点在于：在贷款期限内，南京市天石化工有限公司无足够现金赎货。

（2）基础交易分析。中石油××公司是大型国企，企业资金实力雄厚，规模较大，属于垄断企业，供给计划外指标成品油，一般都要求经销商提前打款。中石油××公司的供货条件、供货质量、供货价格十分稳定，从未发生过交易纠纷。石油一般由中远、中海等大型运输企业负责运输，从未出现过风险。在考察贸易背景真实条件下，银行提供封闭贷款，办理电汇直接将款项划给收款人，防范资金被挪用的风险。

南京市天石化工有限公司每月此笔业务交易额都在6 000万元左右，银行结合其交易规模给予其一定的授信额度。单笔业务平均每单从销售到资金回笼，期限一般在1个月左右即可完成。

3. 银企合作情况。

（1）授信方案（见表2－4）。

表2－4 **南京市天石化工有限公司供应链融资授信方案**

授信资源描述	授信工具	银行承兑汇票	期限	1年	金额	1 000万元
保证金比例	30%	敞口	700万元	担保方式	成品油提单	
授信模式	"1＋N"供应链融资					
核心企业	中石油××公司					
承贷企业	南京市天石化工有限公司					
银行收益	银行承兑汇票手续费：1 000万元银行承兑汇票额度，一年可以签发2次，赚取1万元手续费 贴现利息收入：平均贴现利率按照贷款利率约6%，一年1 000万元票据，可以获得60万元左右的贴现利息收入 存款收益：30%的保证金，再加上销售回款存款，在银行平均存款2 000万元左右					
融资合理性分析	南京市天石化工有限公司本年采购金额约为2 000万元，相对于该公司在本地市场的占有份额及合理的市场增长率，融资需要符合商务规律					
风险描述	中石油××公司商务履约及成品油市场销路较好，中石油××公司实力较强，履约风险较小，南京本地经济活跃，需求旺盛					
前提条件	抵押物名称：原油仓单，要求收款人中石油××公司直接将油品提货单提交银行。南京市天石化工有限公司30天必须提货，填满银行承兑汇票敞口					
法律文本	本方案使用的成品油货权质押融资合作协议已经通过法律部门审批					

（2）业务流程：

①南京市天石化工有限公司与中石油××公司签订成品油采购合同，合同总价为1 000万元。某商业银行为南京市天石化工有限公司提供银行承兑汇票额度为1 000万元，公司全部用于向中石油××公司采购原油。

②南京市天石化工有限公司提供与中石油××公司签订成品油采购合同，南京市天石化工有限公司交存300万元保证金，银行办理1 000万元银行承兑汇票，采取买方付息代理贴现的方式，贴现后将全款1 000万元划付给中石油××公司账户。

③中石油××公司将1 000万元的油品提货单传真给银行，同时立即将油品提货单正本直接寄送银行（在油品提货单正本银行没有收到前，中石油×

×公司承诺银行可以凭油品提货单传真件提货）。

④银行收到1 000万元油品提货单正本后，作为重要凭证入库保管。

⑤在30天内，南京市天石化工有限公司交存保证金，银行按照70%的质押率释放同等金额油品提货单，直至提取全部货品（见图2-8）。

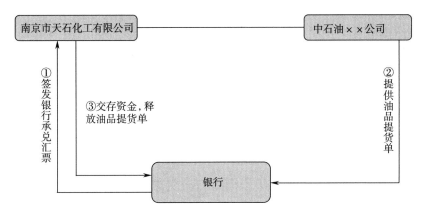

图2-8　南京市天石化工有限公司供应商融资流程

（3）使用产品：

①银行承兑汇票。银行办理银行承兑汇票，帮助买方完成商务交易，买方可以有效降低财务费用。

②买方付息票据。中石油××公司为强势企业，南京市天石化工有限公司承担贴现利息，买方付息票据使得付款的效果视同现款。

③代理贴现。南京市天石化工有限公司代理中石油××公司完成票据贴现，避免了中石油××公司需要承担的贴现工作。

附件

成品油货权质押融资合作协议（示范）

甲方：××银行

乙方：南京市天石化工有限公司

为保证乙方在甲方处办理提货单质押项下的各种授信业务，经甲乙双方平等协商，根据《中华人民共和国民法通则》《中华人民共和国合同法》，达成如下协议：

第一条 乙方以自身自有的石油提货单提供不可撤销质押，向甲方申请办理业务。

第二条 在授信业务履行过程中，当提货单对应货物的市场价格低于单笔质押合同所认定价值的85%时，经甲方通知，乙方必须在价格下跌后的1个工作日内存入补仓保证金进行补仓，补仓保证金的计算方法如下：

补仓保证金＝（提货单对应货物基础价格－提货单对应货物最新市价）×提货单对应货物数量

乙方逾期未补足补仓保证金的，甲方有权宣布授信提前到期，并立即根据提货单向××公司提取相对等值的油品，委托指定机构依法变卖、拍卖货物，变卖、拍卖所得的款项优先用于偿还甲方基于授信所产生的相应债权，不足清偿的，甲方有权向乙方继续追索。

乙方存入的补仓保证金必须由甲方进行监控，直至信贷业务结清为止，即使出现价格回升的情况，乙方也不能够以此为由要求甲方对补仓保证金进行解控，而应交由乙方支配。

第三条 乙方必须尽合理销售者的义务，保证在授信期间内完成对该笔授信业务项下所质押提货单对应货物的销售、提货手续。

如乙方在授信业务期间未按照约定逐步、正常地赎出提货单进行销售，而是将质物长期交由甲方长期占有，也即出现"死货"现象，则甲方有权立即终止对乙方授信，并将质押提货单所对应的货物出售变现，偿还甲方债权。

第四条 本协议一式两份，具备同等法律效力，由甲、乙双方各执一份。本协议自签订之日起生效。

甲方：_____银行_____分行
（公章）
法定代表人（负责人）签字：
_____年_____月_____日

乙方：
（公章）
法定代表人（负责人）签字：
_____年_____月_____日

三、交通行业

【寻找客户依托】

公路行业拓展客户应当依托各地的省交通厅、交通集团、各省公路局等客户；铁路行业拓展客户应当依托路道部及铁道部下属铁路局和独立的铁路公司（如武广铁路等）；水运行业拓展客户应当依托中国远洋运输集团、中国海运集团等大型海运公司。

【目标客户】

应当重点关注交通行业的上游——建设施工公司、道路设备供应商、铁路机车供应公司等。上游往往为较容易切入的环节，对银行贡献值较大。

交通行业的下游一般为车辆通行客户，收费较散，银行不大容易切入。

【寻找客户的途径】

1. 铁道行业上游服务客户可以登录铁道部工程交易中心全国招标信息网 http：//zbtb. com. cn/tdb/查询。

以下是找到的部分具体客户名单：北京四方车辆厂、长春轨道客车厂、中国铁路工程公司、中国铁路物资公司。

2. 公路行业上游服务客户可以从政府建设工程相关网站获取。例如，可以登录北京市建设工程交易网 http：//www. bcactc. com/，网站上有政务公开/招标信息。

在招标信息中可以看见部分中标企业，如北京路桥瑞通养护中心、北京华纬交通工程公司、路桥集团三公局工程有限公司、北京鑫旺路桥建设有限公司。这些公司常年为北京市路政局提供工程劳务服务，经营效益有较好的保证。

【点评】

国内的大型公路交通集团纷纷成立集团结算中心，并根据项目管理路段成立子公司，子公司独立在银行开立账户，但融资及资金调配权全部集中到集团结算中心。因此，营销的重点应当是各大交通集团的总部，由其推荐独立的路段项目在银行具体使用授信。

【案例】

扬州新元高速公路有限公司——公路票据通

1. 企业基本情况。扬州新元高速公路有限公司注册资本为 3 亿元，总资产达 147 亿元，主营业务收入为 54 亿元，净利润达 3 亿元，为特大型国有企业。主要业务范围为高等级公路建设、管理、开发、经营、公路工程咨询、设计等。公司信誉良好，资金运作能力较强，是各家银行的黄金客户。

扬州新元高速公路有限公司得到政府大力支持，公司投资公路多为连接发达经济区域的收费高速公路，项目现金流较强，经营较为稳定，抗风险能力较强。如果提供的融资工具合理，能给银行带来较好的回报和收益。

扬州新元高速公路有限公司上游有大量的材料供应商及施工企业，需要支付金额较大的工程款，年支付金额高达20亿元。

2. 银行切入点分析。扬州新元高速公路有限公司在各家银行闲置授信额度较多，某国有商业银行属于新进入者，虽然已经签订合作意向协议，但是扬州新元高速公路有限公司很少提款。传统贷款方式对扬州新元高速公路有限公司吸引力不大，某银行决定通过帮助客户降低财务费用来切入客户。

（1）企业产业链分析。扬州新元高速公路有限公司主要资金来源是银行贷款融资，由于贷款金额较大，且利率较高，扬州新元高速公路有限公司财务费用压力较大。

扬州新元高速公路有限公司是高速公路经营企业，其原材料供应主要是工程材料（如路灯、隔离障等）、钢绞线与水泥。工程材料（如路灯、隔离障等）由扬州新元高速公路有限公司直接与供应商签订供货合同；钢绞线与水泥由扬州新元高速公路有限公司联合各施工单位共同招标，合同由各施工单位与各中标供应商签订，公司请监理公司监督质量。沙石供应商由各施工单位自行联系、商谈，公司监督质量。

供应商附表：

项目	序号	单位名称
钢绞线	1	江苏尔胜钢铁制品有限公司
	2	新华金属制品股份有限公司
	3	江苏新物国际贸易有限公司
	4	江苏源公物资有限公司
水泥	1	江苏清阁建材集团有限公司
	2	江苏桐立水泥股份有限公司
	3	江苏申水股份有限公司
	4	江苏三水泥股份有限公司
	5	江苏物产国际贸易有限公司
	6	江苏长集水泥公司
	7	江苏大都水泥公司

扬州新元高速公路有限公司资金用途：工程款、物资采购、人员开支、水电

费、银行贷款本息等。人员开支、水电费、到期银行贷款利息属于特定支出，以现金支付。其中，工程承包款项、劳务款项为公司主要支出，供应商及工程承包商对于收款方式没有严格要求，只是希望能够尽快拿到现金，这些客户有较强价格承受能力。某银行认为扬州新元高速公路有限公司每年有大量通行费收入及上级部门划拨养路费，因此，主业现金流较为稳定，具备较强的解付票据能力。

（2）企业运作根据分析。扬州新元高速公路有限公司运作模式：成立杭州新元信马高速公路工程建设指挥部，由指挥部负责对外签署工程劳务合同及对外采购工程材料合同（如路灯、隔离障等）。

（3）银行设计方案。

①票据支付工程款方案。通过票据可以将部分财务费用转嫁给供应商、工程承包公司、材料供应商。经过认真分析，某银行认为，工程及劳务款支付可以使用票据，工程承包公司项目经理部可以持票办理贴现。

②授信额度授权使用。扬州新元高速公路有限公司作为授信主体，可以授权其内设部门——扬州新元信马高速公路工程建设指挥部与银行签署具体银行承兑汇票承兑协议。

③汇票背书使用工程承包公司项目经理部自身预留印鉴，贴现凭证、贴现协议使用工程承包公司项目经理部公章、预留印鉴，使用中标公司贷款卡录入贴现信息。

3. 银企合作情况。

（1）授信方案（见表 2－5）。

表 2－5　　扬州新元高速公路有限公司公路票据融通授信方案

授信资源描述	授信工具	银行承兑汇票、流动资金贷款	期限	1 年	流动资金贷款	1 亿元
					银行承兑汇票	1 亿元
保证金比例	0	敞口	6 亿元	担保方式	信用	
授信模式	"1＋N" 供应链融资					
核心企业	扬州新元高速公路有限公司					
承贷企业	扬州新元高速公路有限公司的供应商（施工企业、材料供应商）					
银行收益	1. 银行承兑汇票手续费：1 亿元银行承兑汇票额度，一年可以签发 2 次，赚取 10 万元手续费 2. 利息收入。（1）贴现利息收入：平均贴现利率按照贴现利率约 6%，一年 2 亿元票据，可以获得 600 万元左右的贴现利息收入。（2）贷款利息，平均贷款利率约 7%，可以获得 700 万元左右的贷款利息收入 3. 存款收益：流动资金贷款约可以获得 10% 的存款沉淀。通过银行承兑汇票关联营销上游供应商，约可以获得 40% 的存款沉淀。整个方案约可以获得 5 000 万元存款沉淀					

续表

融资合理性分析	扬州新元高速公路有限公司年需要资金在30亿元左右，通过本方案提供2亿元左右的票据组合融资，融资需要符合商务规律
风险描述	整个供应链融资方案的履约风险建立在扬州新元高速公路有限公司，扬州新元高速公路有限公司实力较强，履约风险较小
法律文本	使用本行标准化的协议文本
前期条件	授信额度中银行承兑汇票收款人限定为供应商，且供应商必须在本行办理代理贴现，贴现后资金回行率不低于40%

（2）业务流程：

①扬州新元高速公路有限公司接受该银行设计的金融服务方案，银行为扬州新元高速公路有限公司核定6亿元综合授信额度，其中银行承兑汇票额度为5亿元，流动资金贷款为1亿元。

②扬州新元高速公路有限公司指定由扬州新元信马高速公路工程建设指挥部作为银行承兑汇票出票人，扬州新元高速公路有限公司授权扬州新元信马高速公路工程建设指挥部使用其在银行的5亿元银行承兑汇票授信额度，并提供相应担保。

③扬州新元高速公路有限公司工程建设指挥部提供与××施工企业项目经理部签订的工程承包合同，银行为其办理2 000万元银行承兑汇票。

④××施工企业项目经理持票在银行办理贴现业务，提供根据税收制度有关规定出具的发票及工程承包合同，某银行办理票据贴现（见图2-9）。

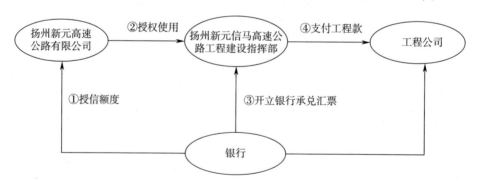

图2-9 扬州新元高速公路有限公司银行承兑汇票业务流程

目前全国高速公路建设中类似情况很多，普遍存在着高速公路有限公司下设路段指挥部，代理行使管理职能的情况，该方案可作为对优质客户提供票据贴现业务差异化服务的一种尝试。

根据《人民币银行结算账户管理办法》及《人民币银行结算账户管理办法实施细则》相关规定，建筑安装公司项目经理部因临时经营活动需要开立银行账户时，应经人民银行批准后开立临时存款账户，办理临时经营活动发生的资金收付。银行承兑汇票是一种结算工具，项目经理部当然可以作为汇票收款人。

（3）操作细节。

①由高速公路有限公司提供各路段项目经理部名称资料。

②由中标工程承包公司提供该路段项目经理部为其下属单位的文件。

③由中标工程承包公司提供各路段施工协议。

④由中标公司对项目经理部出具授权书。

⑤项目经理部使用预留印鉴章在银行办理高速公路有限公司签发承兑的银行承兑汇票贴现业务。

四、钢铁行业

【寻找客户依托】

大型的钢铁集团客户有宝武、鞍钢、首钢、马钢、沙钢、莱钢、济钢、唐钢、华菱钢铁、邯钢、攀钢、太钢、包钢、酒钢等。

【目标客户】

应当重点关注钢铁经销商。

钢铁经销商在产业链条中非常关键，本身资金量较大，是票据营销的经典客户。如果客户经理现有客户中有钢铁制造商最好，可要求其提供经销商名单，顺藤摸瓜营销，也可以在钢铁交易网站寻找客户。

钢铁经销商很缺资金，相对容易开拓。北京的钢铁经销商集中在朝阳、大兴两地，规模较大的钢铁经销商包括北京京奥港物资配套有限责任公司、北京长泰德金属材料有限公司；河北的大型钢铁经销商有河北物产集团公司、河北冀邯金属材料联营公司等。

【案例】

案例1　　　上海华生钢铁贸易有限公司——信用证票据连接融资

1. 企业基本情况。上海华生钢铁贸易有限公司是一家民营企业，注册资本为5 000万元，年销售额超过6亿元，主营业务为出口钢管产品。公司从国内宝钢、鞍钢等国内著名企业采购钢管；向美国FERROSTAAL INC.、加拿大SALZGITTER MANNESMANN、SUMITOMO CANADA LTD.、WIRTH STEEL等公司出口钢管。公司产品出口到美国、法国等国家，主要应用于桥梁、成品油管线工程、煤气管道等。

公司从国外接到信用证后，在国内组织备货采购，公司交易量较大，属于本地中型贸易类客户。公司由于出口量较大，是银行拓展贸易融资的较好客户，但公司缺少合格的担保抵押，因而融资方案设计非常重要。

2. 银行切入点分析。上海华生钢铁贸易有限公司业务稳定，出口量较大。公司一般是收到国外公司开立的信用证后办理打包贷款，取得资金后在国内采购。

为了降低财务费用，上海华生钢铁贸易有限公司希望银行能够提供一定的票据融资。经过银行测算，上海华生钢铁贸易有限公司从收到国内信用证到办理出口收到货款的整个周期在 4 个月左右，以信用证为抵押，提供 6 个月的银行承兑汇票，用于在国内采购货物。银行认为只要能够牢牢监控物流，银行融资风险就是可控的。

银行经分析后认为，上海华生钢铁贸易有限公司长期从事外贸出口，在业界有较好的声誉，海外销售渠道稳定，但自身资本过小，信用授信肯定不能通过。鉴于该公司在国外银行有稳定的出口订单，可以尝试全过程锁定资金流和物流，以贸易项下收到的销售回款来偿还银行融资。

3. 银企合作情况。

（1）授信方案（见表 2 - 6）。

表2 - 6　　　　上海华生钢铁贸易有限公司供应链融资授信方案

授信资源描述	授信工具	银行承兑汇票、信用证出口押汇	期限	1 年	金额	1.4 亿元
保证金比例	30%	敞口	9 800 万元	担保方式	商务履约	
授信模式	"1 + N" 供应链融资					
核心企业	实力强大的国外买家					
承贷企业	上海华生钢铁贸易有限公司					
银行收益	银行承兑汇票手续费：1.4 亿元银行承兑汇票额度，一年可以签发 2 次，赚取 12 万元手续费 贴现利息收入：采用买方付息代理贴现方式，平均贴现利率按照贷款利率约 6%，一年 2.4 亿元票据，可以获得 840 万元左右贴现利息收入 存款收益：30% 的保证金，再加上销售回款存款，在银行平均存 2 亿元左右					

续表

融资合理性分析	上海华生钢铁贸易有限公司已经与美国美孚石油工程有限公司、日本石油工程有限公司、法国道达尔石油工程机械公司签订供货协议，供货金额约2 000万美元，相对于该公司前一年度供货金额，增长了30%左右，增长金额合理，融资需要符合商务规律
风险描述	整个供应链融资方案的履约风险依托：美国美孚石油工程有限公司、日本石油工程有限公司、法国道达尔石油工程机械公司执行合同，三公司实力较强，且均开具信用证，履约风险较小。本次银行承兑汇票指定用于向上海宝山钢铁集团的钢管采购，上海宝山钢铁集团履约风险较小
法律文本	本次供应链操作全部使用本行的规范化协议文本

（2）业务流程：

①上海华生钢铁贸易有限公司与国外石油工程公司签订钢管出口合同，合同总价为2 000万美元，上海华生钢铁贸易有限公司向国内××钢厂订购钢管，签订钢管国内采购合同。

②上海华生钢铁贸易有限公司收到国外钢管买家开来的进口信用证——期限为180天的交货付款远期信用证。

③依据钢管出口合同，收到远期信用证后，上海华生钢铁贸易有限公司立即向国内××钢厂订购钢管，向银行申请签发银行承兑汇票，金额为1.4亿元，期限为6个月。

银行要求上海华生钢铁贸易有限公司指定融资银行为信用证议付行，提供钢管出口合同、钢管国内采购合同，并核实信用证相关信息。

以上事项落实后，以信用证作为担保，依据钢管国内采购合同，为上海华生钢铁贸易有限公司办理银行承兑汇票，银行承兑汇票收款人为国内××钢厂。为防范客户挪用资金，上海华生钢铁贸易有限公司与银行共同将银行承兑汇票交付给国内××钢厂（或上海华生钢铁贸易有限公司代理国内××钢厂办理买方付息银行承兑汇票，国内××钢厂直接收到1.4亿元银行承兑汇票）。

④4个月后，国内××钢厂发出钢管，上海华生钢铁贸易有限公司收到钢管后，马上组织货物出口，将出口单据提交给银行。

⑤银行核实单据符合信用证规定后，向信用证签发行传递单据，结汇后解付银行承兑汇票1.4亿元（见图2－10）。

（3）使用产品：

①信用证。银行将收到出口商信用证抵押，提供银行承兑汇票用于国内采购，办理商品出口，然后以托收回来资金兑付银行承兑汇票，通过管理规范的物流公司全程监管货物，可以保证整个融资过程安全。

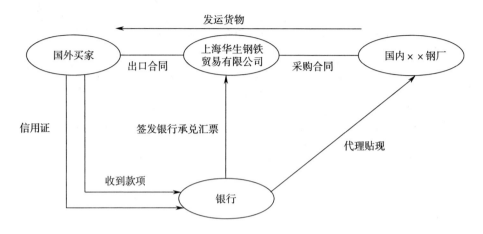

图 2 – 10　上海华生钢铁贸易有限公司供应链流程

②银行承兑汇票。以银行承兑汇票保证针对国内的采购需要，银行承兑汇票可以有效地降低采购的支付成本。

③代理贴现。考虑到下游企业非常强势，不愿意承担贴现工作，因此，由上海华生钢铁贸易有限公司代理下游企业办理贴现。

④买方付息票据。由上海华生钢铁贸易有限公司承担贴现利息，避免了厂商收取过高的扣息。

案例 2　　　　湖北省国新铁销售有限公司——钢材厂商银融资

1. 企业基本情况。湖北省国新铁销售有限公司是湖北省规模领先的大型钢铁经销企业，注册资本为 3 500 万元，年销售额突破 20 亿元。该公司以直供高科技线材为主，从××钢铁股份有限公司购进大量钢材，然后在本地销售，公司主要销售客户包括本地大型建筑公司及钢铁二级批发商等。湖北省国新铁销售有限公司一部分内销供给国家大型重点项目，如大型的公路项目、铁路项目等；另一部分外销给国际专用线材深加工企业，如蒲项制铁等。

公司在未来 2~3 年销售额预计可突破 20 亿元，发展前景良好。公司资金周转量较大，是银行拓展中小客户的重点目标客户群体。

2. 银行切入点分析。某银行分析后认为，湖北省国新铁销售有限公司为当地钢铁经销龙头企业，资金运作能力较强、年销售规模较大，有较大的开发价值。××钢铁股份有限公司钢材价格稳定，属于大宗材料，交易较为活跃，可以作为质押物。经过研究后，银行设计提单质押融资，设定质押率为 70%。向银行出质货物是具有高科技含量的高强度线材，目前只有宝武钢铁等少数钢厂有能力生产，市场价格稳中有升，大幅下降的可能性不大。

××钢铁股份有限公司是国内三大钢厂之一，能成为其一级经销商一定是有相当实力的经销商。若借款人违约，××钢铁股份有限公司在接到银行通知后迅速按三方合作协议要求变更货物收货人为银行，将货物发往银行指定仓库，仓库向银行开立仓单，银行将其质押，仓库负责所存货物的安全。同时，银行迅速组织货物变现，在授信到期前保证银行承兑汇票兑付。通过近十年来对钢材市场的分析，高强度线材一直属于供不应求产品，若银行以低于厂价30%的价格出售将能迅速找到买家，变现能力较强。

还款意愿：从湖北省国新铁销售有限公司经营本身和企业高管层道德层面分析，还款履约有保证。湖北省国新铁销售有限公司是直供商，利润来源主要是上、下游企业返利，不受价格和市场竞争影响，加上良好的治理结构和单纯的经营模式（只做直供销售），亏损概率很小，企业下游需方有着优良资信，企业现金流充足，还款来源有保障。

风险控制：银行采用封闭票据流和货物流方式锁定风险，票据直接交付收款人，货权凭证由收款人直接交付银行。

授信优势：本授信方案是根据钢铁购销特点综合设计的，湖北省国新铁销售有限公司上游××钢铁股份有限公司在国内钢铁行业排名靠前，综合实力强，产品属于高端，可替代进口产品，盈利能力强；其下游厂家均为国际、国内具有领先地位的专用线材深加工企业，付款能力较强。湖北省国新铁销售有限公司通过直供方式销售，盈利不受市场波动影响，较有保证。湖北省国新铁销售有限公司有多年从事钢材直供的贸易经验，积累了较多的人脉和资源，销售稳定，资产质量较好，现金流稳定，盈利有保证。

授信劣势：本授信方案是以××钢铁股份有限公司下游经销商——湖北省国新铁销售有限公司为责任主体，××钢铁股份有限公司不提供连带责任保证和回购担保，缺少有实力的保证方，授信风险控制在于对物权控制。一旦湖北省国新铁销售有限公司违约，必须在市场上处置质物（钢材），市场价格波动较大影响了银行债权保全；同时，过程管理繁复，风险主要集中在操作层面，对银行经办人员要求较高。

3. 银企合作情况。

（1）授信方案：参照××钢铁股份有限公司、湖北省国新铁销售有限公司和下游企业签订的三方购销合同，为湖北省国新铁销售有限公司提供总额为14 000万元的银行承兑汇票额度，保证金为30%，授信敞口为9 800万元，收款人为××钢铁股份有限公司，授信定向用于向××钢铁股份有限公司订购钢材，直供销售给下游客户，封闭操作。

（2）提款及还款方式：根据湖北省国新铁销售有限公司每次订购钢材数

量，开立保证金为 30% 的银行承兑汇票，期限为 6 个月以内，收款人为××钢铁股份有限公司。同时，将订购钢材提单质押于银行，待上期钢材销售货款回笼银行，银行即释放与回款等值的提单，依次循环，滚动操作。湖北省国新铁销售有限公司使用下游企业货款用于填满银行承兑汇票敞口。

（3）业务流程：

①银行与湖北省国新铁销售有限公司、××钢铁股份有限公司签订三方合作协议，湖北省国新铁销售有限公司与××钢铁股份有限公司签订钢铁供销合同。

②湖北省国新铁销售有限公司向银行存入银行承兑汇票金额 30% 的保证金，签发银行承兑汇票，金额为 1 000 万元，收款人为××钢铁股份有限公司，银行办理银行承兑汇票，期限为 6 个月。

③银行与湖北省国新铁销售有限公司共同到××钢铁股份有限公司交付票据，办理支付钢材采购合同项下货款支付（通常厂商会扣除相应贴息）。或银行通过买方付息代理贴现，直接将票面全款 1 000 万元支付给钢厂。

④××钢铁股份有限公司向银行提供提货单第一联（客户联，提货人持此联即可提货），银行作为重要凭证入库保管。

⑤湖北省国新铁销售有限公司向银行存入与提货额等值的资金，向银行提出赎取提货单申请。银行将湖北省国新铁销售有限公司交存资金办理 3 个月定期存款，并将提货单第一联退还给湖北省国新铁销售有限公司。××钢铁股份有限公司发货至湖北省国新铁销售有限公司指定下游客户。

⑥湖北省国新铁销售有限公司将回款不断封闭回银行账户，直至银行承兑汇票敞口全部填满，每次保证金全部存为 3 个月定期存款。

上述①～⑥项为授信正常状态下资金封闭回笼流程和物权控制流程，当湖北省国新铁销售有限公司到期未备足款时，银行执行如下流程（将质押提单转化为质押仓单）。

⑦湖北省国新铁销售有限公司在银行承兑汇票到期未备足款时，银行持提货单通知××钢铁股份有限公司变更发货，收款人为银行。

⑧按协议要求××钢铁股份有限公司将货物发至银行指定仓库，同时仓库向银行提供货物收妥后仓单，银行对所持仓单进行质押。

⑨银行持质押仓单将发往仓库的货物迅速处置，在银行承兑汇票到期前保证兑付敞口额（见图 2－11）。

警戒线：在质押仓单市值总和与贷款本息之比小于等于 75% 时，借款人在接到银行书面通知后 7 个工作日内，采取追加质押物、更换质押物或部分（或全部）归还贷款的措施，否则银行有权宣布贷款提前到期。

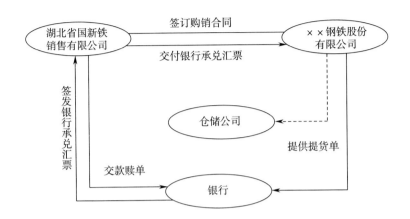

图2-11　湖北省国新铁销售有限公司钢材厂商银融资业务流程

处置线：在质押仓单市值总和与贷款本息之比小于等于70%时，银行有权宣布贷款提前到期，要求借款人立即偿还贷款本息，借款人不偿还，由担保回购方代其偿还。

（4）使用产品：

①银行承兑汇票。银行承兑汇票保证客户支付采购，由于银行承兑汇票使用成本很低，因而很适合钢铁流通企业使用。

②买方付息票据。买方承担银行承兑汇票贴息，在商务交易中，商务付款效果视同现款，买方可以获得较好的商业折扣。

③代理贴现。通过代理贴现，买方承担贴现工作，即开即贴，保证商务交易的连续，避免传统票据模式下票据传递成本过高的弊端。

④银行存款。客户提供保证金，银行办理定期存款，保证将来银行承兑汇票的兑付，同时给予客户一定的理财收益。

案例3　　　　广恒钢铁有限责任公司——钢材分销网络融资

1. 企业基本情况。广恒钢铁有限责任公司是广州地区规模较大、实力较雄厚的大型钢铁经销企业之一，注册资本为1.28亿元，年销售额超过80亿元。经营范围包括金属材料、建筑材料、五金、木材、煤炭等。广恒钢铁有限责任公司在全国有20余家二级经销商。公司销售模式为：产品从武汉钢铁集团、宝山钢铁集团、鞍山钢铁集团、武汉新都钢铁股份有限公司等大型钢厂提货，然后批发销售给二级经销商。广恒钢铁有限责任公司是武汉新都钢铁股份有限公司的一级代理经销单位之一。

广恒钢铁有限责任公司逐步稳定扩大钢材的采购和入库量，以直供和二级经销商代理销售为两大主线。公司经营目标是积极帮助二级经销商扩大销售，培植销售渠道，进一步垄断湖北钢铁流通市场。

2. 银行切入点分析。银行分析认为，广恒钢铁有限责任公司为较好的渠道类客户，可通过该公司积极拓展其产业链下游二级经销商。可以为广恒钢铁有限责任公司提供担保额度，用于其二级经销商向银行办理银行承兑汇票的担保，如果二级经销商在银票到期前15天仍未全额兑付，则由广恒钢铁有限责任公司提供回购。

授信额度控制：授信额度根据广恒钢铁有限责任公司与二级经销商年度销售计划确定，采用3个月期限银行承兑汇票。

第一还款来源控制：二级经销商和广恒钢铁有限责任公司必须承诺将银行承兑汇票对应的钢材全部质押给银行，如果二级经销商违约，收货人为银行在指定仓库库区，以后在提货时必须将与提货价值相当的款项转入在银行的保证金账户后方能提货，这种先打款后提货的程序保证了销售收入及时归行，使第一还款来源得到了控制。

第二还款来源控制：通过对广恒钢铁有限责任公司最近两年与二级经销商销售情况进行调查，二级经销商不按期回款平均占比为3.7%，最高时占比为6.9%（期限最长为47天），依此类推，广恒钢铁有限责任公司出现银行承兑汇票垫款最高比率不超过银行承兑汇票余额的10%，由于二级经销商有7家，即便出现银行承兑汇票垫款现象，其垫款分布相对离散，回购资金压力小，因而回购能力有保障。

第三还款来源控制：广恒钢铁有限责任公司与××钢铁集团签订产品供销合同，明确规定与银行承兑汇票价值对应钢材收货方为银行，同时，周转库开具仓单也明确注明客户名称为银行，银行对仓单拥有绝对物权。以对应钢材仓单作质押，质押率始终不高于50%。

仓单质押控制：本方案质押物为××钢铁钢材仓单，仓单指定由国家级的钢材专用仓库出具，具有独立性和权威性。

某银行经过深入分析后认为，钢材属于大宗原材料，资金交易量较大、交易链条清晰、客户关联性稳定、变现性较好，适于银行深度拓展。广恒钢铁有限责任公司二级经销商都经过一定挑选，有稳定的销售渠道，平均销售额为5亿元，有一定的开发价值。

3. 银企合作情况。

(1) 授信方案（见表 2 - 7）。

表 2 - 7　　　　广恒钢铁有限责任公司供应链融资授信方案

授信资源描述	广恒钢铁有限责任公司	核定回购担保额度 1 亿元，用于向二级经销商在银行开立银行承兑汇票的担保		
	广恒钢铁有限责任公司下属二级经销商	核定银行承兑汇票敞口额度 1 亿元，收款人为广恒钢铁有限责任公司，专项用于购买××钢铁钢材。二级经销商的银行承兑汇票额度由广恒钢铁有限责任公司提供担保		
保证金比例	50%	敞口	1 亿元	担保方式　回购担保
授信模式	"1 + N" 供应链融资			
质押率	70%			
核心企业	武汉新都钢铁股份有限公司			
承贷企业	广恒钢铁有限责任公司下属二级经销商			
银行收益	银行承兑汇票手续费：2 亿元银行承兑汇票额度，一年可以签发 2 次，赚取 20 万元手续费 贴现利息收入：平均贴现利率按照贷款利率约 6%，一年 2 亿元票据，可以获得 120 万元左右的贴现利息收入 存款收益：50% 的保证金，再加上销售回款存款，在银行的平均存款在 2 亿元左右			
融资合理性分析	广恒钢铁有限责任公司与下属二级经销商占据了广州相当的市场份额，相对于前一年度的市场份额增长了 20% 左右，增长金额合理，融资需要符合商务规律			
风险描述	广恒钢铁有限责任公司及下属二级经销商市场运作能力较强，钢材本身属于大宗货物，风险较小			
法律文本	钢铁分销网络融资合作协议已经由法律部门审定			

表 2 - 8　　　　网络成员及额度拟分配情况一览表

公司名称	评级	核定额度（万元）	保证金比例（%）	风险敞口（万元）
广州联钢有限公司	BB	3 000	40	3 800
广州中矛钢贸有限公司	BBB	3 500	40	2 200
广州铁盛物资有限公司	BBB	3 500	40	2 000
广州铁物贸易有限公司	BBB	1 500	50	1 000
广州友贸有限公司	BBB	3 000	50	1 000

　　某银行为广恒钢铁有限责任公司提供 1 亿元见货回购担保额度，其 5 家大型经销商在银行办理银行承兑汇票，总计金额 2 亿元（包括 50% 的保证金）。

（2）业务流程：

①银行为广恒钢铁有限责任公司提供1亿元见货回购担保额度，启用额度必须要求二级经销商交存50%的保证金。银行见证广恒钢铁有限责任公司与武汉新都钢铁股份有限公司签订钢材购买一级协议，广恒钢铁有限责任公司与二级经销商签订钢材购买二级协议。银行与广恒钢铁有限责任公司及武汉新都钢铁股份有限公司签订三方合作协议，约定武汉新都钢铁股份有限公司收到银行承兑汇票或银行承兑汇票贴现现款后，将提货单直接交付给银行。

②银行为广恒钢铁有限责任公司的5家大型经销商核定银行承兑汇票额度，二级钢铁经销商在银行交存1亿元定期存单。银行为二级经销商开立2亿元银行承兑汇票，期限为3个月。银行与广州恒大钢铁有限责任公司及二级经销商签订钢铁分销网络融资合作协议。

③银行将二级经销商开立2亿元银行承兑汇票直接交付广恒钢铁有限责任公司，要求广恒钢铁有限责任公司在银行办理短期银行承兑汇票变长期银行承兑汇票，3个月2亿元银行承兑汇票质押变为6个月2亿元银行承兑汇票。新签发银行承兑汇票由银行直接交付武汉新都钢铁股份有限公司，或由广恒钢铁有限责任公司代理武汉新都钢铁股份有限公司办理银行承兑汇票贴现。

④武汉新都钢铁股份有限公司直接将提货单交付给银行。银行将其作为重要凭证，入库保管，完成质押手续，质押率为70%。

⑤二级经销商交存保证金，银行通知仓储公司释放仓单，但保持货值质押率始终不超过70%。二级经销商交存保证金，银行直接办理定期存单，为客户获得一定的理财收益。

⑥银行承兑汇票到期前，二级经销商交存足够保证金，填满敞口，银行通知仓储公司释放全部提单。如果二级经销商没有能够交存足够保证金，银行通知广恒钢铁有限责任公司回购货物。

如广恒钢铁有限责任公司没有能力回购货物，银行持提货单要求武汉新都钢铁股份有限公司将钢铁发运至中国储运××储运仓库，银行获得仓单后办理质押。详见图2-12。

（3）使用产品：

①银行承兑汇票。使用银行承兑汇票保证交易的采购，降低钢铁流通的交易成本。在钢铁流通行业，使用银行承兑汇票非常普遍。

②银行存款。客户（一级经销商、二级经销商）提供保证金，银行办理定期存款，保证将来银行承兑汇票的兑付。

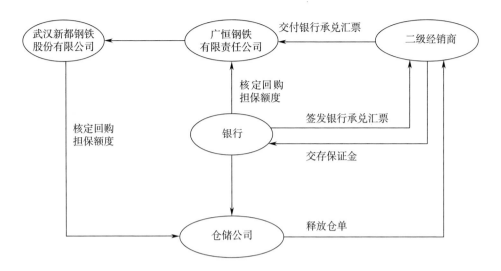

图2-12 广恒钢铁有限责任公司供应链融资流程

附件:

钢铁一级经销商·二级经销商·××银行钢材销售网络协议

协议号:

甲方:钢铁一级经销商

乙方:××银行

丙方:钢铁二级经销商

为了支持××钢铁集团公司一级经销商以及二级经销商的产品销售和资金回笼管理,根据法律、法规的有关规定,甲、乙、丙三方当事人达成如下协议,并自愿遵守本协议、主协议及实施细则的规定。

一、甲、丙方应当在乙方开立一般结算账户,用于日常资金往来结算;丙方应当在乙方开立保证金账户,用于存入开立银行承兑汇票时所需保证金及钢材销售回款。

二、丙方用于支付甲方的钢材款项必须汇入甲方在乙方开立的结算账户。丙方在乙方办理各项业务的费用按中国人民银行有关规定标准收取。

三、为加强周转库管理,以乙方名义与周转库签订仓租协议,指定本网络项下钢材指定存放区为周转库第×区，仓租费由甲方承担。周转库：物资储运_____（库）。

四、银行承兑汇票业务流程

1. 乙方对签订本协议丙方提供银行承兑汇票支持，包含①丙方同意将拟申请开立的银行承兑汇票项下的货物所有权质押给乙方，并与乙方签署质押协议；②银行承兑汇票敞口部分由甲方提供连带责任保证和钢材回购担保；③乙方为丙方提供银行承兑汇票授信额度为_____（大写）万元，授信期为1年，单笔银票期限不得超过6个月。

2. 正式办理业务时，丙方填写银行承兑汇票申请书，并附与甲方签订钢材购销合同复印件（加盖公章）两份，向乙方申请办理钢材周转库银行承兑汇票，并在乙方存入不低于申请银行承兑汇票金额50%的资金作为保证金，乙方审查同意后向甲方签发钢材周转库银行承兑汇票受理通知书。

3. 甲方收到乙方签发的钢材周转库银行承兑汇票受理通知书以及丙方提交的钢材购销合同复印件（加盖公章）1份后，向_____钢铁集团付款订货，订货品种、数量、品质等合同要素与丙方向乙方提交的钢材购销合同复印件相同。

4. 乙方在收到甲方与_____钢铁集团签订的有效产品供销合同并经确认后，与丙方签订质押协议和银行承兑协议，开具以甲方为收款人的周转库银行承兑汇票，并直接交付给甲方。产品供销合同要素如下：①订货单位为甲方；②收货单位为丙方（××银行）；③第一到站为周转库；④品名、规格、数量与丙方向乙方提交的××银行钢材周转库银行承兑汇票申请书中内容一致；⑤价格约定中有"按期到款及现金或银兑"字样。

5. 乙方在收到周转库送达的仓单后，应及时通知丙方办理提货手续。丙方在办理提货手续前，应将与本次提货数量相对应的货款（价格以与甲方签订购销合同为据）交存乙方，乙方收到货款后向周转库发出以丙方或丙方指定人为提货单位的发货单，并由乙方指定专人陪同丙方前往周转库办理提货手续。当丙方保证金账户为100%时，则无论该笔银行承兑汇票是否到期，均可再申请开立新银行承兑汇票。

6. 当丙方到期无法足额交存任何一笔已到期的钢材周转库银行承兑汇票票款时，乙方应立即停止对丙方继续开具新的周转库银行承兑汇票，并有权直接从丙方的保证金账户及其他账户中扣收。

五、周转库钢材回购流程

乙方应及时将丙方逾期情况以钢材周转库银行承兑汇票逾期通知书形式通知甲方。甲方收到钢材周转库银行承兑汇票逾期通知书后7个工作日内对丙方未提库存进行回购。如甲方在规定时间内拒不履行或无能力履行回购义务，则乙方无须征求甲、丙方同意即有权单方处置周转库存钢材，而甲、丙方同意自动放弃抗辩权，如乙方处置周转库存不足以归还银行承兑汇票垫款本息，则乙方有权继续向甲、丙方追索直至银行承兑汇票垫款本息全部收回。

六、乙方应每月对钢材周转库存核查一次，甲方予以协助配合，按钢材购销合同标明的要素进行检查。对钢材购销合同中约定质量、货损等商业行为，由甲丙方解决。

七、本协议未尽事宜和协议在执行过程中发生的争议，协议各方应本着互利、互谅、互让的原则，按有关法律、法规规定，友好协商解决。协商不成的，任何一方可向甲方所在地有管辖权的人民法院起诉。

八、本协议经甲、乙、丙三方代表签字并加盖三方公章或合同专用章后生效，协议生效后各方应认真执行。未经各方一致同意，任何一方不得擅自变更、撤销或终止协议。本协议一式三份，经三方签字盖章生效后具有同等效力，甲、乙、丙三方各执一份，以资证明。

甲方　　　　　　　乙方　　　　　　　丙方
（签字 盖章）　　　（签字 盖章）　　　（签字 盖章）

案例4　　　中山市金属材料有限公司——仓商银融资（独立监管）

1. 企业基本情况。

（1）经销商基本情况。中山市金属材料有限公司注册资本为1 000万元人民币，总资产达3.87亿元，净资产达1 239万元，净利润为614万元。该公司在华南地区钢铁行业中的竞争能力较强，发展状况较好。该公司为贸易型公司，采购时对上游供应商存在部分预付款项，销售时往往需要给下游客户提供一定期限的账期。

仓储人情况：广东中外运黄埔仓码有限公司是广东省第三方物流龙头企业，拥有一个现代化的物流基地，同时也是一家拥有雄厚竞争实力的境外上市公司。公司仓储基地位于广州市黄埔区乌涌口，地理位置优越，集疏运网络、先进装卸设备等多种优势于一体，是珠江三角洲和华南地区规模较大的货物仓储市场。广东中外运黄埔仓码有限公司现有监管质押物价值超过100亿元，监管能力突出。广东中外运黄埔仓码有限公司占地24万平方米，码头岸线530米，拥有9幢仓库，库房面积达到68 300平方米；露天货场及集装箱堆场13万平方米，前沿水深9米，可同时靠泊2艘万吨级船舶和3条小型驳船。码头配备各类先进的装卸作业设备 140 多台套，其中码头前沿配置 9 台门座起重机，集装箱堆场配置 11 台龙门吊。

公司提供 24 小时全天候港口作业服务，并建立集物流、资金流、信息流于一体个性化物流服务。可提供从铁路专用线卸货、理货验收、入库分堆到按指令出库放行一条龙服务，货物进出库实现电子化管理，有专门的信息端口供银行随时监控指定货物存储状态。

（2）产业链基本情况。中山市金属材料有限公司与上游钢厂合作关系稳定。公司已与国内主要钢厂建立多年合作关系，与马钢合作 9 年、首钢合作 6 年、邯钢合作 5 年，彼此关系密切，企业在钢厂能取得稳定供应，货源组织能力较强。

（3）付款根据。厂家付款条件：要求下游经销商提前一个月预付货款，款到后才安排相应生产。可以允许经销商支付银行承兑汇票，但贴现利息大多要求经销商承担或直接把成本打入货物单价里，部分厂家甚至要求经销商直接以现金结算。

2. 银行切入点分析。银行提供供应链融资，采用封闭式资金流和封闭式物流给授信主体使用授信品种和授信额度，从而控制上下游贸易链控制银行风险。

银行收益：中山市金属材料有限公司在使用银行授信品种时必须存入 30% 的保证金，以及银行承兑汇票到期前企业分批打款赎货都可以提高企业在银行的存量资金，为银行带来可观的收益。

银行采用的三方协议下，若下游经销商出现风险无法销售的货物，则由厂家承担相关的回购担保。

授信风险。就相关风险隐患，提出具体的防范措施：

第一，货物控制：引入广东中外运黄埔仓码有限公司进行监管，中山市金属材料有限公司提货需由银行出具提货通知书，通过控制中山市金属材料有限公司的物流进而控制资金流。货物经铁路运输到达目的地交货前，丢失货物责任由上游厂家负责，中山市金属材料有限公司对运输的货物购买保险。

第二，质量控制、保险等：上游厂家的钢材产品均为国家免检产品，质量可以保证。因钢材为不易变质、盗抢、毁灭的易监管产品，因而无须保险。货物通用性强，有成熟的交易市场，有通畅的销售渠道，市价易于确定，市场需求旺盛，变现能力强。

第三，其他管理措施：为防范风险，设定了跌价补偿制度，货物置换成仓单质押银行后，若价格出现跌价超过银行规定的 5% 的跌价幅度，银行要求中山市金属材料有限公司补足跌价部分保证金。为实现银行效益最大化：对赎货期进行控制，即制定赎货期限为3个月，3个月内中山市金属材料有限公司全部赎货，银行承兑汇票敞口全部填满。

3. 银企合作情况。

（1）授信方案（见表2-9）。

表2-9　　　　　中山市金属材料有限公司仓商银融资授信方案

额度类型	公开授信额度		授信方式	综合授信额度		
授信额度（万元）	14 285		授信期限(月)	12		
授信品种	币种	金额（万元）	保证金比例（%）	期限（月）	利/费率（%）	是否循环
银行承兑汇票	人民币	11 428	30	6	按人民银行相关规定执行	是
法人透支额度	人民币	2 857	30	3	按人民银行相关规定执行	是
贷款性质	新增	本次授信敞口（万元）		10 000	授信总敞口（万元）	10 000
担保方式及内容	质押物名称：钢材					

（2）业务流程：

①中山市金属材料有限公司与××钢厂签订钢材购买协议，货款11 428万元，约定使用银行承兑汇票支付，但是需要中山市金属材料有限公司自行承担贴现利息。

②中山市金属材料有限公司提供钢材购买协议，在银行存入3 428.4万元保证金，银行与中山市金属材料有限公司签订银行承兑汇票协议，与广东南储物资储运有限公司签订委托监管协议，银行与中山市金属材料有限公司及××钢厂签订三方合作协议。

③银行为中山市金属材料有限公司办理银行承兑汇票金额11 428万元，期限为6个月，同步，中山市金属材料有限公司代理××钢厂在银行办理代理贴现，由中山市金属材料有限公司自行支付贴现利息。××钢厂按照钢材购买协议交付钢材。

④钢材全部进入广东南储物资储运有限公司仓库，广东南储物资储运有限公司根据银行的指令掌控钢材。

⑤中山市金属材料有限公司在银行交存保证金，银行按照70%的质押率通知广东南储物资储运有限公司释放钢材。

⑥在银行承兑汇票到期前10天，如中山市金属材料有限公司还未能交存足额银行承兑汇票款项，银行通知广东南储物资储运有限公司准备处理质押物。变现质物后款项兑付银行承兑汇票。

银行业务学习卡片

（专家型客户经理）

客户经理成才要诀

拉存款	放贷款	争第一	要自强
少喝酒	多业务	靠专业	赢尊重
品行好	业务精	树品牌	立口碑
勤跑腿	感情近	勤学习	成专家
多产品	捆绑销	增收益	稳合作
学产品	先票据	后贷款	再贸融
做客户	找关联	一生二	二生四
积跬步	至千里	积小流	成江海
谈合作	谋共赢	又做人	又做事
用产品	聚人脉	广织网	谋大局
遇挫折	更坚强	肯坚持	功业成

寻找客户口诀

多拜访	勤联系	走出门	客户来
选客户	要精准	找规律	看审批
上网站	查报纸	找信息	建资库
铁公基	油煤矿	医学政	钢车交
主业强	要选择	多元化	要慎重
舍规模	重经营	选行业	看景气
中端好	多产品	交叉销	效益佳
大客户	人脉优	小客户	产品全
新产品	要尝试	忌功利	图长远

申报授信口诀

报授信	忌单一	多产品	成套餐
巧组合	建层次	好客户	深挖掘
控用途	开银承	锁还款	做保理

要利润	放贷款	要存款	开银票
交叉销	黏客户	做流水	关系固
放贷款	要封闭	稳客户	要结算
经销商	少贷款	多票据	做贸融
制造商	长短配	票贷配	收益丰
分行业	建模板	成定式	效率高

大型制造类客户营销口诀

辐射广	带动强	报授信	考虑全
图上游	慎贷款	多票据	综回报
用商票	商换银	代理贴	存款来
拉下游	保兑仓	厂商银	按揭贷
扶企业	关系固	避财务	找销售

（适用于钢铁、汽车、制药、铁路机车、工程机械等）

小客户（商贸类）

小商贸	资产小	销售大	存款多
钢煤油	粮药酒	车家电	肥水泥
找协会	去市场	转介绍	靠口碑
敞口票	循环用	短频快	存款增
要深挖	全额票	票易票	灵活贴
保证金	活定通	理财品	创新用

小客户（制造类）

小制造	必专业	靠大户	做配套
或保理	或保贴	回款户	要指定
看核心	定融资	定期限	控用途
有授信	必代发	要流水	通知存
风险高	防挪用	严贷后	忌失责

施工类企业

选客户	看专业	油电铁	路房基

报授信　保函重　贷款轻　搭配票
先投标　搭资信　交叉销　揽工程
后履约　预付款　要定金　存款来
前开票　后贴现　要存款　看上游

机械类企业

做链式　上下游　促销售　助采购
少贷款　多商票　看上游　要效益
前商票　做上游　保兑仓　做下游

高速公路公司

短流贷　项目贷　开银票　组合给
多产品　接续用　固关系　忌单一
做授信　能授权　指挥部　办业务
融资畅　做信托　发短券　发中票

城投企业

先贷款　再信托　后保理　全套融
拆迁款　要代发　批量卡　储蓄来
搭配票　做上游　要专户　存款有
过桥贷　补资本　项目贷　保建设

电力公司

用商票　付煤款　代理贴　省成本
做上游　用保理　控风险　靠电网

医疗行业

厂商医　药厂强　医院强　药商弱
做厂商　保兑仓　买方贷　助销售
做药商　用保理　锁回款　慎贷款
做医院　签商票　配流贷　项目贷

小医院　用租赁　封闭融　要结算
经销商　周转快　循环票　全额票

民营企业

有主业　有品牌　少并购　为客户
做融资　要适度　做结算　稳客户
识老板　品行端　有劣迹　要远离

银行产品使用要诀

贷款业务

找客户　有窍门　看指引　查案例
写报告　四段论　分层写　要清晰
用途清　还款明　收益佳　风险控
贷前紧　控使用　勤沟通　要坚决
贷后严　要结算　看流水　抓落实

法透业务

降成本　拉结算　做活期　用法透
珍惜品　要慎用　定总额　定单户
选客户　流水大　结算频　忠诚户
搭配给　有票据　有按揭　做循环

票据业务

做存款　短变长　做结算　长变短
本行票　要抄回　看发票　找买家
卖方强　买付息　代理贴　替贷款
买方强　用商票　代理贴　做上游
看到票　要慎贴　票易票　客户来
用银票　或商票　看客户　巧使用
超大户　用商票　一般户　用银票

商比银	费用低	免资本	控票源
银比商	手续费	承担费	保证金
开出票	抄回来	做上游	真容易
贴票据	看发票	信息全	找下游
巧用票	做关联	上下游	收益高
看到票	莫溜走	拿回来	即存款

国内信用证

| 国内证 | 收益高 | 弱客户 | 证优票 |
| 买方弱 | 买押汇 | 卖方弱 | 做议付 |

保函业务

施工企	设计院	电力企	船舶造
货运代	设备企	做监理	用保函
一投标	二履约	三预付	后质保
投标函	揽工程	资信函	捆绑销
履约函	签合同	质押品	要灵活
预付函	要定金	国内票	国外证
质保函	索尾款	按序销	不混乱
付款函	在工程	租赁函	在设备
关税函	对进口	保支付	存款来
预售函	开发商	金额大	存款多

保理业务

保理好	收益高	手续费	控风险
回购式	本体强	卖断式	下游强
选行业	选客户	找倚靠	做上游
倚电网	做电源	倚公路	做施工
倚医院	做药商	倚电信	做设备
倚车厂	做零配	倚钢厂	做铁焦

立金的精彩观点

1. 在中国这个比较复杂的社会，做事要让人感觉你成熟，做人要让人感觉你很厚道，这样才能把事办成。

2. 做客户经理需要足够的底气，需要足够的气势。

3. 一个励志小故事：

小蜗牛问妈妈："为什么我们要背这么重的壳，蝴蝶就不用？"

蜗牛妈妈说："因为蝴蝶有翅膀，它承受上帝的宠爱。"

小蜗牛又问妈妈："为什么蚯蚓不用背这么重的壳？"

蜗牛妈妈说："因为它有家，它承受大地的宠爱。"

小蜗牛哭了起来，蜗牛妈妈说："我们不靠天，我们不靠地，我们靠自己。"

只要你勇敢一些，自信一些，你可以挣脱壳，就可以长出翅膀，天地之间，任你翱翔。

4. 努力不一定成功，放弃一定会失败。

5. 在商业银行，存款是无数的牺牲换来的，在别人休息、别人娱乐的时候，你痛苦地坚持，拜访客户、写报告，存款有时候甚至是由血汗堆积而成。

6. 立金培训的客户经理都要有血性，做好公司业务必须有血性，有高度的敏感，喜欢存款。哪里有存款，会毫不犹豫地冲到哪里。

7. 要像一个真正的战士，有足够的豪气。对方虽有千万人，即便孤军奋战，也毫不退却，要有战死沙场、马革裹尸还的勇气。死也要死得惊天动地，大声狂啸，要直挺挺地倒下，砸得大地尘土飞扬。

8. 存款是副产品，只要你各项业务做的量很大，客户满意，你的存款自然会很快增长，一味地吸收存款，可能会欲速则不达。我们不会告诉你怎样生生地拉存款，我们不会这些，我们会教给你如何选择合适的客户，如何操作业务，如何满足客户的需要。

9. "恩里由来生害，故快意时须早回首；败后或反成功，故拂心处切莫便放手。"（《菜根谭》）

10. 我们大部分人都是驽马，只要十驾、百驾，就会赢得天下。诗歌使人灵秀，数学使人缜密，科学使人深刻，伦理使人庄重，存款使人疯狂。

11. 在商业银行，只认功劳不认苦劳，因为苦劳对公司没有贡献。

12. 学历在工作的头两年还可以炫耀，过了两年以后，如果工作实际能力没有提升，你会很快贬值。

13. 选择资金量充裕的行业，这样才能搞定存款。可以是小客户，但是资金量必须大。就如同中国第一批下海的人，都选择广州、深圳、北京，很多都选择房地产行业，因为这些地区资金量惊人，而房地产行业是绝对的资金密集型行业，容易挣到大钱。向有钱人靠拢，你可以挣到钱。

14. 走出门就会有客户，在银行里发呆什么都不会来。业绩肯定与你的拜访量成正比。

立金推荐：寻找客户的几个重要渠道

1. 中国证券报 http：//www. cs. com. cn，上海证券报 http：//www. cnstock. com。

这里面信息量非常庞大，有中国最优质的上市公司，你可以通过仔细分析该公司的年报，发现有用的客户信息，尤其是重点上市公司的下属企业。

2. 经济日报 http：//www. economicdaily. com. cn，中国经营报 http：//www. cb. com. cn/。

这里面有一些国家重点行业介绍，如电信、电力、煤炭等，有些分析得较为全面，可以从中发现一些可以深入开拓的行业。

3. 本地的晚报。通常晚报为本地非常受欢迎的报纸，受到企业的青睐，可以关注重点企业的招聘信息，通常企业发展前景看好，就会大量招人。

4. 新浪/财经/股票 http：//finance. sina. com. cn/stock/。

在这里可以寻找上市公司的信息，了解公司的基本情况等，而且有详细的财务报表，可以粗线条了解公司的情况，在拜访客户前可以搜索一下。

5. 搜狐/企业/地区/公司。了解本地区主要公司的基本情况，通常进行了分类，便利寻找。

6. 焦点网 http：//house. focus. cn/。

寻找优质房地产项目的绝好网站，其中有房地产公司的排名、畅销房地产项目的信息等，可以作为寻找房地产按揭项目的网站使用。

7. 一些专业网站。

如中国钢铁网、中国石化网、中国汽车网等专业网站寻找客户。

供应链融资常规使用资料网站如下：

1	中国人民银行征信中心	http：//www. pbccrc. org. cn
2	中国执行信息公开网	http：//shixin. court. gov. cn/
3	友商发票查询	http：//fapiao. youshang. com/
4	上海票据交易所	http：//www. shcpe. com. cn
5	天眼查	http：//www. tianyancha. com
6	我的钢铁网	http：//www. mysteel. com
7	司法拍卖—阿里拍卖	http：//sf. taobao. com/
8	中华商务网	http：//www. chinaccm. com/
9	中国宝武采购专区	http：//baowu. ouyeelbuy. com/
10	中国石油能源一号网（中国石油物资采购管理信息系统）	http：//www. energyahead. com
11	中国铁路采购网	http：//www. cntlzb. com
12	太平洋汽车网	http：//www. pcauto. com. cn/